GERHARD WAGNER
RECHTSSTANDORT DEUTSCHLAND IM WETTBEWERB

RECHTSSTANDORT DEUTSCHLAND IM WETTBEWERB

IMPULSE FÜR JUSTIZ UND SCHIEDSGERICHTSBARKEIT

von

GERHARD WAGNER

2017

C.H.BECK

www.beck.de

ISBN 978 3 406 72150 2

© 2017 Verlag C.H.Beck oHG
Wilhelmstraße 9, 80801 München
Druck und Bindung: Friedrich Pustet
Gutenbergstraße 8, 93051 Regensburg
Satz: Fotosatz Buck
Zweikirchener Straße 7, 84036 Kumhausen
Umschlaggestaltung: Ralph Zimmermann – Bureau Parapluie
Foto: © PhotoArt Berlin, Jan Kulke

Gedruckt auf säurefreiem, alterungsbeständigem Papier
(hergestellt aus chlorfrei gebleichtem Zellstoff)

VORWORT

Die Justiz ist eine der drei Säulen der Staatsgewalt. Sie partizipiert an dem Gewaltmonopol, das der moderne Rechtsstaat für sich beansprucht. Trotzdem existieren viele Justizsysteme nebeneinander, denn sämtliche Mitglieder der Staatengemeinschaft verfügen über jeweils eigene Gerichtsbarkeiten. Hinzu kommt ein reichhaltiges Angebot alternativer Streitbeilegung durch Schiedsgerichte, Mediatoren und Schlichter. Unternehmen, die unweigerlich immer wieder mit der Rechtsdurchsetzung und -verteidigung befasst sind, wissen um die Pluralität des Angebots und entscheiden bewusst darüber, ob sie die Gerichte des einen oder diejenigen eines anderen Staates anrufen, wo sie ihr Schiedsverfahren platzieren und welche der übrigen Dienstleistungen sie in Anspruch nehmen wollen.

Wie schneiden die deutsche Justiz und der Schiedsplatz Deutschland in diesem Wettbewerb ab? Wie ist der Rückgang der Eingangszahlen bei den deutschen Zivilgerichten zu erklären? Seit mehr als zehn Jahren hat die deutsche Ziviljustiz nahezu ein Viertel ihrer Fälle verloren. Wird diese Einbuße durch einen komplementären Anstieg der Fallzahlen bei den verschiedenen Institutionen alternativer Streitbeilegung kompensiert? Sind handelsrechtliche Streitigkeiten in großem Stil in die Schiedsgerichtsbarkeit abgewandert? Wenn dem so wäre – was ist davon zu halten?

Diese Fragen standen im Mittelpunkt zweier Veranstaltungen im Juni 2017. Am 13. Juni 2017 ging es im Bundesministerium der Justiz und für Verbraucherschutz um „Streitbeilegung – made in Germany".

5

Unter Beteiligung der berufsständischen Kammern und Verbände von Richtern, Notaren und Anwälten, aber auch der durch den BDI und den DIHK repräsentierten Nutzer ging es darum, die Vorzüge der gerichtlichen und außergerichtlichen Streitbeilegung in Deutschland herauszustellen. Eine gemeinsam von dem Bundesministerium der Justiz und für Verbraucherschutz und der Deutschen Institution für Schiedsgerichtsbarkeit ausgerichtete Tagung in Karlsruhe am 16. Juni 2017 widmete sich dann konkreter dem Verhältnis der Ziviljustiz zur Schiedsgerichtsbarkeit: „Konkurrenz oder Komplementarität – Unternehmen vor der Wahl zwischen staatlicher Gerichtsbarkeit und Schiedsgerichtsbarkeit".

Die vorliegende Studie ist aus Vorträgen hervorgegangen, die der Verfasser bei diesen beiden Veranstaltungen gehalten hat. Sie geht von der Prämisse aus, dass Deutschland über leistungsfähige Zivilgerichte und hoch entwickelte Institutionen alternativer Streitbeilegung verfügt. Diese Angebote potentiellen Nutzern vor Augen zu führen, ist gut und richtig. Allerdings sollte dies eine nüchterne Bestandsaufnahme ebenso wenig ausschließen wie die Suche nach möglichen Verbesserungen. Damit sind die Themen des Buchs umrissen. Wie sich zeigen wird, gleicht die deutsche Justiz- und Streitbeilegungslandschaft in mancher Hinsicht einem Sportwagen, der so aufgebockt wurde, dass die Räder die Straße nicht berühren. In dieser Situation hilft Gas geben wenig. Mit anderen Worten: Das vorhandene Potential wird in der Praxis nicht immer in vollem Umfang ausgeschöpft. Hier müssten mögliche Reformen ansetzen.

Ich danke dem Bundesministerium der Justiz und für Verbraucherschutz sowie der Deutschen Institution für Schiedsgerichtsbarkeit für die Gelegenheit, mich eingehender mit dem Thema zu beschäftigen, den Teilnehmern der genannten Veranstaltungen für rege und anregende Diskussionen und den Mitarbeiterinnen und Mitarbeitern an meinem Berliner Lehrstuhl, insbesondere Frau Dr. Bettina Rentsch, Frau Greta Körner und Frau Tatjana Holter für die Diskussion der vorgestellten Thesen sowie die Korrektur des Manuskripts.

Berlin, im Oktober 2017   Gerhard Wagner

INHALT

EINLEITUNG

Die deutsche Justiz und die Mechanismen der Streitbeilegung in Deutschland werden allenthalben gelobt. Und in der Tat besteht kein Zweifel, dass die deutschen Gerichte funktionieren und es ein breites Angebot außergerichtlicher Streitbeilegung gibt. So weit, so gut.

Der Befund, dass Deutschland über leistungsfähige Institutionen der gerichtlichen und außergerichtlichen Streitbeilegung verfügt, darf nicht darüber hinwegtäuschen, dass das Land im europäischen Kontext und erst recht im internationalen Vergleich nicht zu den führenden Jurisdiktionen für eine hochklassige Justiz und außergerichtliche Streitbeilegung zählt. Bei einer Vielzahl von Rechtsstreitigkeiten fällt dies nicht weiter ins Gewicht, weil die Klage oder sonstige Streitbeilegung in einem anderen Staat gar keine Option ist. Ein deutscher Verbraucher ist vernünftigerweise zufrieden damit, wenn er das Unternehmen, mit dem er sich streitet, vor dem Gericht seines Wohnsitzes verklagen kann. Diese Wohltat verschafft ihm zwar nicht die deutsche ZPO, wohl aber Art. 18 Abs. 1 der europäischen Brüssel Ia-Verordnung.[1] Die daneben bestehende Zuständigkeit am Sitz des Unternehmens ist unattraktiv und spielt in der Praxis daher keine Rolle. Gleiches gilt im Ergebnis auch für Mechanismen außergerichtlicher Streitbeilegung, denn die europäische Richtlinie 2013/11/EU über die alternative Bei-

---

[1] Verordnung (EU) Nr. 1215/2012 über die gerichtliche Zuständigkeit und die Anerkennung und Vollstreckung von Entscheidungen in Zivil- und Handelssachen, ABl. L 351, 1 ff.

legung verbraucherrechtlicher Streitigkeiten[2] gibt dem Verbraucher lediglich die Option, sich an die Streitbeilegungsstellen im Herkunftsstaat des Unternehmers zu wenden.[3] Daran hat er regelmäßig kein Interesse.

Bei Streitigkeiten zwischen Unternehmen herrschen andere Verhältnisse. Unternehmen sind in aller Regel „repeat players", d. h. sie sind immer wieder mit der gerichtlichen oder außergerichtlichen Durchsetzung oder Abwehr von Forderungen konfrontiert. Auch dank hochklassiger anwaltlicher Beratung sind sie dazu in der Lage, die Vor- und Nachteile der zur Verfügung stehenden Optionen, von den Angeboten der außergerichtlichen Streitbeilegung bis hin zu den zur Wahl stehenden Gerichtsständen, zu wägen und eine informierte Entscheidung über deren Nutzung zu treffen. Solche Entscheidungssituationen werden zudem bereits beim Aushandeln kommerzieller Verträge antizipiert. In diesem Stadium mühen sich die Parteien in der Regel um eine Vereinbarung darüber, vor welchem *forum* und auf welche Weise dereinst auftretende Streitigkeiten ausgetragen werden sollen. Dabei genießen Unternehmen weitgehende Freiheiten. Die für Verbraucherverträge maßgebenden Restriktionen für Gerichtsstandsvereinbarungen (§ 38 ZPO, Art. 19 Brüssel Ia-VO) sind auf Transaktionen zwischen Unternehmen nicht anwendbar. Auch bei der Vereinbarung der Schiedsgerichtsbarkeit herrscht Vertragsfreiheit. Die Wirksamkeit von Schiedsvereinbarungen im Unternehmensverkehr wird für internationale Transaktionen von Art. II des New Yorker Übereinkommens[4] sowie von Art. 7 des UNCITRAL-Modellgesetzes[5] vorausgesetzt und in den nationalen Schiedsverfahrensrechten anerkannt. In Deutschland erfüllt § 1032 ZPO diese Funktion.

---

[2] Richtlinie 2013/11/EU vom 21.05.2013, ABl. L 165, 63 ff.

[3] Art. 4 Abs. 1, 13 Abs. 1, 14 Abs. 1 der Richtlinie, vgl. *Rühl*, RIW 2013, 737, 742.

[4] Übereinkommen über die Anerkennung und Vollstreckung ausländischer Schiedssprüche vom 10.06.1958, BGBl. 1961 II S. 121, 123; 1962 II S. 102.

[5] UNCITRAL-Modellgesetz über die internationale Handelsschiedsgerichtsbarkeit vom 21.06.1985.

Soweit die Unternehmen zwischen den staatlichen Gerichten verschiedener Jurisdiktionen und darüber hinaus zwischen Schiedsgerichten an unterschiedlichen Schiedsplätzen sowie sonstigen Angeboten außergerichtlicher Streitbeilegung wählen können, lässt sich von einem Markt für Streitbeilegung sprechen, der durchaus Züge eines Wettbewerbsmarkts trägt. In diesem Wettbewerb um die Beilegung von Streitigkeiten zwischen Unternehmen schneiden die deutschen Gerichte, der deutsche Schiedsplatz und die übrigen hiesigen Angebote an Streitbeilegungsdienstleistungen nun nicht so gut ab, wie dies häufig angenommen wird.[6]

Die Gründe dafür liegen zum Teil in historischen Entwicklungen, insbesondere der zivilisatorischen Entgleisung der Jahre 1933–1945, an kulturellen Eigenheiten, wie der deutschen Sprache, deren internationale Verbreitung und Bedeutung in den vergangenen Jahrzehnten zurückgegangen ist, an geographischen Determinanten, wie dem Fehlen einer zentralen, dominanten Großstadt, und an Anderem mehr. Selbst das in Deutschland mitunter schlechte Wetter mag eine Rolle spielen. An diesen Faktoren ist bekanntlich nichts zu ändern, so bedauernswert das auch sein mag.

Was sich ändern lässt, ist die Wahrnehmung des in Deutschland zur Verfügung stehenden Angebots an Streitbeilegungsdienstleistungen, im Land selbst und in den Nachbarländern. Die Qualität der Streitbeilegung in Deutschland und durch deutsche Rechtsdienstleister deutlich zu machen und zu verbreiten, dies hat sich die Initiative „Law – Made in Germany" zu Zweck und Ziel gemacht.[7] Deshalb wird die gleichnamige Broschüre nicht nur in deutscher, sondern auch in englischer, französischer, arabischer, chinesischer, russischer und vietnamesischer Fassung angeboten.

Das Vorhaben, den deutschen Rechtsdienstleistungsmarkt stärker zu bewerben und seine Vorzüge anzupreisen, ist verdienstvoll und jeder Unterstützung wert. Die aktive Erläuterung und Verteidigung der

---

[6] Vgl. unten, Dritter Teil I., S. 129 mit Fn. 252.
[7] Law – Made in Germany, 3. Auflage 2014; eingehend dazu unten, Erster Teil IV. 4. b), S. 50.

Qualitäten des deutschen Rechts, der deutschen Justiz und der deutschen Schiedsgerichtsbarkeit sollte allerdings eine nüchterne Bestandsaufnahme nicht ausschließen. Auch darf sie einen informierten und reflektierten Diskurs über mögliche Verbesserungen der hergebrachten Systeme nicht behindern. Die Suche nach möglichen Qualitätssteigerungen der deutschen Justiz und der deutschen Schiedsgerichtsbarkeit ist keine Nestbeschmutzung, sondern im Interesse der Wettbewerbs- und Zukunftsfähigkeit dieser Institutionen unverzichtbar. In diesem Geist werden die folgenden Überlegungen angestellt.

Sie beginnen mit der Frage, ob und inwieweit überhaupt von einem „Markt" für Rechtsdienstleistungen gesprochen werden kann, insbesondere ob es angemessen ist, die Schiedsgerichtsbarkeit und sogar die staatliche Justiz als Akteure in einem solchen Markt anzusprechen (Erster Teil I., S. 21, II., S. 23). Im Folgenden wird zwischen zwei grundsätzlich verschiedenen Formen des Wettbewerbs auf Märkten für Streitbeilegung unterschieden: Dem vom Kläger und seinen Interessen bestimmten und in diesem Sinne unilateralen Wettbewerb um das klägerfreundlichste Gericht (Erster Teil III., S. 29) und dem gemeinsamen Bemühen beider Parteien um die Wahl des qualitativ besten Gerichts, das Genauigkeit der Rechtsanwendung sowie Schnelligkeit und Kosten in ein optimales Verhältnis bringt (Erster Teil IV., S. 44). Der erste Fall des unilateralen Wettbewerbs ist der Prozessrechtswissenschaft und –praxis unter dem Begriff des *forum shopping* geläufig. Aufbauend auf der Unterscheidung zwischen unilateralem und bilateralem Wettbewerb wird die These entwickelt, dass die bilaterale Nachfrage nach dem besten Gericht dazu geeignet ist, einen wünschenswerten Leistungswettbewerb auszulösen *(race to the top)*, während der durch *forum shopping* des Klägers getriebene unilaterale Wettbewerb mit großer Skepsis zu sehen ist, weil er ein *race to the bottom* stimulieren kann.[8]

An diese konzeptionelle Grundlegung schließt sich eine Bestandsaufnahme an: Wie haben sich die staatlichen Gerichte in Deutschland zu-

---

[8] Dazu bereits *Wagner*, 62 Buffalo L. Rev. 1085, 1098 ff. (2014).

letzt entwickelt (Zweiter Teil I., S. 93)? Sodann wird dieselbe Frage an die private Schiedsgerichtsbarkeit gerichtet, soweit diese für den deutschen Rechtsmarkt relevant ist (Zweiter Teil II., S. 100). Es folgt ein Rundblick auf benachbarte Rechtsordnungen und über den Atlantik, mit dem geklärt werden soll, ob sich dort dieselben Entwicklungen abzeichnen wie in Deutschland (Zweiter Teil III., S. 104). Der empirische Teil schließt mit einem Versuch, den Rückgang der Fallzahlen bei den deutschen staatlichen Gerichten zu erklären (Zweiter Teil IV., S. 113). Auf diese Erkenntnisse aufbauend geht es anschließend um Maßnahmen, mit denen der Schiedsort Deutschland im internationalen Wettbewerb gestärkt werden könnte (Dritter Teil, S. 127). Komplementär dazu verhält sich das darauffolgende Kapitel, das der Stärkung der deutschen Justiz, insbesondere im Bereich der Handelsstreitigkeiten, gewidmet ist (Vierter Teil, S. 183). Die Darstellung schließt mit einer Einschätzung der Chancen und Risiken einer erfolgreichen Teilnahme am internationalen „Markt für Streibeilegung" (Fazit, S. 239).

ERSTER TEIL

EIN WETTBEWERBSMARKT FÜR STREITBEILEGUNG?

I. STREITBEILEGUNG ZWISCHEN RECHTSDURCHSETZUNG UND DIENSTLEISTUNG

Die Rede von einem „Markt für Streitbeilegung" mag ungewohnt klingen und Ängste vor einer Ökonomisierung auch solcher Lebensbereiche wecken, die nicht ökonomisiert werden sollten.[9] Tatsächlich ist Streitbeilegung mehr als eine bloße Dienstleistung, wenn sie nach den Maßstäben staatlich gesetzten Rechts durch ein auf diese verpflichtetes staatliches Gericht erfolgt.[10] Der Staat bzw. die hinter diesem stehende Gesellschaft und die ihr zugehörige Volkswirtschaft haben ein Interesse an der Entscheidung von Rechtsstreitigkeiten durch staatliche Richter, nach rechtlichen Maßstäben, in einem öffentlichen Verfahren und unter Veröffentlichung der getroffenen Entscheidung.[11] Der „Mehrwert" den die Parteien eines Rechtsstreits für die Rechtsordnung der Gesellschaft insgesamt schaffen, lässt sich aus ökonomischer Sicht mit der Kategorie der positiven Externalität erfassen.[12] Während diejenigen, die eine staatlich geschaffene Verkehrsinfrastruktur kostenlos nutzen und dabei Schäden an Straßen und an der Umwelt verursachen, externe Kosten produzieren, so kreieren die Parteien

---

[9] Zu diesen Bereichen systematisch *Sandel*, What Money Can't Buy.

[10] Vgl. dazu *Calliess*, Der Richter im Zivilprozess – Sind ZPO und GVG noch zeitgemäß? – Verhandlungen des 70. Deutschen Juristentags, S. A 37 ff.

[11] Dazu noch eingehend unten, Erster Teil IV. 7., S. 86.

[12] *Landes/Posner,* 8 J. Legal Stud. 235, 236 ff. (1979); *Lee*, 34 Cath. U. L. Rev. 267, 274 (1985); *Shavell*, Foundations of Economic Analysis of Law, S. 391 ff.

eines Rechtsstreits, der öffentlich verhandelt wird und in einem dem Publikum zugänglichen Urteil endet, externen Nutzen.[13] Von einem Grundsatzurteil des BGH in einer noch wenig entwickelten Nische des Rechts profitieren Viele, doch die Kosten des Rechtsstreits sind von den Parteien alleine zu tragen.

Allerdings wäre es verfehlt, wegen der positiven Externalitäten die Existenz von Wettbewerb auf Streitbeilegungsmärkten zu leugnen. Rechtsstreitigkeiten kommen nicht von selbst zu Gericht, und Gerichte dürfen sich ihre Aufgaben nicht einfach suchen. Umgekehrt sind die Parteien eines privaten Streits nicht dazu verpflichtet, sich an die staatlichen Gerichte zu wenden. Sie behalten selbstverständlich das Recht, ihren Streit einvernehmlich beizulegen, sei es autonom, durch bilaterale Verhandlungen, sei es mit der Hilfe professioneller Dienstleister, wie zum Beispiel Mediatoren, Schlichter, Ingenieure und Experten anderer Professionen. Die Parteien können auch noch einen Schritt weiter gehen und private Richter mit der Verhandlung und Entscheidung ihres Streits beauftragen, also die Schiedsgerichtsbarkeit wählen. Die Instrumente der Mediation, Schlichtung, Adjudikation durch private Experten und der Schiedsgerichtsbarkeit haben mit der staatlichen Justiz gemeinsam, dass sie einen privaten Disput beilegen. Insofern besteht zwischen diesen privaten Dienstleistungen und dem Angebot der staatlichen Justiz als „öffentlicher Dienstleistung" ein Substitutionsverhältnis. Damit ist der Grundstein für einen Markt für Streitbeilegung gelegt,[14] der im Folgenden einer genaueren Analyse unterzogen werden soll.

---

[13] *Wagner*, JZ 1998, 836, 837 f.
[14] Vgl. dazu nur *Samuelson/Nordhaus*, Volkswirtschaftslehre, S. 149 f.

II. WETTBEWERB AUF MÄRKTEN FÜR STREITBEILEGUNG?

Wo es Märkte gibt, da existiert auch Wettbewerb. Der Begriff des Wettbewerbs selbst ist weit genug, um auch Phänomene wie die Wahl zwischen verschiedenen Gerichtssystemen und Streitbeilegungsmechanismen zu erfassen. Aus ökonomischer Sicht ist der Wettbewerbsbegriff nicht auf private Güter und Dienstleistungen festgelegt, sondern erstreckt sich auf jede Rivalität um ein knappes Gut, also das Streben mehrerer Akteure nach einem Vorteil, den nicht jeder von ihnen haben kann.[15] Diese Minimalbedingung trifft auch auf den Markt für Streitbeilegung zu, wenn und soweit einerseits die Parteien um optimale Rechtsdienstleistungen und andererseits Gerichte, Schiedsgerichte und Anbieter von sonstigen Streitbeilegungsinstrumenten um Fälle wetteifern. Auf die Grenzen, die dem Wettbewerb auf Märkten für Streitbeilegung gezogen sind, wird noch zurückzukommen sein.[16]

Der Wettbewerb auf Märkten für rechtliche Institutionen und andere von der öffentlichen Hand bereit gestellte öffentliche Güter wird unter dem Begriff des „Systemwettbewerbs" analysiert, der es möglich macht, die Grundkonzepte der Wohlfahrtsökonomie auf öffentliche Körperschaften und ganze Staaten anzuwenden.[17] Diese Ansätze beruhen auf der Theorie öffentlicher Güter des Ökonomen *Charles M.*

---

[15] *Stigler*, Competition, in: The New Palgrave Dictionary of Economics, S. 51.
[16] Unten, Erster Teil IV. 6., S. 77.
[17] Vgl. bereits *Wagner*, 62 Buffalo L. Rev. 1085, 1095 ff. (2014).

Tiebout.[18] Danach wählen Bürger wie Unternehmen aus einem Angebot von Staaten oder Jurisdiktionen aus, die Leistungen zu bestimmten Kosten offerieren. Staaten werden somit als Anbieter eines Bündels öffentlicher Leistungen, wie Infrastruktur jeder Art, aber auch Verteidigung gegen äußere Feinde, innere Sicherheit, Bildung, Kultur etc., qualifiziert. Ein Gut in diesem Bündel ist die Justiz. Der „Preis" für diese Leistungen ist die Summe der Steuerbelastung in einer gegebenen Jurisdiktion. Bürger und Unternehmen „kaufen" also die von einem Staat bereitgestellten öffentlichen Güter und „bezahlen" dafür mit der Summe von Steuern und Abgaben, die das Leben und Arbeiten in diesem Staat mit sich bringt. Haben die Akteure die Wahl zwischen verschiedenen Staaten, wählen sie dasjenige Bündel von Leistungen aus, das ihren jeweiligen Präferenzen am besten entspricht, weil bei diesem Bündel der Saldo aus Nutzen und Kosten maximal ist.[19] Auf der Angebotsseite streben Gesetzgeber und Regierungen danach, das jeweils „beste" Paket aus öffentlichen Leistungen und dafür fällig werdenden Steuern und Abgaben zu offerieren.[20] Der zwischen den Staaten bestehende Wettbewerb schafft Anreize, das Paket aus Steuern und öffentlichen Gütern permanent zu verbessern und an die Präferenzen der Nutzer anzupassen. Staaten, die ein schlechtes Angebot machen, also hohe Steuern verlangen und im Gegenzug minderwertige Leistungen anbieten, verlieren an Attraktivität bei Bürgern und Unternehmen und somit an Bevölkerung und Wirtschaftskraft.

---

[18] Wegweisend: *Tiebout*, 64 Journal of Political Economy, 416 (1956); für eine moderne Aufarbeitung vgl. *Sinn*, The New Systems Competition S. 1 f.; für eine Anwendung der Ideen des Systemwettbewerbs auf das Gebiet des Rechts: *Ogus*, 48 Int'l & Comp. L. Q. 405 (1999); *ders.*, in: Nelken/Örücü, Comparative Law, S. 155–167.

[19] *Tiebout*, 64 Journal of Political Economy, 416, 418 (1956): „The consumer-voter moves to that community whose local government best satisfies his set of preferences".

[20] *Tiebout*, 64 Journal of Political Economy, 416, 419 (1956): „[…] communities below the optimum size seek to attract new residents to lower average cost. Those above optimum size do just the opposite. Those at an optimum try to keep their populations constant."

Das eben skizzierte Modell eines Wettbewerbs unter Jurisdiktionen hat massive Beschränkungen, die sich aus den von *Tiebout* gemachten Annahmen ergeben.[21] Eine solche Prämisse betrifft die bereits angesprochenen externen Effekte. *Tiebout* arbeitete ausdrücklich unter der Annahme, dass die von den verschiedenen Jurisdiktionen angebotenen öffentlichen Güter „keine positiven oder negativen Externalitäten" aufweisen, also in benachbarten Staaten nicht zu Vorteilen oder Schäden führen.[22] Wie oben ausgeführt, ist diese Prämisse beim Wettbewerb unter Justizsystemen nicht erfüllt.[23]

Vor allem aber beruht das Modell auf der Prämisse, dass Bürger und Unternehmen vollständig mobil sind und somit ohne Aufwendung wesentlicher Kosten in diejenige Jurisdiktion ziehen können, die ihnen das beste Angebot macht.[24] Diese Vermutung ist aber gänzlich unrealistisch. Viele Länder beschränken die Einreise oder zumindest die Erwerbstätigkeit von Ausländern im Inland. Und selbst innerhalb der Europäischen Union, deren Recht solchen Maßnahmen entgegen steht, ist der Wechsel von einem Land zum anderen wegen der zu überwindenden sprachlichen, kulturellen und institutionellen Unterschiede mit hohen Kosten verbunden.[25] Empirische Studien zur Mobilität von Arbeitern innerhalb der EU haben ergeben, dass die Bereitschaft der Arbeitnehmer, in ein anderes Land zu ziehen, enttäuschend niedrig ist, was vor allem an der mangelnden sprachlichen Kompetenz liegt.[26] Eben dies scheint der Hauptgrund dafür zu sein, dass die Arbeitnehmermobilität in den USA, gemessen am Anteil der

---

[21] Vgl. zur Kritik *Bewley*, Econometrica, S. 713, 717, 729; vgl. auch *Inman/Rubinfeld*, in: Bouckaert/de Geest, Encyclopedia of Law and Economics V, S. 661, S. 671–676.

[22] *Tiebout*, 64 Journal of Political Economy, 416, 419 (1956).

[23] Dazu noch eingehend unten, Erster Teil IV. 7., S. 86.

[24] *Tiebout*, 64 Journal of Political Economy, 416, 419 (1956).

[25] Vgl. *Inman/Rubinfeld*, in: Bouckaert/de Geest, Encyclopedia of Law and Economics V, S. 661, 673–674.

[26] PricewaterhouseCoopers/connectedthinking (Hrsg.), Managing Mobility, Rn. 2.13: „Companies continue to believe that language skills and employment opportunities for the spouse are the two main barriers to individual mobility. This contrasts with the barriers which individuals themselves see, which are more strongly related to the loss of social networks of contact and support from

in einem Staat ansässigen Arbeitnehmer, die außerhalb dieses Staates geboren wurden, so viel höher ist als in der EU.[27]

Als Reaktion auf diese Beschränkungen ist das Modell eines Wettbewerbs der Jurisdiktionen von *Frey* weiterentwickelt worden: Bei *Frey* sind Jurisdiktionen nicht automatisch mit einem bestimmten Territorium, einer Region verknüpft, sondern funktional differenziert.[28] Diese funktional differenzierten Jurisdiktionen nennt er „FOCI", d. h. „functional, overlapping and competing jurisdictions". Sie bleiben zwar territorial fixiert, überlappen sich aber im Wettbewerb um die Bürger und Unternehmen als Nachfrager ihrer Leistungen. Dabei gilt das Prinzip der fiskalischen Äquivalenz: „Jede Rechtsordnung sollte sich geographisch so weit ausweiten, dass sich die Vorteilsempfänger mit den Steuerzahlern so weit wie möglich decken."[29] Mit dieser Umstellung gelingt es *Frey*, die Bürger aus der Alternative von Wegzug oder Bleiben zu befreien. Während bei *Tiebout* Bürger und Unternehmen die „Politik" einer Jurisdiktion nur beeinflussen können, indem sie an Abstimmungen über die Produktion öffentlicher Güter teilnehmen (Wahlen) oder eine andere Jurisdiktion wählen (Wegzug),[30] können die Subjekte bei *Frey* eine differenzierte Wahlentscheidung treffen, die etwa die kulturellen Leistungen aus der einen Jurisdiktion bezieht, die Leistung öffentlicher Sicherheit hingegen aus einer anderen. Daraus ergibt sich eine massive Reduktion der mit der Wahl

---

family and friend. Other individual concerns are around housing and healthcare provision which rank alongside having to learn a new language."

[27] PricewaterhouseCoopers/connectedthinking (Hrsg.), Managing Mobility, Rn. 3.6, 3.7: „In the EU only 2 % of the workforce were born outside their Member State of residence, whereas in the US, the fraction of the workforce born out of state amounts to 32 %."

[28] Vgl. *Frey*, 5 European Journal of Law Reform, 543 (2005); ausführlicher *Frey/Eichenberger*, The New Democratic Federalism for Europe.

[29] Weiter *Frey*, 5 European Journal of Law Reform, 543, 544 (2005): „Spatial external effects – positive spillovers where nonpayers benefit from public services, and negative spillovers where outsiders are burdened with costs – are therewith evaded."

[30] *Tiebout*, 64 *Journal of Political Economy,* 416, 420 (1956): „The act of moving or failing to move is crucial."

einer anderen Jurisdiktion verbundenen Transaktionskosten, denn ein Ortswechsel ist nicht mehr erforderlich.[31]

Die Theorie von *Frey* erscheint in mancher Hinsicht utopisch, doch speziell für Streitbeilegungsdienstleistungen ist sie bereits Realität, und zwar nicht nur innerhalb der EU. Die Wahl eines bestimmten Gerichts, eines Schiedsorts oder einer anderen Streitbeilegungsinstitution zwingt die jeweilige Partei nicht dazu, ihre Jurisdiktion dauerhaft zu verlassen und sich an einem anderen Ort neu zu etablieren.[32] Vielmehr reicht ein kurzer Aufenthalt an dem gewählten Gerichts-, Schieds- oder Streitbeilegungsort während einer mündlichen Verhandlung aus, wenn dies denn überhaupt erforderlich wird. Der Markt für Streitbeilegung ermöglicht somit einen „virtuellen" Wegzug in dem Sinne, dass die öffentlichen Güter und Dienstleistungen einer anderen Jurisdiktion konsumiert werden können, ohne dass ein tatsächlicher Aufenthalt dort begründet werden muss.[33] Die Inanspruchnahme der Streitbeilegungsdienstleistungen einer anderen Jurisdiktion ist nichts anderes als ein Importgeschäft. Für den anbietenden Staat ergibt sich umgekehrt ein Export, wenn ausländische Parteien die Dienste inländischer Gerichte, Schiedsgerichte und sonstiger Rechtsdienstleister nachfragen. Allerdings ist einzuräumen, dass die mit der Wahl eines ausländischen Gerichtsorts verbundenen Kosten und sonstigen Nachteile immer noch so hoch sind, dass sie die Auswahl unter verschiedenen Anbietern beeinflussen. Diese Kosten sind eine Triebkraft für das überall zu beobachtende „Heimwärtsstreben" der Parteien zu ihrem eigenen Gericht.[34] Immerhin wird der Aufstieg der Online-Streitbeilegung die mit dem Import solcher Dienstleistungen verbundenen

---

[31] *Frey,* 5 European Journal of Law Reform, 543, 548 (2005): „Migration is only one means of exit. Membership in a particular FOCUS can often be discontinued without changing one's location." *Frey/Eichenberger,* The New Democratic Federalism for Europe, S. 18: „Dissatisfied persons and firms can join another FOCUS without having to change their location."

[32] *Vogenauer,* ERPL 21 (2013), 13, 18; *Schäfer/Lantermann,* in: Basedow/Kono, An Economic Analysis of Private International Law, S. 87, 95.

[33] Für eine ausführliche Behandlung dieses Themas vgl. *Wagner,* 39 CMLR, 995, 1007-1011 (2002).

[34] Unten, Erster Teil IV. 6. a), S. 77.

Kosten deutlich senken und damit den internationalen Wettbewerb in diesem Sektor wesentlich anfachen.[35]

Insgesamt erweist es sich also als angemessen, das Geschehen auf dem Markt für Streitbeilegung als Wettbewerb zu qualifizieren. Auf dieser Grundlage beleuchtet die folgende Analyse Akteure auf Angebots- und Nachfrageseite sowie die Präferenzen, von denen sich Anbieter und Nachfrager leiten lassen.

---

[35] Vgl. *Calliess*, 7 German Law Journal 647 (2006); *Rogers*, 8 Nev. L. J. 341, 361 (2007); allgemein dazu *Katsh/Rifkin*, Online Dispute Resolution.

III. UNILATERALER WETTBEWERB: FORUM SHOPPING

1. Die Unterscheidung von unilateraler und bilateraler Nachfrage

Gerichte dürfen nur dann entscheiden, wenn sie von den Parteien angerufen worden sind. Entsprechendes gilt für die übrigen Institutionen der Streitbeilegung. Dabei treten die Parteien des Streitverhältnisses entweder gemeinsam als Nachfrager auf, indem sie sich auf einen bestimmten Mechanismus oder eine Institution einigen, oder die Nachfrageentscheidung wird von einer Partei alleine getroffen. Je nach dem, ob es sich um eine unilateral getroffene Nachfrageentscheidung oder um eine bilateral-konsensuale Wahl handelt, unterscheiden sich die Entscheidungsparameter. Darüber hinaus ergeben sich unterschiedliche Konsequenzen für den Wettbewerb. Zunächst ist die unilaterale Nachfrage zu untersuchen.

2. Das Kalkül des Klägers

Mit dem Begriff der unilateralen Nachfrage werden im Folgenden Fälle bezeichnet, in denen die Wahl zwischen verschiedenen Streitbeilegungsdienstleistungen von dem Kläger, also derjenigen Partei, die Rechtsschutz gegen einen anderen begehrt, alleine getroffen wird. Da die Entscheidung zugunsten alternativer Instrumente der Streitbeilegung, von informellen Verhandlungen über Mediation und Schlichtung bis hin zur privaten Schiedsgerichtsbarkeit, nur im Konsens beider Parteien möglich ist, gibt es in diesem Bereich keine unilaterale Nachfrage. Die Auswahlentscheidung bei unilateraler Nachfrage erfolgt also zwingend unter mehreren staatlichen Gerichten, die wiederum ein und derselben oder auch verschiedenen Jurisdiktionen angehören können.

Aus dem Zusammenspiel des nationalen mit dem internationalen Zivilverfahrensrecht der beteiligten Jurisdiktionen ergibt sich bei grenzüberschreitenden Fällen in aller Regel, dass dem Kläger mehrere Gerichtsstände zur Wahl stehen. Dass sämtliche beteiligten Zivilprozessrechte ein und dasselbe Gericht für ausschließlich zuständig erklären, ist eine Seltenheit. Dies gilt selbst dann, wenn die Zuständigkeitsregeln vereinheitlicht worden sind, wie dies mit der Brüssel Ia-VO unter den Staaten der EU geschehen ist, denn ausschließliche Zuständigkeiten bestehen nur in den Ausnahmefällen des Art. 24 Brüssel Ia-VO. In reinen Inlandsfällen ist die ausschließliche Zuständigkeit eines einzigen Gerichts, wie sie beispielsweise in den §§ 24, 29a, 32a, 32b ZPO angeordnet ist, ebenfalls nicht die Regel. Normalerweise sind mehrere Gerichte für den Rechtsstreit kompetent. In diesem Fall obliegt die Wahl zwischen den verschiedenen Gerichtsständen dem Kläger. Dieser allgemeine Grundsatz des Zivilprozessrechts wird für das deutsche Recht in § 35 ZPO eigens ausdrücklich normiert, gilt aber auch im Rahmen der Brüssel Ia-VO.[36]

---

[36] Noch für das EuGVÜ EuGH 30.11.1976, C-21/76 (*Handelswerkerij G. J. Bier B. V. ./. Mines Potasse d'Alsace S.A.*), Slg. 1976, 1735 (1746 f.) Rn. 12 ff. = NJW 1977, 493; EuGH 06.10.1976, C-12/76 (*Industrie Tessili Italiana Group ./. Dunlop AG*), Slg. 1976, 1473 (1485 f.) Rn. 12 = NJW 1977, 491 mit Anm. *Geimer*; EuGH 27.09.1988, C-189/87 (*Kalfelis ./. Bankhaus Schröder, Münchmeyer, Hengst & Co.*), Slg. 1988, 5565 (5583) Rn. 7 f. = NJW 1988, 3088 mit Anm. *Geimer*; EuGH 19.02.2002, C-256/00 (*Besix SA ./. Wasserreinigungsbau Alfred Kretschmar GmbH & Co KG, Planungs- und Forschungsgesellschaft Dipl. Ing. W. Kretzschmar GmbH & Co KG*), Slg. 2002, I-1699 (1733) Rn. 53 = NJW 2002, 1407. Vgl. auch Stein/Jonas-*Wagner*, ZPO, 22. Aufl., Einl. vor Art. 2 EuGVVO Rn. 13.

Von welchen Erwägungen lässt sich ein Kläger leiten, wenn er mit der Wahl zwischen verschiedenen Gerichten konfrontiert wird? Rationale und den Eigennutz maximierende Kläger treffen die Entscheidung, wo sie ihre Klage anhängig machen, mit dem Ziel, ihre Gewinnchancen zu maximieren und die zu erwartenden Kosten zu minieren.[37] Die Kosten für die Inanspruchnahme eines Gerichtssystems setzen sich aus den Gerichtskosten und den Kosten der anwaltlichen Vertretung vor diesem Gericht zusammen. Sowohl der „Gewinn", also der umstrittene Geldbetrag oder sonstige Streitgegenstand, als auch die Kosten fallen nicht mit Sicherheit an. Bei der Vorbereitung der Klage und der Entscheidung über das anzurufende Gericht ist unsicher, wie das Gericht entscheiden wird. Der Umstand, dass der Streitgegenstand dem Kläger mit einer Wahrscheinlichkeit unterhalb von 1 zugesprochen werden wird, muss bei der Entscheidung zwischen verschiedenen Gerichtsständen berücksichtigt werden. Entsprechendes gilt für die Kostenallokation. Jenseits vieler Unterschiede im Detail folgen die europäischen nationalen Zivilprozessrechte bei der Kostenallokation unter den Prozessparteien dem Obsiegensprinzip (*costs follow the event*).[38] Nach diesem Grundsatz entspricht die Wahrscheinlichkeit, mit der der Kläger in der Sache obsiegt, der Wahrscheinlichkeit, mit der der Beklagte die Kosten des Rechtsstreits zu tragen hat. Mit anderen Worten ist die Wahrscheinlichkeit des Obsiegens in der Hauptsache der Kehrwert der Wahrscheinlichkeit, dass die jeweilige Partei die Kosten des Rechtsstreits tragen muss. Auf dieser Grundlage ergibt sich die Berechnung, die ein rationaler Kläger ausführen würde, um das optimale Gericht auszusuchen, als eine einfache Anwendung der Erwartungswertberechnung. Wenn die Wahrscheinlichkeit, dass der Kläger obsiegt gleich p ist, der erstrittene Betrag gleich G und die Ver-

---

[37] *Wagner*, 62 Buffalo L. Rev. 1085, 1103 ff. (2014); eingehend zu den Einzelheiten dieses Kalküls *Risse/Morawietz*, Prozessrisikoanalyse.

[38] *Hodges/Vogenauer/Tulibacka*, Costs and Funding of Civil Litigation, S. 17 ff., 78 f.; *Reimann*, in: ders., Cost and Fee Allocation in Civil Procedure, S. 10 f.; *Jäger*, Reimbursement of Attorney's Fees, S. 1 ff.; *Root*, 15 Ind. Int'l & Comp. L. Rev. 583, 589 ff. (2005). Das Obsiegensprinzip dominiert auch in der internationalen Schiedsgerichtsbarkeit; vgl. *Bühler*, ASA Bulletin 2004, 249 mwNachw.; *Trittmann*, ZvglRWiss 114 (2015), 469, 473 ff.

fahrenskosten mit C bezeichnet werden, dann wird der Kläger immer klagen, wenn $pG - (1 - p)C > 0$.

Wenn der Kläger eine Auswahl zwischen verschiedenen Gerichten treffen kann und sich die verschiedenen zuständigen Gerichte in ihrer Handhabung des Rechtsstreits so unterscheiden, dass die Wahrscheinlichkeit des Obsiegens variiert, muss die eben demonstrierte Rechnung für jedes zuständige Gericht durchgeführt werden. In einer Situation mit zwei Gerichten muss der Kläger die Wahrscheinlichkeit des Obsiegens vor Gericht 1 und vor Gericht 2 (p_1 und p_2) abschätzen und darüber hinaus die Höhe des Betrages, der von den beiden Gerichten jeweils zugesprochen würde (G_1 G_2) sowie die Verfahrenskosten, die der Kläger im jeweiligen Forum tragen müsste (C_1 C_2). Der geschätzte Wert des Rechtsstreits vor Gericht 1 wäre gleich $p_1 G_1 - (1 - p_1) C_1$ und vor Gericht 2 gleich $p_2 G_2 - (1 - p_2)C_2$. Der Kläger würde vor Gericht 1 klagen, wenn der erwartete Wert des Rechtsstreits dort größer ist als der erwartete Wert einer Klage vor Gericht 2: $p_1 G_1 - (1 - p_1) C_1 > p_2 G_2 - (1 - p_2)C_2$. Im umgekehrten Fall, wenn $p_2 G_2 - (1 - p_2) C_2 > p_1 G_1 - (1 - p_1) C_1$, würde der Kläger vor Gericht 2 Klage erheben. Eine solche Kalkulation könnte theoretisch für jede Anzahl von Gerichten durchgeführt werden, die um die Zuständigkeit für den Rechtsstreit konkurrieren.

Der rationale Kläger unternimmt danach eine Kosten-Nutzen-Analyse und entscheidet sich für dasjenige Gericht, bei dem der Saldo zwischen Nutzen und Kosten am größten ist. Diese simple Formel ist zutreffend, bedarf jedoch einiger Ergänzungen. Zunächst ist klarzustellen, dass es in Wahrheit nicht bzw. nicht allein auf die Chance des Obsiegens vor dem angerufenen Gericht ankommt, sondern auf die tatsächliche Befriedigung des Klägers. Ein zusprechendes Urteil nutzt gar nichts, wenn es nicht vollstreckt werden kann. Für das Kalkül des Klägers maßgeblich ist also die Wahrscheinlichkeit einer erfolgreichen Vollstreckung aufgrund eines günstigen Urteils. Die zusätzliche Berücksichtigung der Vollstreckbarkeit kann vernachlässigt werden, soweit die Wahrscheinlichkeit der Vollstreckbarkeit für Urteile verschiedener Gerichte gleich ist. Davon ist auszugehen, wenn die verschiedenen Gerichte ein und derselben Jurisdiktion – Deutschland, England oder Frankreich – oder einem einheitlichen Justizraum angehören, innerhalb dessen die grenzüberschreitende Vollstreckung gewährleistet ist. Dies ist für die Staaten der EU wegen der Geltung von Art. 39 ff. Brüssel Ia-VO der Fall.

Die Verhandlung und Entscheidung eines Rechtsstreits braucht notwendigerweise Zeit, doch der zwischen Klageerhebung und Erhalt einer rechtskräftigen Entscheidung vergehende Zeitraum variiert von Gericht zu Gericht. Je länger der Rechtsstreit dauert, desto nachteiliger ist dies für den Kläger, denn eine bestimmte Summe Geld heute zur Verfügung zu haben ist mehr wert, als dieselbe Summe zu einem späteren Zeitpunkt, der Jahre in der Zukunft liegen mag, zu erhalten. Wie hoch die Einbußen sind, die der Kläger durch die bloße Dauer des Rechtsstreits erleidet, hängt von der Höhe des für den jeweiligen Zeitraum zugrunde gelegten Diskontierungszinssatzes und darüber hinaus davon ab, ob und in welcher Höhe im Falle des Obsiegens Prozesszinsen zugesprochen werden, wie dies in Deutschland gemäß § 291 BGB der Fall ist. Soweit nämlich der Kläger zusätzlich zu der Urteilssumme (G) marktgerechte Zinsen für die Dauer des Rechtsstreits erhält, wird der wirtschaftliche Nachteil, der in dem späteren Erhalt der Urteilssumme liegt, ganz oder teilweise ausgeglichen.

Ein weiterer Posten, der in den bisherigen Überlegungen vernachlässigt wurde, sind Kollateraleffekte. Damit sind diejenigen Vor- und Nachteile gemeint, die infolge der Klage vor einem bestimmten Gericht für die übrigen Interessen des Klägers eintreten. Sind diese Effekte positiver Natur, handelt es sich um Kollateralvorteile, im umgekehrten Fall um Kollateralnachteile. Dabei geht es zum einen um Effekte, die der anhängig zu machende Rechtsstreit für andere Streitigkeiten desselben Klägers hat. Solche Effekte können eintreten, wenn der Beklagte sich aufgrund desselben oder eines ähnlichen Sachverhalts einer Vielzahl von Ansprüchen ausgesetzt sieht, wie beispielsweise bei Serienfehlern von Produkten. Stellt ein Gericht in einem Pilotfall fest, dass die Konstruktion eines Massenprodukts fehlerhaft ist, wird die Verteidigung in weiteren Verfahren schwerer fallen; hat das letztinstanzliche Gericht einer Jurisdiktion so entschieden, werden die übrigen Rechtsstreitigkeiten *de facto* auf dieser Grundlage erledigt. In einer solchen Konstellation kann das Interesse des Klägers am Ausgang des Pilotverfahrens dessen eigentlichen Streitwert zuzüglich der Verfahrenskosten weit überwiegen. Mit umgekehrten Vorzeichen genauso verhält es sich für den Beklagten. Sind in dem gegebenen Beispiel die übrigen fehlerhaften Produkte nicht in der Hand des Klägers, sondern in der dritter Parteien, kommt diesen der Kollateralvorteil zugute, während der Kollateralnachteil den Beklagten trifft.

Kollaterale Gewinne und Verluste der Streitparteien können sich auch aus dem Verfahren selbst ergeben, ohne Rücksicht auf den Inhalt des Urteils. In vielen Fällen haben Streitparteien ein Interesse an der Vertraulichkeit der in dem Verfahren offengelegten Tatsachen. Ein um Geheimhaltung bemühter Kläger wird den Schaden, der ihm durch Offenlegung im Rahmen eines Gerichtsverfahrens droht, klein halten wollen und den Erwartungswert des Kollateralschadens mit den übrigen Variablen, die die Wahl eines Gerichts determinieren, verrechnen. Umgekehrt hat der Kläger ein Interesse daran, dem Beklagten bereits durch das Verfahren selbst einen Schaden zuzufügen, um dadurch dessen Vergleichsbereitschaft zu erhöhen. So erklärt es sich, dass bei Massenunglücken auf europäischem Boden häufig versucht wird, eine Klage in den Vereinigten Staaten anhängig zu machen. Die dahinter stehende Überlegung ist, dass der Beklagte bereits wegen der vor einem U.S.-amerikanischen Gericht drohenden umfassenden Sachverhaltsaufklärung im Wege der pre-trial discovery daran interessiert sein wird, den Streit aus der Welt zu schaffen. Auf die Erfolgsaussichten des Klägers in einer späteren Hauptverhandlung kommt es dann gar nicht an.

> Diese Überlegung kann mit einer Anekdote belegt werden, nämlich dem Scheidungsverfahren des früheren Tennisstars Boris Becker.[39] Nachdem seine Ehe gescheitert war, verhandelte er mit

---

[39] Vgl. die Berichte auf http://www.fact.on.ca/news/news0101/re010104. htm; und weiterhin http://en.wikipedia.org/wiki/Boris_Becker.

seiner Frau Barbara über die vermögensrechtliche Auseinandersetzung. Grundlage dafür war ein nach deutschem Recht errichteter Ehevertrag, der eine Abfindungszahlung im Gegenwert von USD 2,5 Millionen vorsah. Da die Eheleute ihren Wohnsitz in München hatten, erschien das dortige Familiengericht als der natürliche Gerichtsstand. Barbara Becker kam diesem Weg der Streitbeilegung zuvor, indem sie in Florida, wo die Eheleute ein gemeinsames Apartment besaßen, einen Sorgerechtsstreit anhängig machte und auf Zahlung von Unterhalt klagte. Bei den öffentlichen Anhörungen vor dem Gericht in Florida saßen Beamte der Münchener Steuerfahndung im Gerichtssaal, um sich ein Bild von der Vermögenslage und den Einkommensquellen des Ehemanns zu verschaffen. Ein Ermittlungsverfahren gegen Becker wegen Steuerhinterziehung lag in der Luft. Vor diesem Hintergrund fand er sich sehr schnell zu einem Vergleich bereit, der seiner Ehefrau Vermögenswerte von insgesamt ca. USD 17 Millionen zubilligte. Die Differenz zu den ihr nach dem Ehevertrag zustehenden USD 2,5 Millionen erklärt sich offenbar durch das Interesse Beckers daran, die durch die Fortsetzung des Prozesses in Florida drohenden Kollateralschäden für seine übrigen Interessen zu vermeiden. Dies gilt unabhängig von der Frage, mit welcher Wahrscheinlichkeit er im Unterhaltsprozess unterlegen wäre.

Kurz zusammengefasst wird der Kläger also nicht „das beste", sondern das „für ihn beste" Gericht wählen, wenn er die Wahl zwischen mehreren Gerichtsständen hat. Die wichtigsten Determinanten für die Identifizierung des klägerfreundlichsten Gericht sind die Höhe der erwarteten Urteilssumme sowie die Wahrscheinlichkeit des Obsiegens, abzüglich der vom Kläger wahrscheinlich zu tragenden Kosten des Rechtsstreits, der Kosten der Verfahrensdauer und der Kosten etwaiger Kollateralschäden, zuzüglich des Werts möglicher Kollateralvorteile.

3. Beispiele unilateralen Wettbewerbs

a) Amerikanische *Hellhole Jurisdictions*

Die aggressive Suche nach dem klägerfreundlichsten Gericht ist ein besonderes Kennzeichen föderaler Justizsysteme, in denen die grenzüberschreitende Vollstreckung der Urteile gesichert ist, die Gerichte der Einzeljurisdiktionen aber nach je eigenem Prozessrecht verfahren, ihr eigenes Kollisionsrecht beachten und aufgrund dessen unter Umständen ihr eigenes materielles Recht anwenden. Diese Voraussetzungen sind vor allem in den USA gegeben, und folglich ist die Praxis dort reich an praktischem Anschauungsmaterial für das, was in der Literatur treffend als *forum selling* bezeichnet worden ist.[40] Amerikanische Unternehmen verzeichnen eine Häufung von gegen sie gerichteten Klagen in den Gerichten der am Golf von Mexiko belegenen Bundesstaaten. Die Gerichte dieser als *hellhole jurisdictions* bezeichneten Staaten ziehen wegen ihrer extrem klägerfreundlichen Haltung eine Vielzahl von Klagen an, deren Sachverhalte mit den jeweiligen Staaten allenfalls locker verbunden sind.[41] Eine von *Clermont* und *Eisenberg* durchgeführte empirische Untersuchung kam zu dem Ergebnis, dass die vom Kläger unilateral angerufenen Gerichte deutlich häufiger zugunsten des Klägers entschieden als eine Vergleichsgruppe von Gerichten, die erst nach einem erfolgreichen Verweisungsantrag des Beklagten mit den jeweiligen Rechtsstreitigkeiten befasst wurden.[42] Die vom Kläger auserkorenen Gerichte sind diesen also besonders freundlich gesonnen. Dieser Effekt wurde durch weitere Studien bestätigt, in denen die Obsiegensquoten für Kläger in einem von ihnen gewählten State Court mit den Obsiegensquoten verglichen wurden, die sich vor einem Bundesgericht ergaben, nachdem der Rechtsstreit an dieses verwiesen worden war. Während die Obsiegensquote für einen Kläger

---

[40] *Klermann/Reilly*, 89 Southern Cal. L. Rev. 241 (2016).

[41] *Wilske/Fox*, 2 Disp. Resol. International 235 (2008); *Hollandsworth*, 24 Texas Monthly 106 (Juni 1996); *Klermann/Reilly*, 89 Southern Cal. L. Rev. 241, 285 ff. (2016).

[42] *Clermont/Eisenberg*, 80 Cornell L. Rev. 1507, 1511 ff. (1995).

vor einem State Court bei ungefähr 71 % lag, fiel diese Zahl auf 34 % in Fällen, die ursprünglich vor einem State Court anhängig gemacht, dann aber an ein Bundesgericht verwiesen worden waren.[43]

b) Deutschland: Fliegender Gerichtsstand in Pressesachen

Auch in Deutschland gibt es entsprechende Phänomene, die bisher allerdings nicht systematisch erforscht worden sind. Ein Beispiel ist der fliegende Gerichtsstand in Pressesachen, also die durch § 32 ZPO gegebene Möglichkeit von Klägern, die sich durch ein Presseerzeugnis in ihren allgemeinen Persönlichkeitsrechten verletzt fühlen, vor jedes Gericht zu ziehen, in dessen Bezirk das inkriminierte Presseerzeugnis verbreitet worden ist.[44] Bei national vertriebenen Publikationen wie überregionalen Tageszeitungen und Magazinen hat dies zur Folge, dass dem Kläger praktisch sämtliche Gerichtsstände im Bundesgebiet zur Wahl stehen. Diese Rechtslage hat nicht dazu geführt, dass sich die Verfahren in Pressesachen gleichmäßig über die Gerichte der Republik verteilten. Vielmehr konzentrieren sie sich an einigen wenigen Standorten, nämlich den Landgerichten in Berlin, Hamburg und Köln. Innerhalb dieses Spitzentrios schwanken die Eingangszahlen der einzelnen Gerichte im Zeitablauf relativ stark, was Beobachter mit Wechseln im Vorsitz der für Pressesachen zuständigen Zivilkammern und mit dadurch oder durch andere Faktoren induzierten Rechtsprechungsänderungen erklären.[45]

Der Grund für die Attraktivität der Landgerichte Berlin, Köln und Hamburg ist nach verbreiteter Ansicht nicht die höhere Sachkompetenz der dort tätigen Richter, sondern ihre klägerfreundliche Tendenz. Kläger suchten nicht die kompetente, sondern die „geneigte Kam-

---

[43] *Clermont/Eisenberg*, 83 Cornell L. Rev. 581, 594 (1998). Die Originaldaten der Autoren betreffen nur die Obsiegenschancen in Federal Courts, die Chancen sind aber mit denen vor State Courts grob vergleichbar, aaO, S. 596.

[44] BGH NJW 1977, 1590; BGH NJW 2010, 1752 Rn. 10; vgl. allgemein *Wagner*, RabelsZ 62 (1998), 243, 251 f.

[45] *Jürgens*, NJW 2014, 3061, 3064; genauso *Sajuntz*, NJW 2014, 25, 29 f.; dem entgegentretend *Dölling*, NJW 2015, 124.

mer".[46] Diese Einschätzung wird durch den Umstand gestützt, dass die Entscheidungen der Berliner, Kölner und Hamburger Kammern besonders revisionsanfällig sind, wobei Revisionsentscheidungen auf Rechtsmittel der beklagten Medienunternehmen hin und zu deren Gunsten zahlenmäßig überwiegen.[47] Ob diese Phänomene tatsächlich Beleg für einen Wettbewerb der genannten Landgerichte um Persönlichkeitsklagen sind, ließe sich nur durch eine aufwändige empirische Untersuchung klären, die Stand und Entwicklung der Rechtsprechung der genannten Gerichte analysieren und mit derjenigen anderer Gerichte zu vergleichen hätte.[48] Im Lichte der hier angestellten theoretischen Überlegungen zum Kalkül von Klägern, die einseitig das zuständige Gericht wählen können, wäre es jedenfalls nicht überraschend, wenn die Kläger sich das ihnen am freundlichsten gesonnene Gericht aussuchen würden. Im Gegenteil: Es wäre verwunderlich, wenn es sich anders verhielte. Dementsprechend wird auch vonseiten derjenigen Richter, die eine klägerfreundliche Tendenz der eigenen Rechtsprechung bestreiten, so viel eingeräumt:

> „Selbst Verteidiger des fliegenden Gerichtsstands stellen nicht von vornherein in Abrede, dass die Entscheidungspraxis bestimmter Gerichte ausgenutzt wird. Niemand wird ernsthaft bezweifeln, dass Presseverlage, Blogger und andere potenzielle Klage- und Verfügungsgegner ihre Erfahrungen mit bestimmten Pressekammern gemacht haben. Es ist auch durchaus plausibel, dass von der Medienberichterstattung Betroffene, denen die Wahl des zuständigen Gerichts praktisch freisteht, sich für dasjenige entscheiden, von dem sie sich am ehesten einen (raschen) Erfolg erhoffen."[49]

Auch der Deutsche Bundestag scheint davon auszugehen, dass es eine Neigung der mit Pressesachen meistbeschäftigten Gerichte zugunsten potenzieller Kläger gibt, denn er hat die Bundesregierung zu der Prüfung aufgefordert, ob der fliegende Gerichtsstand abgeschafft und

---

[46] *Jürgens*, NJW 2014, 3061, 3064.
[47] *Jürgens*, NJW 2014, 3061, 3063.
[48] So mit Recht *Dölling*, NJW 2015, 124, 128.
[49] *Dölling*, NJW 2015, 124, 126.

der Wohnsitz des Beklagten zum ausschließlichen Gerichtsstand in Pressesachen erkoren werden soll.[50]

c) Patentverletzungsklagen

Ein anderes Beispiel betrifft Patentschutzklagen, die in den USA Anlass zu großer Sorge gegeben haben, weil der Kläger praktisch vor sämtlichen Bundesgerichten Klage erheben kann und allen Anlass hat, sich das für ihn günstigste Distriktgericht auszusuchen.[51] Als besonders klägerfreundlich und daher erfolgreich im Wettbewerb um Patentverletzungskläger innerhalb der USA erwies sich das Gericht für den östlichen Distrikt von Texas mit Sitz in Tyler.

Auch in Deutschland hat der Patentinhaber, der eine Verletzungsklage erhebt, die Wahl zwischen zwölf Patentgerichtsständen im Bundesgebiet. Gleichwohl konzentrieren sich die Streitigkeiten bei den Landgerichten in Mannheim und München, allen voran aber in Düsseldorf.[52] Dabei werden zwei Drittel aller Klagen von ausländischen Parteien erhoben.[53] Als Grund für den Erfolg der deutschen Gerichte, insbesondere des LG Düsseldorf, im Wettbewerb um Patentverletzungsklagen werden in der Regel die Integrität und Neutralität der Richter, die Schnelligkeit des Verfahrens und die vergleichsweise niedrigen Verfahrenskosten genannt.[54] Diese Vorzüge sind nicht zu bezweifeln, doch wäre es überraschend, wenn für die Wahl des Gerichts hier andere Maßstäbe maßgeblich wären als sonst.

---

[50] BT-Drucks. 17/14192, S. 5; BT-Drucks. 17/14216, S. 6; Deutscher Bundestag, Plenarprotokoll 17/250, S. 31986 (B).

[51] *Klermann/Reilly*, 89 Southern Cal. L. Rev. 241, 249 ff. (2016).

[52] *Cremers/Ernicke/Gaessler/Harhoff/Helmers/McDonagh/Schliessler/van Zeebroeck*, ZEW Discussion Paper No. 13.-072, 2013, 34; zur Geschichte der Patentgerichtsbarkeit in Düsseldorf, deren Stunde mit dem Umzug der vormals in Berlin konzentrierten Patentanwaltschaft in den Jahren 1945–1950 schlug, *Wiese*, in: Kühnen (Hrsg.), 80 Jahre Patentgerichtsbarkeit in Düsseldorf, S. 597, 605 ff.

[53] *Kühnen/Claessen*, GRUR 2012, 592, 593.

[54] *Kühnen/Claessen*, GRUR 2012, 592, 593; *Schülke*, in: Müller-Graff/Roth, Die Praxis des Richterberufs, S. 67, 77.

Der Patentverletzungskläger dürfte dasjenige Gericht wählen, bei dem der Saldo aus Nutzen und Kosten des Prozesses maximal ist. Die Kosten der Prozessführung in Deutschland sind im internationalen Vergleich moderat, doch dies erklärt nicht die Häufung der Klagen in Düsseldorf, Mannheim und München, denn die Gerichtskosten sind bundeseinheitlich geregelt und daher vor allen deutschen Gerichten gleich. Wenig überraschend ist der Befund, dass die Obsiegenschancen für den klagenden Patentinhaber beim Marktführer LG Düsseldorf am höchsten sind, wenn auch keine großen Abweichungen gegenüber Mannheim und München bestehen.[55] Genau dieses Ergebnis ist zu erwarten, falls die Prämisse stimmt, dass sich die Kläger das für sie günstigste Forum heraussuchen. Speziell das LG Düsseldorf kommt den Patentinhabern auch bei der Verfahrensdauer entgegen, indem es auf die Einholung zeitraubender Sachverständigengutachten nahezu durchweg verzichtet.[56] Allerdings wird von Kennern des Patentrechts und seiner Gerichtsbarkeit der Vorsprung Düsseldorfs vor allem mit der Erfahrung und Kompetenz der dort tätigen Richter erklärt,[57] was der Annahme eines Abwertungswettbewerbs (*race to the bottom*) widerspricht.

Möglicherweise lässt sich dieser Widerspruch auflösen. Ein Gericht, das sich im Wettbewerb um Kläger behauptet, zieht viele Klagen an. Handelt es sich um eine eng begrenzte, komplexe Rechtsmaterie wie das Patentrecht, wird es allein durch diesen Effekt eine Fülle weiterer Fälle attrahieren, anhand derer es weitere Erfahrungen sammeln und seine Expertise vertiefen kann. Dadurch wird die Verfahrensdauer günstig beeinflusst, woran wiederum weitere potentielle Kläger ein Interesse haben. So gesehen ist mit dem erfolgreichen Werben um Kläger immer auch ein Zuwachs an Sachkompetenz und praktischer Erfahrung verbunden. Dieser Zuwachs ist es, der den unilateralen, allein

---

[55] *Gaessler/Lefouili*, Toulouse School of Economics Working Paper Nr. 17-775, 2017, 19 f.

[56] *Gaessler/Lefouili*, Toulouse School of Economics Working Paper Nr. 17-775, 2017, 2, 19 f., 25.

[57] *Kühnen/Claessen*, GRUR 2012, 592, 593; *Schülke*, Patentgerichtsbarkeit, in: Müller-Graff/Roth, Die Praxis des Richterberufs, S. 67, 77.

von den Klägern angetriebenen Wettbewerb der Gerichte in einem besseren Licht erscheinen lässt als es eigentlich zu erwarten wäre. Die Patentkammern in Düsseldorf sind also nicht bloß klägerfreundlicher als die Kammer am Landgericht Erfurt, sie sind auch (viel) erfahrener und deshalb kompetenter. Allerdings ist zu vermuten, dass das materielle Patentrecht anders aussähe, wenn die Entwicklung der besonderen Sachkompetenz der Marktführer in diesem Bereich nicht darauf angewiesen gewesen wäre, möglichst viele Patentkläger anzuziehen.

4. Bewertung

Die Auswahl des für den eigenen Mandanten optimalen Gerichts ist ein wesentliches Element guter Anwaltskunst. Es gehört zu den selbstverständlichen Aufgaben des Anwalts eines potentiellen Klägers, für seinen Mandanten ein optimales Ergebnis zu erzielen, und sei es durch Ausnutzung der zwischen verschiedenen Gerichtsständen bestehenden Unterschiede bei der Obsiegenswahrscheinlichkeit und den Kosten. Das daraus entstehende Zusammenspiel zwischen Gerichten, die um die Anziehung von Klägern bemüht sind, und deren Anwälten lässt sich durchaus in der Terminologie des Wettbewerbs beschreiben. Wenn diese Art des Wettbewerbs ausdrücklich begrüßt wird, dann erfolgt dies unter der Prämisse, dass das vom Kläger gewählte Gericht ein „gutes" Gericht ist. So sah es mit Blick auf die englische Justiz bereits der berühmte Richter Lord *Denning*:

> „If a plaintiff considers that the procedure of our courts, or the substantive law of England, may hold advantages for him superior to that of any other country, he is entitled to bring his action here – provided always that he can serve the defendant, or arrest his ship, within the jurisdiction of these courts – and provided also that his action is not vexatious or oppressive. [...] This right to come here is not confined to Englishmen. It extends to any friendly foreigner. He can seek the aid of our courts if he desires to do so. You may call this 'forum shopping' if you please, but the forum is England, it is a good place to shop in, both for the quality of the goods and the speed of service."[58]

---

[58] *The Owners of the Bona Spes v. The Owners of the Atlantic Star*, [1972] 3 All. ER 705, 708 (per Lord Denning).

Das Selbstbewusstsein der englischen Gerichte in allen Ehren: Um Wettbewerb im herkömmlichen Sinne, der den besten Anbieter belohnt und daher zu besseren Leistungen und geringeren Preisen führt, handelt es sich in den Fällen von *forum shopping* nicht.[59] Die Konkurrenz der Kläger um ein ihnen möglichst freundlich gesonnenes Gericht ist nicht die Art von Wettbewerb, die sich Ökonomen für einen effizienten Markt erhoffen. Das Gut, das diese Art von Wettbewerb optimiert, ist nicht die Leistung der Gerichte oder die Qualität der von ihnen getroffenen Entscheidungen, sondern die Anzahl erfolgreicher Klagen. Wettbewerb dieser Art veranlasst die Gerichte dazu, Kläger immer vorteilhafter zu behandeln. Bei genauerer Überlegung ist die Idee, die Auswahl des klägerfreundlichsten Gerichts durch die daran interessierte Partei würde einen wünschenswerten Leistungswettbewerb stimulieren, schlicht absurd. Unter den genannten Prämissen wäre das „beste" Gericht nämlich dasjenige, das ohne viel Aufhebens zugunsten des Klägers entschiede. Schließlich würde dieses Gericht klägerfreundliche Urteile zu niedrigsten Kosten produzieren und somit die meisten Klagen anziehen.

Soweit einseitiger Wettbewerb für das freundlichere Gericht in der realen Welt existiert, setzt dieser also einen Abwärtswettlauf, ein *race to the bottom*, in Gang.[60] Soweit ersichtlich ist man sich darin einig, dass *forum shopping* zwar in gewissen Grenzen unvermeidlich ist, dass es jedoch nicht über das unvermeidliche Maß hinaus gefördert werden sollte.[61] Die hier angestellten Überlegungen zeigen, warum die kritische Haltung gegenüber dem *forum shopping* gerechtfertigt ist. Das Recht des Klägers zur einseitigen Gerichtsstandswahl führt zur Wahl desjenigen Gerichts, das dem Kläger per Saldo am meisten Nutzen verspricht. Die Kalkulation des von einem Gericht zu erwartenden

---

[59] *Vogenauer*, ERPR 21 (2013), 13, 25; *Wagner*, 62 Buffalo L. Rev. 1085, 1116 ff. (2014).

[60] Der Gedanke vom unilateralen Wettbewerb als möglicher Auslöser eines *race to the bottom* wurde im Hinblick auf die Gesellschaftsrechte der US-Bundesstaaten entwickelt von *Cary*, 83 Yale L. J. 663, 664-666 (1974); die umgekehrte Ansicht (*race to the top*) wurde entwickelt von *Winter*, 6 J. Leg. Stud. 251 (1977).

[61] *Klermann/Reilly*, 89 Southern Cal. L. Rev. 241, 303 ff. (2016).

Nutzens erfordert eine Abschätzung der Obsiegenswahrscheinlichkeit, der Verfahrensdauer, der Verfahrenskosten und etwaiger Kollateraleffekte, die durch einen Prozess verursacht werden können. Ein rationaler Kläger hat Anlass dazu, den Saldo aus dem Gesamtnutzen und den Gesamtkosten eines Rechtsstreits zu optimieren und die Auswahl des Gerichts an dem Ergebnis dieses Kalküls zu orientieren. Das schließlich auserkorene Gericht kann mit dem sachlich „besten" Gericht zufällig übereinstimmen, wie dies bei Patentverletzungsklagen in Deutschland der Fall sein mag. Die Regel ist eine solche Koinzidenz indessen sicher nicht. Deshalb bleibt es bei der Schlussfolgerung: Unilateraler Wettbewerb um das klägerfreundlichste Gericht führt zu einem *race to the bottom* und sollte eingedämmt oder unterbunden werden.

IV. BILATERALE NACHFRAGE NACH DEM OPTIMALEN GERICHT

Anders fällt die Beurteilung aus, wenn die Parteien gemeinsam das zuständige Gericht, Schiedsgericht oder den sonstigen Streitbeilegungsmechanismus auswählen.

1. Die Wahlmöglichkeiten der Parteien

Nach allen modernen Prozessordnungen haben beide Parteien die Möglichkeit, die gerichtliche Zuständigkeit einverständlich zu regeln und entweder an einem der mehreren gesetzlichen Gerichtsstände zu konzentrieren oder einem dritten Gericht, das nach der jeweiligen Prozessordnung nicht zuständig wäre, zuzuweisen. Diese Kompetenz zur einverständlichen Wahl des Gerichtsstands besteht sowohl im nationalen Maßstab (§ 38 ZPO) als auch bei grenzüberschreitenden Streitigkeiten nach europäischem und autonomem Zuständigkeitsrecht (Art. 25 Brüssel Ia-VO, § 38 ZPO analog).

Soweit eine Partei oder auch beide Parteien gemeinschaftlich ein Gericht oder einen sonstigen Streitbeilegungsmechanismus zur Lösung ihres Disputs auswählen, treffen sie eine Entscheidung, die der Auswahl unter mehreren öffentlichen oder privaten Gütern gleichkommt. Insofern handelt es sich um eine Nachfrageentscheidung. Die Auswahl betrifft ein Angebot aus verschiedenen Dienstleistungen bzw. Bündeln von Dienstleistungen, die im Fall der staatlichen Gerichte als Hoheitsträger in den Formen des öffentlichen Rechts, im Übrigen jedoch auf dem Boden des Privatrechts von Privatrechtssubjekten erbracht werden. In diesem Sinne ist es adäquat, von Angebot und Nachfrage auf Märkten für Streitbeilegung zu sprechen.

2. Wahl *ex ante* und *ex post*

Die folgenden Überlegungen fassen die – in der Praxis weit überwiegende – Situation ins Auge, dass die Parteien im Zusammenhang mit der Aushandlung eines kommerziellen Vertrags eine Streitbeilegungsklausel vereinbaren. Zu diesem Zeitpunkt wissen die Parteien noch nicht, welche Art von Ansprüchen später Grundlage des Rechtsstreits sein und in welcher Rolle sie sich gegenüberstehen werden, wer also Kläger und wer Beklagter sein wird. Auch das Menü der zuständigen Gerichte steht häufig noch nicht fest. In der *ex post*-Situation ist der materiell-rechtliche Vertrag bereits abgeschlossen worden und der Streitfall eingetreten, die Rollen von Kläger und Beklagter sind ebenso fixiert wie die Gerichte, deren Zuständigkeit für den konkreten Rechtsstreit gegeben ist.

Vereinbarungen über die Zuständigkeit von Gerichten oder Schiedsgerichten sind in der Situation *ex ante* viel leichter zu erreichen als in der Situation *ex post*. Da die Parteien in der Situation *ex ante* gleichsam unter einem „Schleier der Ungewissheit"[62] über die Streitbeilegungsklausel verhandeln, ist es ihnen unmöglich vorherzusehen, wie sich eine bestimmte Zuständigkeitsvereinbarung auf den Ausgang eines zukünftigen Rechtsstreits auswirken und wie sie die Interessen der Parteien in diesem Rechtsstreit betreffen wird.

Die Wahl des Streitbeilegungsmechanismus *ex post*, nach Abschluss des materiell-rechtlichen Vertrags und Entstehung eines Streits, kommt

---

[62] Zu der Heuristik des *veil of ignorance Rawls*, Eine Theorie der Gerechtigkeit, S. 159 ff.

zwar ebenfalls vor, spielt in der Praxis aber eine geringere Rolle, weil eine Einigung der Parteien häufig scheitert. In der Situation *ex post* verschieben sich mit der Wahl des einen oder anderen Streitbeilegungsmechanismus' jeweils die Gewinnchancen der Parteien. Diejenige Seite, deren Chancen sich bei der Wahl eines bestimmten Gerichts oder Schiedsgerichts verschlechtern, wird nicht geneigt sein, ihre Zustimmung dazu zu geben. Aussichtsreich ist dann nur die Einigung auf Mechanismen wie bilaterale Verhandlungen und Mediation, weil diese die Kontrolle über den Verfahrensausgang in den Händen beider Parteien belassen und die beiderseitigen Obsiegenschancen unberührt lassen.

3. Das Kalkül der Parteien

a) Das gemeinsame Interesse an akkuraten Gerichtsentscheidungen

Wovon lassen sich die Parteien leiten, wenn sie gemeinsam ein Gericht, Schiedsgericht oder einen sonstigen Streitbeilegungsmechanismus auswählen? Wenn im Folgenden vereinfachend von Gerichtsstandswahl die Rede ist, sind Schiedsvereinbarungen und Vereinbarungen sonstiger Streitbeilegungsmechanismen stets mitgemeint.

Da der Kläger auch bei einverständlicher Gerichtsstandswahl daran interessiert sein wird, den erwarteten Gewinn eines Urteils zu maximieren, scheint sich *prima facie* zu ergeben, dass die Parteien versuchen werden, den gemeinsamen Gewinn des Gerichtsverfahrens in Form einer hohen Urteilssumme zu steigern. Diese Annahme führt indessen in die Irre, denn sie führt zu der Schlussfolgerung, dass die Parteien ein Interesse daran haben, die Anzahl und den Streitwert der aus dem Vertrag erwachsenden Rechtsstreitigkeiten in die Höhe zu treiben. Da Gerichtsverfahren, ebenso wie andere Arten der Streitbeilegung, zwangsläufig Geld kosten, liegt die Maximierung der Anzahl der Gerichtsverfahren nicht nur nicht im gemeinsamen Interesse der Parteien, sondern fügt ihnen sogar Schaden zu.

In der Situation *ex ante* geht es rationalen Parteien also nicht darum, die erwarteten Vorteile aus zukünftigen Gerichtsverfahren zu maximieren, sondern um den gemeinsamen Nutzen ihres Vertrags.[63] In einer Welt ohne Transaktionskosten würden die Parteien einen komplett spezifizierten Vertrag entwerfen, der jede Eventualität abdeckte und jeder Partei Anreize zu einem Verhalten vermittelte, das den gemeinsamen Nutzen aus dem Vertrag maximierte.[64] In der realen Welt mit Transaktionskosten beschränken sich die Parteien in ihren Verhandlungen auf ihnen wichtige Einzelpunkte und vertrauen sich im Übrigen dem dispositiven Recht an. In beiden Fällen werden die Parteien Regelungen treffen oder vom dispositiven Recht erwarten, den gemeinsamen Nutzen aus dem Vertrag zu maximieren. Unter dieser Prämisse fällt den Gerichten die Aufgabe zu, die Vereinbarung der Parteien und das kumulativ anwendbare dispositive Recht im Einzelfall durchzusetzen. Ein effizienter Vertrag führt nämlich nur dann auch zu effizientem Verhalten, wenn Pflichtverletzungen entsprechend sanktioniert werden, also zum Beispiel dem Gläubiger der vertragsbrüchigen Partei Schadensersatz in Höhe des positiven Interesses zugesprochen wird.[65] Die Erwartung, dass das Gericht im Fall des Vertragsbruchs diese Sanktion verhängen wird, generiert für den Schuldner den Anreiz, das vertraglich vereinbarte Pflichtenprogramm einzuhalten und den Vertragsbruch zu vermeiden. Ohne eine solche Sanktionsdrohung haben die Parteien keinen wirtschaftlichen Anreiz, den Verpflichtungen des Vertrags nachzukommen.

Die Antwort auf die Frage, was die Parteien eigentlich wollen, wenn sie in der Situation *ex ante*, im Zusammenhang mit dem Abschluss des kommerziellen Vertrags, über eine Streitbeilegungsklausel verhandeln, lautet also: Rationale Parteien sind daran interessiert, das Anreizsystem, das sie mit ihrem Vertrag geschaffen haben, möglichst exakt in die Wirklichkeit umzusetzen. Diese Anforderung ist erfüllt, wenn

---

[63] Ausführlich bereits *Wagner*, 62 Buffalo L. Rev. 1085, 1118 ff. (2014).

[64] *Shavell*, Foundations of Economic Analysis of Law, S. 292, 339-341.

[65] Vgl. §§ 280, 281 BGB. Für das Recht der Vereinigten Staaten gilt im Ergebnis dasselbe; vgl. *Shavell*, Foundations of Economic Analysis of Law, S. 304–309.

das Gericht oder Schiedsgericht die vertraglichen Vereinbarungen genau so durchsetzt, wie die Parteien sie gemeint und gewollt haben.

Den Parteien geht es somit bei der Wahl eines Streitbeilegungsmechanismus' um die Maximierung des erwarteten Nutzens aus dem Vertrag durch eine möglichst akkurate Durchsetzung der getroffenen Vereinbarungen. Dieser Maßgabe wird nicht entsprochen, wenn ein Gericht gegen den jeweiligen Beklagten eingestellt ist und versucht, möglichst viele Verurteilungen wegen Vertragsbruchs zu erzielen. Die Anreize zur Erfüllung des Vertrags werden nicht nur durch Entscheidungen untergraben, die falsch-negative Ergebnisse erzielen, also Ansprüche zurückweisen, die in der Sache begründet sind. Dasselbe gilt vielmehr auch für falsch-positive Urteile, wenn also das Gericht dem Kläger Schadensersatz zuspricht, obwohl der Beklagte in Wahrheit keine Pflichtverletzung begangen hat.[66] Auch in diesem Fall werden die Anreize zur vertragsgemäßen Leistung nicht etwa gestärkt, sondern geschwächt.[67] Im Kalkül einer Partei, die mit der Entscheidung konfrontiert ist, ob sie den Vertrag erfüllen oder brechen soll, ist nicht die absolute Wahrscheinlichkeit maßgeblich, mit der eine Sanktion droht, sondern der *Unterschied* zwischen der erwarteten Sanktion im Falle des Vertragsbruchs und der erwarteten Sanktion im Falle der Vertragserfüllung. Würde ein Gericht Schadensersatzansprüche völlig beliebig, etwa mit Hilfe eines Würfels entscheiden und einer Vertragshaftungsklage mit einer Wahrscheinlichkeit von 0.5 entsprechen, unabhängig davon, ob im konkreten Fall ein Vertragsbruch vorlag oder nicht, vermöchte die erwartete Sanktion das Verhalten der Parteien überhaupt nicht zu beeinflussen. Wenn es vor Gericht keinen Unterschied macht, ob eine Pflichtverletzung vorliegt oder nicht, hat der Schuldner nämlich keinen Anreiz, sich vertragskonform zu verhalten.

Bei der Wahl eines Gerichtsstands oder sonstigen Streitbeilegungsinstruments suchen die Parteien also einen Mechanismus, der die

---

[66] Zu falschen Positiven und falschen Negativen vgl. nur *Gigerenzer*, Das Einmaleins der Skepsis, S. 70 ff.

[67] *Kaplow*, 23 J. Legal Stud. 307, 348 (1994); *Kaplow/Shavell*, 37 J. Law & Econ. 1, 2-3 (1994).

Durchsetzung des vertraglich vereinbarten Pflichtenprogramms garantiert bzw. so gut es geht gewährleistet – nicht weniger, aber eben auch nicht mehr. Nur so lassen sich die gewünschten Anreize zur Vertragserfüllung generieren und dadurch der gemeinsame Nutzen aus dem Vertrag maximieren.[68] Kurz gesagt wollen die Parteien ein Gericht, das vorhersehbar akkurate Entscheidungen fällt. Dies ist ein Gericht, das objektiv begründete Ansprüche zulässt und tatsächlich unbegründete Ansprüche abweist.

Aus der Perspektive der Parteien *ex ante*, beim Abschluss des kommerziellen Vertrags, treten die erstrebten Verhaltensanreize nicht schon dann ein, wenn mit einer entsprechenden Gerichtsentscheidung zu rechnen ist. Vielmehr muss mangels freiwilliger Erfüllung des Urteils auch dessen Vollstreckung gegen den Schuldner gewährleistet sein. Nur wenn der Schuldner sicher damit rechnen muss, dass er für eine Pflichtverletzung zur Verantwortung gezogen werden wird, hat er einen Anreiz, sich richtig zu verhalten. Das Interesse an „akkuraten" Gerichtsentscheidungen, an „Genauigkeit" darf somit nicht wörtlich verstanden werden. Es geht nicht um eine akkurate Gerichtsentscheidung als solche, sondern um die akkurate Durchsetzung des vertraglichen Pflichtenprogramms.

Folgendes Beispiel mag diese Überlegungen illustrieren: Beträgt das Gläubigerinteresse an der Erfüllung des Vertrags 100 und belaufen sich die Kosten des Schuldners für die Erfüllung des Vertrags auf 90, wäre der Leistungsaustausch effizient und der Vertrag sollte erfüllt werden. Der Schuldner hat einen Erfüllungsanreiz, wenn er antizipiert, dass ein Gericht ihn im Fall der Nichtleistung zu Schadensersatz in Höhe von 100 verurteilen und diese Summe gegen ihn vollstreckt werden wird, sollte er nicht freiwillig leisten. Dieser Anreiz besteht nicht, wenn der klagende Gläubiger vor Gericht mit einer Wahrscheinlichkeit von lediglich 85 % obsiegen

---

[68] Allgemein *Shavell*, 11. J. Legal Stud. 333 (1982); *Kaplow*, 15 J. Legal Stud. 371 (1986); *Drahozal*, U. III. L. Rev. 695, 745-747 (2001); *Hylton,* Supreme Court Economic Review 8, 218-219 (2009).

wird. In diesem Fall beträgt der Erwartungswert des Urteils lediglich 85, also weniger als die Kosten der Vertragserfüllung von 90. Ein Schuldner, der dies antizipiert, wird die Nichterfüllung des Vertrages wählen, obwohl die Erfüllung im volkswirtschaftlichen Interesse liegt. Dasselbe ineffiziente Ergebnis stellt sich ein, wenn das Gericht zwar ein akkurates Urteil fällen und den Schuldner zur Zahlung von 100 verurteilen würde, die Wahrscheinlichkeit erfolgreicher Beitreibung im Wege der Zwangsvollstreckung aber lediglich 85 % beträgt. Auch in diesem Fall wird der Erfüllungsanreiz des Schuldners durch einen defizitären Streitbeilegungsmechanismus verzerrt.

b) Rechtsdurchsetzung als Prämisse effizienter Verträge

Wie soeben herausgearbeitet, stellen sich die von effizienten Regeln des Vertragsrechts erhofften Vorteile nur ein, wenn der Vertragsschuldner damit rechnen muss, im Fall der Pflichtverletzung tatsächlich zur Rechenschaft gezogen zu werden. Deswegen – also wegen der durch einen Vertrag generierten Verhaltensanreize – haben die Parteien *ex ante* ein gemeinsames Interesse an einem Gericht oder Schiedsgericht, das die vereinbarten Vertragspflichten möglichst akkurat durchsetzt.[69]

Die ökonomische Analyse des Vertragsrechts hat dessen Regeln auf ihre Effizienz hin untersucht, ist dabei jedoch unausgesprochen davon ausgegangen, das durch einen effizienten Vertrag geschaffene Anreizsystem werde im Konfliktfall auch tatsächlich durchgesetzt werden. Genau genommen hat die Theorie vom effizienten Vertrag zur Prämisse, dass eine Instanz zur Verfügung steht, die das vertragliche Pflichtenprogramm akkurat exekutiert und dass die Vertragsparteien, wenn sie zwischen Erfüllung und Vertragsbruch entscheiden müssen, dies wissen und die richtige Entscheidung vorhersehen. Damit das Anreizsystem des materiellen Rechts funktioniert, muss also ein prozessualer Mechanismus vorhanden sein, der den Vertragsbrüchi-

---

[69] Oben, Erster Teil IV. 3. a), S. 46.

gen sanktioniert und den Vertragstreuen verschont. Insofern erfüllen Gerichte und Schiedsgerichte, die dies gewährleisten, eine wichtige ökonomische Funktion.

Die Behauptung, dass Genauigkeit bei der Entscheidungsfindung im Interesse beider Parteien liegt und überdies volkswirtschaftlich effizient ist, lässt sich selbstverständlich nur insoweit aufrechterhalten, als das im konkreten Fall anwendbare materielle Recht seinerseits dem Effizienztest standhält. Die akribische Anwendung einer ineffizienten Regel vermag die soziale Wohlfahrt offensichtlich nicht zu fördern, sondern bewirkt genau das Gegenteil. Deshalb muss man sich in einem Unrechtsstaat schlecht und ungenau arbeitende Gerichte wünschen. Steht die Verletzung gesetzlicher Pflichten in Rede, fördert die Genauigkeit der Entscheidungsfindung die soziale Wohlfahrt nur dann, wenn die Regel, um deren Sanktionierung es geht, dem Effizienzkriterium entspricht. In vertragsrechtlichen Streitigkeiten kommt es zusätzlich darauf an, dass der Vertrag, um dessen Durchsetzung es geht, ein effizientes Pflichtenprogramm enthält. Davon ist bei Verträgen, die unter freien, gleichen und rationalen Parteien ausgehandelt worden sind, auszugehen.

c) Kostenminimierung

Selbstverständlich geht es vernünftigen Parteien nicht um die Maximierung akkurater Urteile, also nicht um Genauigkeit um jeden Preis. Ebenso wie der Kläger haben auch die Parteien gemeinsam ein Interesse daran, die erwarteten Kosten des Verfahrens zu minimieren,[70] wenn sie eine Streitbeilegungsklausel vereinbaren. Anders als der Kläger, den nur die von ihm selbst zu tragenden Kosten interessieren, haben die Parteien ein Interesse daran, die gesamten Kosten des Verfahrens zu minimieren.

Das Ziel der Minimierung der Verfahrenskosten und das der Maximierung der Richtigkeit des Urteils oder Schiedsspruchs stehen

---

[70] Vgl. oben, Erster Teil III. 2., S. 29.

offensichtlich in einem Spannungsverhältnis. Je mehr Ressourcen für die Aufklärung des Sachverhalts und die Anwendung des Rechts aufgewendet werden, desto besser wird die Entscheidung.[71] Unter dieser Prämisse sollten die Parteien dasjenige Verfahren wählen, das die Differenz zwischen den Vorteilen durch Abschreckung vor Vertragsverletzungen und den Verfahrenskosten maximiert.[72] Anders ausgedrückt geht es darum, die Summe aus den Verfahrenskosten und den Kosten fehlerhafter Entscheidungen zu minimieren.[73]

Dabei ist zu betonen, dass die Kosten fehlerhafter Entscheidungen nicht während des Gerichts- oder Schiedsgerichtsverfahrens oder nach dessen Abschluss anfallen, sondern davor: Die Kosten fehlerhafter Urteile bestehen darin, dass diese dem Schuldner, der vor der Entscheidung steht, eine Vertragspflicht zu erfüllen oder zu verletzen, die falschen Verhaltensanreize vermitteln. Nachdem diese Entscheidung bereits getroffen und das Leistungsversprechen gebrochen oder die sonstige Pflichtverletzung begangen wurde, ist die Richtigkeit des darauf antwortenden Urteils für die Verhaltensanreize des Schuldners irrelevant. Daraus folgt, dass die Richtigkeit des Urteils nur dann Nutzen stiften kann, wenn sie von den Parteien antizipiert wird. Der Schuldner muss sich über die zu erwartende rechtliche Sanktion im Klaren sein, soll er sich im Fall des Auftretens einer Leistungsstörung für die Erfüllung seiner Pflichten und gegen den Vertragsbruch entscheiden.[74]

Das von den Parteien anzustellende Kalkül lässt sich in seiner Grundstruktur gleichermaßen auf Gerichte und Schiedsgerichte anwenden: Ein Gericht oder Schiedsgericht sollte seine Bemühungen um eine richtige Entscheidung bis zu dem Punkt verstärken, an dem die Kosten einer weiteren Steigerung durch Investition in das Verfahren gleich

---

[71] *Spier,* in: Polinsky/Shavell, Handbook of Law and Economics, S. 264 ff., 283; *Kaplow,* 23 J. Legal Stud. 307, 348 ff. (1994); *Hylton,* 8 Supreme Court Economic Review, 209, 213 (2009).

[72] *Drahozal/Hylton,* 32 J. Legal Stud. 549, 550 (2003).

[73] *Cooter/Ulen,* Law and Economics, S. 417.

[74] *Kaplow,* Accuracy in Adjudication, in: The New Palgrave Dictionary of Economics and the Law, Vol. 1, S. 1, 2.

den Vorteilen sind, die sich durch bessere Verhaltensanreize für die Parteien ergeben. Dabei treten die mit einer besseren Durchsetzung vertraglicher Rechte und Pflichten verbundenen Vorteile durch Abschreckung vor dem Vertragsbruch nur ein, wenn die Gerichtsentscheidung für diejenige Partei, die über den Vertragsbruch entscheidet, vorhersehbar ist. Ist die Anreizwirkung einer besseren Entscheidung gering oder ändert sie nichts an dem Erwartungshorizont zukünftiger Parteien im Zeitpunkt des Vertragsbruchs, sollte das Gericht keine weiteren Ressourcen investieren, um einen höheren Grad an Genauigkeit zu erreichen.[75] Dies spricht beispielsweise dafür, den Aufwand für die Ermittlung des eingetretenen Schadens zu begrenzen: In den meisten Fällen kann der Schuldner ohnehin den seinem Gläubiger konkret drohenden Schaden nicht vorhersehen, sondern allein den Durchschnittsschaden abschätzen. Unter dieser Prämisse ist es nutzlos, die genaue Schadenshöhe unter Inkaufnahme hoher Verfahrenskosten zu ermitteln. Das deutsche Recht trägt diesem Gedanken durch Absenkung des Beweismaßes für den Haftungsumfang gemäß § 287 ZPO,[76] vor allem aber durch § 252 S. 2 BGB Rechnung. Danach gilt als ersatzfähig der entgangene Gewinn, „welcher nach dem gewöhnlichen Lauf der Dinge oder nach den besonderen Umständen, insbesondere nach den getroffenen Anstalten und Vorkehrungen, mit Wahrscheinlichkeit erwartet werden konnte".

Wie im Fall unilateraler Nachfrage ist eine Analyse, die sich auf die eigentlichen Verfahrenskosten beschränkt, unvollständig. Zusätzlich sind nämlich die Verluste zu berücksichtigen, die der Kläger aufgrund der Dauer des Verfahrens und der damit verbundenen Verzögerung der Entscheidung erleidet. Schließlich sind auch mögliche Kollateraleffekte des Verfahrens in Rechnung zu stellen, wobei es wiederum auf die Interessen beider Parteien ankommt. Denkbar wären beispielsweise Schäden durch Aufdeckung und Verbreitung von Geschäftsgeheimnissen oder von sonstigen vertraulichen Informationen. Die daraus

---

[75] Vgl. *Kaplow/Shavell*, 39 J. Law & Econ. 191-209, die zeigen, dass eine exakte Schadensberechnung sich in vielen Fällen nicht auszahlt.

[76] Vgl. Stein/Jonas-*Leipold*, 22. Aufl., ZPO, § 287 Rn. 1.

resultierenden Kosten werden die Parteien bei der Wahl des Streitbeilegungsmechanismus minimieren wollen.

d) Wechselwirkung zwischen Präzision des Vertrags und Präzision des Gerichts

Will eine Partei die Summe aus Fehlerkosten, Verwaltungskosten, Verzögerungskosten und Begleitschäden minimieren, muss sie eine integrierte Entscheidung über die Wahl zwischen verschiedenen Gerichten und Schiedsgerichten treffen. Unzureichende Verhaltensanreize zur Erfüllung des Vertrags infolge eines fehleranfälligen Streitbeilegungsmechanismus' stehen dabei prinzipiell auf einer Stufe mit unzureichenden Vertragsklauseln, die das Ziel verfehlen, den gemeinsamen Nutzen beider Parteien zu maximieren. Deshalb sollte die Verhandlung von Gerichtsstands- oder Schiedsklauseln mit dem Ziel, vertragliche Vereinbarungen akkurat durchzusetzen, der Aushandlung der materiellen Vertragspflichten nicht nachgelagert sein, sondern mit dieser verknüpft werden. Zwischen den getroffenen materiellen Regelungen und der Streitbeilegungsklausel besteht eine Wechselwirkung in dem Sinne, dass bessere Vertragsgestaltung das Bedürfnis nach qualitativ hochwertigen Gerichten und Schiedsgerichten reduziert.[77] Je präziser und eindeutiger der Vertrag formuliert ist, desto schwächer darf die Instanz sein, die im Streitfall zur Interpretation und Durchsetzung dieses Vertrags berufen ist. Umgekehrt gilt, dass unklare, vage oder unvollständige Verträge das Interesse an qualitativ hochwertiger Streitentscheidung steigern. Allerdings ist es in der Realität nicht möglich, vollständige Verträge zu vereinbaren, die jede Eventualität exakt regeln, denn die dafür erforderlichen Transaktionskosten wären prohibitiv hoch. Die Parteien müssen somit die erhöhten Transaktionskosten für einen spezifischeren Vertrag mit den ersparten Kosten der Streitbeilegung abwägen. Je höher die Kosten einer präziseren Vertragsgestaltung und je niedriger die Kosten für die gerichtliche

---

[77] *Scott/Tirantis*, 115 Yale L. J. 814 (2006); *Choi/Tirantis*, 37 J. Legal Stud. 503 (2008).

Durchsetzung von vertraglichen Ansprüchen sind, desto mehr werden die Parteien sich auf das Gericht verlassen, anstatt hohe Transaktionskosten in Kauf zu nehmen, wenn sie ihren Vertrag aushandeln.

Wegen der Komplexität der von den Parteien *ex ante*, im Zeitpunkt des Vertragsschlusses zu treffenden Entscheidungen lässt sich das oben für den Fall der Gerichtsstandswahl *ex post* und allein durch den Kläger entwickelte Kalkül nicht auf diesen Fall übertragen.[78] Die Parteien suchen nicht nach einem Gericht, bei dem der Erwartungswert des Urteils (pG) möglichst groß ist, sondern sie wollen den Nutzen des Vertrages maximieren, der wiederum je nach dem variiert, welches Gericht oder Schiedsgericht zur Entscheidung auftretender Streitigkeiten berufen wird. Wird der Nutzen bei perfekter Durchsetzung des Vertrags als Ausgangspunkt genommen, lassen sich die Unterschiede in der Qualität der verschiedenen Gerichte und Schiedsgerichte als Irrtumskosten erfassen. Von diesem Wert müssen nicht nur die Kosten eines Gerichts- oder Schiedsgerichtsverfahrens, die Verzögerungskosten für die Dauer des erwarteten Verfahrens und etwaige Kollateralschäden abgezogen werden, sondern darüber hinaus auch die Kosten der Vertragsgestaltung, soweit sie mit der Wahl des einen oder anderen Streitbeilegungsmechanismus' variieren. Für rationale Parteien geht es also darum, dass der Saldo aus dem theoretischen Maximalnutzen des Vertrags und sämtlichen Kosten – einschließlich der Nutzeneinbußen durch Irrtümer des Gerichts – möglichst groß ist. Wie nicht anders zu erwarten, gehen die Parteien diese Aufgabe in der Praxis nicht direkt an, sondern orientieren sich an Heuristiken, die eine Annäherung an den Optimalzustand versprechen.[79]

e) Der Anreiz für einverständliche Streitbeilegung

Ein erheblicher Teil der Rechtsstreitigkeiten kommt nie zu einem Gericht oder Schiedsgericht, sondern wird von den Parteien auf dem Verhandlungsweg beigelegt, sei es ohne, sei es mit Hilfe eines Medi-

---

[78] Oben, Erster Teil III. 2., S. 29.
[79] Unten, Dritter Teil IV., S. 142.

ators oder Schlichters. Treffen die eben angestellten Überlegungen zu, nach denen die Parteien in der Situation *ex ante*, bei der Verhandlung ihres Vertrags, an optimaler Durchsetzung der durch den Vertrag begründeten Pflichten interessiert sind und dieses Interesse lediglich mit den im Streitfall dafür aufzuwendenden Kosten und sonstigen Nachteilen abwägen, scheint es schwer zu erklären, warum viele Streitigkeiten einverständlich beigelegt werden. Müssten nicht sämtliche Streitigkeiten im Interesse effektiver Durchsetzung des vertraglichen Pflichtenprogramms bis zum Urteil getrieben werden?

Tatsächlich ist es für rationale Parteien keineswegs zwingend, vertragsrechtliche Streitigkeiten im Rahmen eines Gerichts- oder Schiedsgerichtsverfahrens auszutragen. Soweit die Vergleichssumme den Erwartungswert einer streitigen Entscheidung exakt reflektiert, also dem Umfang des erwarteten Urteils multipliziert mit der Wahrscheinlichkeit seines Erlasses (pG) entspricht,[80] werden die Anreize zur Erfüllung des Vertrags durch eine gütliche Einigung nicht beeinträchtigt. Überdies spart der Vergleich Verfahrenskosten in erheblichem Umfang und gewährleistet die Vertraulichkeit. Auf diese Weise werden Begleitschäden durch Offenlegung von Unternehmensinterna vermieden. Ob die mit dem Vergleich verbundenen Ersparnisse insbesondere an Verfahrenskosten ausreichen, um die Parteien zu einer gütlichen Einigung zu motivieren, hängt davon ab, dass die subjektive Erfolgsprognose des Klägers bzw. Anspruchstellers von derjenigen des Beklagten bzw. Anspruchsgegners nicht zu sehr abweicht.[81] Wenn jede Partei glaubt, den drohenden Rechtsstreit mit weit überwiegender Wahrscheinlichkeit zu gewinnen, bleibt das Fenster für einen Vergleich geschlossen.

Allerdings hat die einverständliche Beilegung eines Rechtsstreits den Nachteil, dass weder der Sachverhalt verbindlich festgestellt noch das Recht konkretisiert und angewendet wird. Insbesondere erfahren die Parteien nicht, ob der von ihnen geschlossene Vertrag wirksam

---

[80] Vgl. oben, Erster Teil III. 2., S. 29.
[81] Im Einzelnen *Shavell*, Foundations of Economic Analysis of Law, S. 401 ff., 403.

ist und wie er auszulegen ist. Eben weil auf Sachverhaltsaufklärung und Rechtsanwendung verzichtet wird, sind die Vergleichskosten viel niedriger als die Kosten gerichtlicher oder schiedsgerichtlicher Streitbeilegung. Sind die Parteien an der Feststellung des Sachverhalts sowie an der Anwendung des Rechts, einschließlich der Interpretation ihres Vertrags interessiert, ist ein Vergleich nicht empfehlenswert und sämtliche auf eine gütliche Einigung zielenden Streitbeilegungsverfahren wie insbesondere Schlichtung und Mediation scheiden aus.[82] Ist es hingegen wenig wahrscheinlich, dass sich eine entsprechende Situation zwischen den Parteien wiederholt, sich also die streitigen Sach- und Rechtsfragen erneut stellen werden, lohnt es sich nicht, in die Feststellung des Sachverhalts und akkurate Rechtsanwendung zu investieren. In dieser Situation besteht daher ein starker Anreiz zu einverständlicher Streitbeilegung.

4. Wettbewerbsverhalten auf der Angebotsseite

a) Externer und interner Wettbewerb

Auf der Angebotsseite ist zwischen internem und externem Wettbewerb zu unterscheiden.[83] Soweit mehrere staatliche Gerichte, Schiedsgerichte, Mediatoren oder sonstige Dienstleister miteinander und innerhalb der jeweiligen Institution um Fälle konkurrieren, handelt es sich um „internen" Wettbewerb innerhalb ein und derselben Anbietergruppe bzw. Marktsegments. Bei der staatlichen Justiz ist allerdings zu beachten, dass der interne Wettbewerb heute vor allem auch von „außen" kommt, nämlich von den staatlichen Gerichten anderer Staaten, insbesondere anderer EU-Mitgliedstaaten. Um externen

---

[82] Aus Sicht der Unternehmenspraxis genauso *Hagel*, ZKM 2014, 108, 111. Dieser Gesichtspunkt ist die Mikroversion der Makrobeobachtung, dass einverständliche Streitbeilegung externe Effekte verursacht, weil die öffentliche Anwendung, Konkretisierung und Fortbildung des Rechts ausbleibt. Dazu eingehend unten, Erster Teil IV. 7., S. 86.

[83] Terminologie von *Oebbecke*, DÖV 2007, 177, 180.

Wettbewerb im eigentlichen Sinne handelt es sich hingegen bei der Konkurrenz über die Grenzen der einzelnen Anbietergruppen hinweg, also beispielsweise zwischen staatlicher Justiz und Schiedsgerichtsbarkeit, zwischen Schiedsgerichtsbarkeit und Mediation, zwischen Justiz und Mediation usw.

b) Staatliche Justizsysteme

Während die Bedingungen für die Existenz von Wettbewerb auf der Nachfrageseite weithin akzeptiert sind, wird wettbewerbliches Verhalten der Angebotsseite in der Literatur in Abrede gestellt und in der Folge bestritten, dass von einem Wettbewerb zwischen Justizsystemen überhaupt die Rede sein kann.[84] Tatsächlich dominiert jedenfalls bei inländischen Streitigkeiten auf der Angebotsseite des Marktes für Streitbeilegung ein einziger Anbieter: die staatliche Justiz. Diese bildet eine der drei Säulen der Staatsgewalt und genießt im Hinblick auf ihr Produkt ein Monopol. Keine andere Instanz ist bei ihren Entscheidungen mit der Hoheitsgewalt des Staates ausgestattet. Die Konkurrenten der Justiz sind gezwungen, andere Formen der Streitbeilegung anzubieten, die gemeinschaftlich unter den Begriff „alternative Streitbeilegung" zusammengefasst werden.

Das Wettbewerbsverhalten der staatlichen Gerichte unterliegt massiven Restriktionen. Zum einen sind die Auswahlmöglichkeiten der Nachfrager zum Teil auf wenige Anbieter begrenzt, wenn beispielsweise nur zwischen zwei Gerichtsständen gewählt werden kann, oder es besteht überhaupt keine Wahlmöglichkeit, wie im Fall der ausschließlichen Zuständigkeiten. Doch die wesentlichen Restriktionen der Angebotsseite beruhen auf der Gerichtsorganisation. Gerichte sind keine Unternehmen und können auf gestiegene Nachfrage weder

---

[84] *Vogenauer*, in: Eidenmüller, Regulatory Competition in Contract Law and Dispute Resolution, S. 227, 262 ff.; *ders.*, ERPL 21 2013, 13; selbst für den Wettbewerb um Inkorporationen von Handelsgesellschaften sehr zurückhaltend *Kahan/Kamar*, 55 Stan. L. Rev. 679, 694 ff. (2002).

durch Preiserhöhungen noch durch eine Ausweitung ihres Angebots reagieren. Beide Optionen stehen nur dem Gesetzgeber offen.

Die eigentlichen Entscheider, also staatliche Richter, haben zudem keinen finanziellen Anreiz, mehr Nachfrage auf sich zu ziehen, sondern allenfalls den umgekehrten Anreiz, die Zahl der zu Gericht kommenden Rechtsstreitigkeiten zu beschränken. In Deutschland werden die Richterinnen und Richter von den Regierungen der Länder und des Bundes unter Beteiligung der Parlamente ausgewählt. Die Parteien eines Rechtsstreits haben keinen Einfluss darauf, welcher Richter ihren Streit entscheidet. Der gesetzliche Richter iSd Art. 101 Abs. 1 S. 2 GG wird auch nicht nach seinen tatsächlichen Leistungen und schon gar nicht im Verhältnis zu seinen Anstrengungen für die Entscheidung eines Einzelfalls honoriert. Richter agieren in einem verfassungsrechtlichen und verwaltungsrechtlichen Rahmen, der sie von den Mechanismen des Markts isoliert und ihnen keinerlei finanziellen Anreiz vermittelt, die Nachfrage nach ihren Dienstleistungen zu steigern. Das daraus resultierende Anreizproblem hat schon *Adam Smith* beschäftigt.[85] Es ist nicht leicht zu lösen, ohne die Richter dem Einfluss der Parteien auszuliefern und dadurch ihre Unabhängigkeit und Neutralität zu beschädigen. Die Bezahlung der Richter aus den von ihnen eingenommen Gerichtsgebühren, wie sie im 18. Jahrhundert üblich war, setzt zudem den Anreiz, die eigene Zuständigkeit immer weiter auszudehnen, was zu Konflikten zwischen den verschiedenen Gerichtshöfen führt.[86]

---

[85] *Smith*, The Wealth of Nations, Vol. 2, Book V, Chap. I, S. 324 ff.; auf Deutsch *Smith*, Untersuchung über Wesen und Ursachen des Reichtums der Völker, Buch V, Kapitel 1, Teil 2, S. 688 ff.

[86] *Smith*, The Wealth of Nations, Vol. 2, Book V, Chap. I, S. 326 f.: „The fees of court seem originally to have been the principal support of the different courts of justice in England. Each court endeavored to draw to itself as much business as it could, and was, upon that account, willing to take cognisance of many suits which were not originally intended to fall under its jurisdiction. […] In consequence of such fictions it came, in many cases, to depend altogether upon the parties before what court they would choose to have their cause tried; and each court endeavoured, by superior dispatch and impartiality, to draw to itself as many causes as it could. The present admirable constitution of the courts of justice in England was, perhaps, originally in a great measure formed by this

Gleichwohl ist nicht zu leugnen, dass auch innerhalb der staatlichen Justiz durchaus Stimuli wirksam sind, die den Richtern Leistungsanreize vermitteln. In Deutschland werden Richter in regelmäßigen Abständen von höherrangigen Kollegen beurteilt. Diese Bewertungen sind wesentliche Faktoren bei der Entscheidung über die Vergabe von Beförderungsämtern, die höher angesehen und besser dotiert sind als die Eingangsämter. Auch deshalb sind Richter daran interessiert, dass ihre Entscheidungen nicht in den höheren Instanzen aufgehoben werden, denn eine niedrige Aufhebungsquote ist ein gewichtiges Beurteilungskriterium. Darüber hinaus ist die Aufhebung der eigenen Entscheidung keine angenehme Erfahrung, die deswegen gerne vermieden wird. Schlagender Beleg für die Stärke des Interesses daran, die Aufhebung der eigenen Urteile zu vermeiden, ist die frühere Praxis der Zulassungsrevision. Bevor die Nichtzulassungsbeschwerde mit der ZPO-Reform 2002 eingeführt wurde, konnten die Oberlandesgerichte endgültig über die Zulassung der Revision entscheiden, wenn der Beschwerdewert für die Revision nicht erreicht war. Die Revision wurde in 99 % der Fälle nicht zugelassen.[87] Nach Einführung der Nichtzulassungsbeschwerde zum BGH schnellte die Quote der Zulassungen auf über 10 % in die Höhe.[88]

Jenseits dieser greifbaren Interessen der Richterschaft sind Leistungsanreize zwar nicht so leicht auszumachen, aber gleichwohl wirksam.[89] Wie alle anderen Menschen, sorgen sich auch Richter um ihre Beliebt-

---

emulation which anciently took place between their respective judges; each judge endeavouring to give, in his own court, the speediest and most effectual remedy which the law would admit for every sort of injustice." Auf Deutsch *Smith*, Untersuchung über Wesen und Ursachen des Reichtums der Völker, Buch V, Kapitel 1, Teil 2, S. 696. Vgl. dazu *Klerman*, 74 U. Chi. L. Rev. 1179 (2007).

[87] Statistisches Bundesamt Fachserie 10 Reihe 2.1, Rechtspflege, Zivilgerichte 2001, S. 80, für Nachweise zu Statistiken vgl. das Materialienverzeichnis; BT-Drucks. 14/4772, S. 59; *Büttner*, Verhandlungen des 65. Deutschen Juristentags, Bd. I, S. A 91.

[88] Statistisches Bundesamt, Fachserie 10 Reihe 2.1, Rechtspflege, Zivilgerichte 2002, S. 58, 80; *Büttner*, Verhandlungen des 65. Deutschen Juristentags, Bd. I, S. A 92.

[89] Klassisch *Posner*, What Do Judges and Justices Maximize? (The Same Thing Everybody Else Dose), 3 Sup. Ct. Econ. Rev. 1, 13 ff. (1993); *ders.*, How Judges Think, 2008, S. 35 ff.; vgl. auch *Cooter*, 41 Public Choice 107, 129 (1983).

heit und um ihr berufliches Prestige, das sie innerhalb ihrer *Peergroups*, also der Richter- und der Anwaltschaft, sowie innerhalb der größeren Öffentlichkeit genießen. Dieser Mechanismus ist in angelsächsischen Ländern besonders stark, weil die Richter dort aus den Reihen der Anwaltschaft rekrutiert werden und typischerweise einen engen Kontakt zu ihren früheren Berufskollegen behalten. Die enge soziale Verbindung zwischen Richterschaft und Anwaltschaft führt dazu, dass Richter auf die Wertschätzung ihrer früheren Standeskollegen besonderen Wert legen.

Trotz der für Richter bestehenden Leistungsanreize lässt sich die Justiz nicht mit einem marktorientierten Unternehmen vergleichen. Es ist dennoch sinnvoll, das Verhältnis zwischen Justizsystemen als Wettbewerb zu beschreiben und zu analysieren.[90] Die Rechtsgeschichte ist voll von Beispielen, in denen mehrere Gerichte innerhalb einer einzigen Jurisdiktion um Fälle konkurrierten. Die Konkurrenz, die beispielsweise in England zwischen den verschiedenen Gerichten herrschte, hat ebenfalls bereits *Adam Smith* beschrieben.[91] Mit Blick auf die Entwicklung in Deutschland hat *Oebbecke* mit Recht festgestellt:

> „Es gibt ihn [den Wettbewerb] auch nicht erst aufgrund irgendwelcher jüngerer Entwicklungen; es handelt sich vielmehr um Erscheinungen, die tief in der Tradition unseres Rechtssystems verwurzelt sind".[92]

Heute hat sich ein Großteil des Wettbewerbs auf die internationale Ebene verlagert, auf der die Gerichte verschiedener Jurisdiktionen ihre Dienste anbieten und die Streitparteien das optimale Gericht nachfragen. Auf der Angebotsseite sind dabei nicht so sehr die Gerichte die

---

[90] Treffend der Titel des Beitrags von *Oebbecke*, Justiz im Wettbewerb, DÖV 2007, 177; übereinstimmend *Hoffmann*, Kammern für internationale Handelssachen, S. 49 ff.; *Calliess*, Der Richter im Zivilprozess – Sind ZPO und GVG noch zeitgemäß? – Verhandlungen des 70. Deutschen Juristentags, S. A 38 f.; *Wagner*, in: Eidenmüller, Regulatory Competition in Contract Law and Dispute Resolution, S. 347 ff.

[91] Oben, Fn. 86.

[92] *Oebbecke*, DÖV 2007, 177, 179 f.; zustimmend *Calliess*, Der Richter im Zivilprozess – Sind ZPO und GVG noch zeitgemäß? – Verhandlungen des 70. Deutschen Juristentags, S. A 38 f.

treibende Kraft, sondern der Gesetzgeber. Dieser vermag die Qualität der angebotenen Dienstleistungen durch Reformen des Justizwesens, der Prozessordnungen und des anwaltlichen Berufsrechts maßgeblich zu beeinflussen. Soweit in der Praxis solche Maßnahmen ergriffen werden, geschieht dies in aller Regel auf Druck der Anwaltschaft hin, die – anders als die Richterschaft – ein eminentes wirtschaftliches Eigeninteresse an der Attraktivität des jeweiligen Justizstandorts hat. Tatsächlich ist die Attraktion ausländischer Fälle zum eigenen Justizstandort gleichbedeutend mit einem Export anwaltlicher (und richterlicher) Dienstleistungen. So, wie die Autoindustrie ein Interesse daran hat, möglichst viele Fahrzeuge im Ausland abzusetzen, ist die jeweils einheimische Anwaltschaft daran interessiert, möglichst viele Rechtsdienstleistungen ins Ausland zu „verkaufen". Genau dies geschieht, wenn internationale Fälle vor die lokalen Gerichte gebracht werden.

Der sog. „Kampf der Broschüren" (*battle of the brochures*) ist ein guter Beleg dafür, dass und wie Wettbewerb zwischen Justizsystemen funktioniert, einschließlich aller Unvollkommenheiten.[93] Im Jahr 2007 hatte die englische Law Society eine Broschüre mit dem Titel „England and Wales: The jurisdiction of choice" veröffentlicht.[94] Finanziert wurde sie durch drei Londoner Anwaltssozietäten; der damalige Justizminister *Jack Straw* schrieb ein Vorwort, in dem er die Vorzüge der Londoner Gerichte pries und die heimische Justiz ausländischen Parteien zur Nutzung empfahl. Die Schwerpunkte und die Inhalte der Darstellung orientierten sich zu einem guten Teil an den tatsächlichen oder behaupteten Nachteilen der Konkurrenz auf dem europäischen Kontinent,[95] insbesondere den französischen und deutschen Gerich-

---

[93] Eingehend zur „battle of brochures" *Kötz*, AnwBl. 2010, 1; *Vogenauer*, ERPL 21 (2013), 13, 30 ff.; sehr lesenswert auch *Peter*, JZ 2011, 939.

[94] The Law Society of England and Wales (Hrsg.), England and Wales: jurisdiction of choice; In der Aufmachung ähnlich die immer wieder aufgelegte Broschüre UK Legal Services 2016 – Legal Excellence, Internationally Renowned, von TheCityUK.

[95] The Law Society of England and Wales (Hrsg.), England and Wales: jurisdiction of choice, S. 9, wo betont wird, die englischen Richter seien keine Karrierebeamte, sondern würden aus den Reihen erfahrener Anwälte rekrutiert.

ten, sowie an dem Wettbewerber jenseits des Atlantiks, nämlich den Gerichten des Bundesstaats New York.[96]

In Reaktion darauf wurde in Deutschland die Initiative „Law – Made in Germany" ins Leben gerufen.[97] Unterstützt wird sie durch Organisationen von Berufsträgern, die Rechtsdienstleistungen anbieten, vom Deutschen Richterbund bis zum Deutschen Anwaltverein. Die Nachfrageseite ist durch den Deutschen Industrie- und Handelskammertag vertreten. Das Bundesministerium der Justiz und für Verbrauchschutz zählt zu den Unterstützern. Die Initiative „Law – Made in Germany" hat eine gleichnamige Broschüre publiziert, die die wirklichen oder vermeintlichen Vorzüge des deutschen Systems im Vergleich zum englischen und amerikanischen herausstreicht. „Global, effektiv, kostengünstig", so lautet ihr Untertitel. Das auf die kontinental-europäische Tradition gegründete materielle deutsche Privatrecht wahre das Prinzip der Vertragsfreiheit und biete gleichzeitig ein hohes Maß an Rechtssicherheit, Rechtsklarheit und Vorhersehbarkeit.[98] Die deutschen Gerichte seien unabhängig, schnell und kostengünstig; ihnen arbeite ein kompetenter Rechtsstab aus Anwälten und Notaren zu. Deshalb würden in Deutschland im Vergleich zu den übrigen europäischen Jurisdiktionen relativ zur Einwohnerzahl die wenigsten Prozesse geführt.[99] Besonders wird das schlanke und effiziente Beweisverfahren nach deutschem Zivilprozessrecht hervorgehoben.[100] Aber auch die außergerichtliche Streitbeilegung sei in Deutschland hervorragend entwickelt;[101] Schlichtung und Mediation seien Bestandteile des deutschen Zivilprozessrechts, und außerhalb der Gerichte existiere ein breites und qualifiziertes Angebot für Dienstleistungen der alternativen

---

[96] The Law Society of England and Wales (Hrsg.), England and Wales: jurisdiction of choice, S. 10: „The disclosure rules in England take a midway course between the US which has onerous and wide-ranging disclosure obligations and civil law jurisdictions which often have little or no right to disclosure".

[97] Law – Made in Germany; im Internet unter http://www.lawmadeingermany.de.

[98] Law – Made in Germany, S. 6.

[99] Law – Made in Germany, S. 18.

[100] Law – Made in Germany, S. 20 f.

[101] Law – Made in Germany, S. 26.

Streitbeilegung. Insbesondere werde Deutschland als Austragungsort für Schiedsverfahren immer beliebter, zumal seit der Umsetzung des UNCITRAL-Modellgesetzes zur Internationalen Handelsschiedsgerichtsbarkeit ein moderner Rechtsrahmen für Schiedsverfahren zur Verfügung stehe. Bei alledem seien die Gerichtskosten wie auch die Anwaltskosten gesetzlich geregelt und deshalb zugleich kalkulierbar und günstig.[102]

Einer der geistigen Urheber der Initiative „Law – Made in Germany" ist der Düsseldorfer Rechtsanwalt *Volker Triebel*, der nach Lektüre der englischen Broschüre eine Antwort gefordert hatte.[103] Dabei hatte er allerdings nicht nur eine bessere Öffentlichkeitsarbeit für das deutsche Recht im Sinn, sondern auch substantielle Reformen, vor allem im GmbH-Recht – Abschaffung der notariellen Beurkundung für die Übertragung vom GmbH-Anteilen – und im Vertragsrecht – Einschränkung der Inhaltskontrolle vorformulierter Vertragsbedingungen im Unternehmensverkehr.[104] Diese Forderungen sind bis heute ungehört verhallt. Die Abschaffung des Beurkundungserfordernisses im GmbH-Recht ist am Widerstand der Notare gescheitert,[105] die Einschränkung der AGB-Kontrolle im unternehmerischen Verkehr an der Uneinigkeit der Wirtschaftsverbände.[106]

Auf dem Gebiet des Prozessrechts hat sich der deutsche Gesetzgeber das Ziel einer Stärkung des Gerichtsstandorts Deutschland jedoch durchaus zu eigen gemacht. Ein besonders deutliches Beispiel ist die

---

[102] Law – Made in Germany, S. 28.
[103] *Triebel*, AnwBl. 2008, 305.
[104] *Triebel*, AnwBl. 2008, 305, 308.
[105] Vgl. die Diskussion über die Reform des gesellschaftsrechtlichen Gläubigerschutzes im Rahmen des 66. DJT, Verhandlungen des 66. DJT, Bd. II/2, S. P 153 ff.; sowie die Stellungnahme des Deutschen Notarvereins zum MoMiG vom 22.9.2006, im Internet unter, http://www.bundesgerichtshof.de/SharedDocs/Downloads/DE/Bibliothek/Gesetzesmaterialien/16_wp/gmbhmomig/stellung_dnotv_sept06.pdf?__blob=publicationFile. Ganz anders noch die Beschlüsse des 55. DJT, Hamburg 1984, abgedruckt in DB 1984, 2186 f.
[106] Vgl. die Beschlüsse des 69. Deutschen Juristentags zur Reform des Rechts der Allgemeinen Geschäftsbedingungen im Verkehr b2b, in: Verhandlungen des 69. DJT, Bd. II/2, S. I 218.

Begründung zum Kapitalanlegermusterverfahrensgesetz (KapMuG).
Dort heißt es unter der Überschrift „Standortfrage":

> „Schließlich ist die Einführung eines Musterverfahrens im Bereich des
> Kapitalmarktrechts eine Standortfrage des ‚Börsen- und Justizplatzes
> Deutschland'. Bei der Standortfrage geht es um die Konkurrenz zwischen
> verschiedenen Gerichtsplätzen in Europa und anderen Staaten; durch
> die Einführung eines kollektiven Rechtsinstruments wird das deutsche
> Prozessrecht modernisiert; das Musterverfahren soll letztlich die Anleger
> veranlassen, vor deutschen Gerichten zu klagen und nicht im Wege des
> 'forum shoppings' auf andere Staaten auszuweichen. Darüber hinaus
> trägt die Einführung eines kollektiven Rechtsverfolgungsinstruments
> auch dem berechtigten staatlichen Interesse Rechnung, deutsche Kapi-
> talmärkte durch die inländische Justiz zu kontrollieren und eine extra-
> territorial ausgreifende Gesetzgebung anderer Staaten zu verhindern."[107]

In dieser Passage werden zentrale Motive eines Gesetzgebers für die
Stärkung der eigenen Gerichte im internationalen Wettbewerb genannt: Das Interesse an der Anwendung, Konkretisierung und Fortbildung des eigenen Rechts durch dafür kompetente Gerichte sowie
das Bedürfnis, den inländischen Unternehmen eine attraktive „Heimatjustiz" zur Verfügung zu stellen.

Während der Entwurf des KapMuG seinen Weg in das geltende Recht
fand, sind ambitioniertere Pläne zur Reform des Zivilprozessrechts mit
dem nämlichen Ziel gescheitert. Mitte der 2000er Jahre hatte das Bundesland Niedersachsen eine „Große Justizreform" vorgeschlagen, mit
der die fünf Gerichtsbarkeiten auf zwei reduziert, im Zivilprozess nur
noch eine Tatsacheninstanz im Rahmen eines einheitlich-dreistufigen
Instanzenzugs zur Verfügung gestellt und die außergerichtliche Streitbeilegung wesentlich gestärkt werden sollte.[108] Aus der Perspektive des
internationalen Wettbewerbs der Justizsysteme wichtiger war der Vorschlag, die Attraktivität der Ziviljustiz durch Zuweisung bestimmter
wirtschaftsrechtlicher Sachen an besondere Spruchkörper der Land-

---

[107] BT-Drucks. 15/5091, S. 17.
[108] *Heister-Neumann*, ZRP 2005, 12; vgl. auch den Beschluss „Eckpunkte für
eine ‚Große Justizreform'" der Herbstkonferenz der Justizministerinnen und
Justizminister, 25.11.2004.

gerichte und der Oberlandesgerichte sowie durch dorthin führende Prorogationsmöglichkeiten zu verbessern.[109] In der Literatur wurde noch weitergehend gefordert, die Geschäftsverteilung innerhalb eines Gerichts generell zur Disposition der Parteien zu stellen, ihnen also zu gestatten, die Zuständigkeit eines bestimmten Spruchkörpers eines Landgerichts oder Oberlandesgerichts zu vereinbaren.[110] Keiner dieser Vorschläge ist realisiert worden.[111]

In dieselbe Richtung wie die gescheiterten Pläne zur Großen Justizreform ging die im Jahr 2010 unternommene Bundesrats-Initiative der Länder Nordrhein-Westfalen, Hamburg, Hessen und Niedersachsen zur Fortentwicklung der Kammern für Handelssachen zu „Kammern für internationale Handelssachen".[112] Kernstück dieses Vorschlags war die Zulassung von Englisch als Gerichtssprache, auf die sich die Parteien hätten einigen können. Hinzukommen sollte die Kompetenz der Bundesländer, gerichtsbezirksübergreifende Kammern für internationale Handelssachen zu schaffen. Sogar Kammern mit Zuständigkeit für mehrere Bundesländer sollten möglich sein. Mit diesen Vorschlägen hatten die Initiatoren im Sinn, die „Attraktivität des deutschen Rechtssystems und der deutschen Justiz für Rechtsstreitigkeiten mit internationalem Bezug" zu steigern.[113] Damit sollte die Abwanderung entsprechender Fälle in die Schiedsgerichtsbarkeit oder das englischsprachige Ausland vermieden werden. Die Stärkung des deutschen Justizstandorts werde mittelbar dazu führen, dass auch das deutsche Vertragsrecht bei internationalen Transaktionen häufiger gewählt werde.[114]

---

[109] Beschluss der Herbstkonferenz der Justizministerinnen und Justizminister vom 25.11.2004, S. 13; dazu auch *Trittmann/Schroeder*, SchiedsVZ 2005, 71, 75.

[110] *Lüke*, FS Baumgärtel, 1990, 349 ff.; *Weth*, FS Lüke, 1997, 961 ff.; zu Vereinbarungen über die funktionale Zuständigkeit auch *Wagner*, Prozessverträge – Privatautonomie im Verfahrensrecht, S. 563 ff.

[111] Treffend *Calliess*, Der Richter im Zivilprozess – Sind ZPO und GVG noch zeitgemäß? – Verhandlungen des 70. Deutschen Juristentags, S. A 14: „Merke: Man sollte nicht alles auf einmal ändern wollen."

[112] BR-Druck 42/10 = BT-Drucks. 17/2163.

[113] BT-Drucks. 17/2163, S. 7.

[114] BT-Drucks. 17/2163, S. 7 f.

Wörtlich heißt es in der Problem- und Zielbeschreibung des Gesetzentwurfs:

> „Die Begrenzung der Gerichtssprache auf Deutsch trägt damit dazu bei, dass bedeutende wirtschaftsrechtliche Streitigkeiten entweder im Ausland oder vor Schiedsgerichten ausgetragen werden – zum Nachteil des Gerichtsstandortes Deutschland und deutscher Unternehmen."[115]

In der Bundestagsdebatte des Gesetzentwurfs zur Schaffung von Kammern für internationale Handelssachen bekannte der Abgeordnete *Luczak* (CDU/CSU):

> „Dennoch steht das deutsche Recht in einem harten internationalen Wettbewerb. Gerade bei Verträgen oder Rechtsstreitigkeiten mit internationalem Bezug wird oftmals nicht die Geltung des deutschen Rechts vereinbart."[116]

Der Abgeordnete *Lischka* (SPD) begrüßte das Anliegen des Gesetzentwurfs, bezweifelte jedoch, dass es sich allein mit der Schaffung von Kammern für internationale Handelssachen und der Zulassung von Englisch als Gerichtssprache erreichen lasse:

> „Ich weiß, dass der Deutsche Anwaltverein ein Unterstützer dieser Idee ist. […] Ich weiß aber auch, dass die nicht ganz so großen Anwaltskanzleien nicht begeistert sind. […].
> Nun machen wir das Recht ja nicht nur für die Anwälte, auch wenn wir uns freuen, wenn es ihnen gut geht. Das Recht, auch das Prozessrecht, ist für die Bürger und für die Unternehmen da.
> Und deshalb ist meine erste Frage: Wollen die betroffenen Unternehmen überhaupt ihre internationalen Handelsstreitigkeiten vor deutschen staatlichen Gerichten austragen?"[117]

Deutlicher kann die Einsicht, dass die staatliche Justiz in einem Wettbewerb mit den Gerichten anderer Jurisdiktionen und der Schiedsgerichtsbarkeit steht, nicht zum Ausdruck gebracht werden. Die Mitglieder der deutschen Legislative zeigen sich also durchaus sensibel für die Bedürfnisse der Anwaltschaft, aber auch der Unternehmen als Nutzer bzw. Nachfrager staatlicher Justizdienstleistungen.

---

[115] BT-Drucks. 17/2163, S. 1.
[116] Deutscher Bundestag, Plenarprotokoll 17/130, S. 15377 (C).
[117] Deutscher Bundestag, Plenarprotokoll 17/130, S. 15378 (D).

c) Die private Schiedsgerichtsbarkeit

Man mag an der Intensität oder sogar an der Existenz von Wettbewerb zwischen staatlichen Gerichten zweifeln, im Bereich der sog. alternativen Streitbeilegung ist offensichtlich, dass auch auf der Angebotsseite intensiver Wettbewerb herrscht.[118] Verhandlungsberater und Coaches, Schlichter, Mediatoren und Schiedsrichter kämpfen um ein möglichst großes Stück vom Kuchen der Rechtsstreitigkeiten. Insbesondere zwischen den verschiedenen Schiedsorganisationen, wie AAA,[119] ICC,[120] LCIA[121] und DIS,[122] herrscht Konkurrenz, indem jede Organisation versucht, möglichst viele Fälle anzuziehen. Sämtliche Institutionen haben inzwischen ihre Angebotspalette auf Mediation und Schlichtung, mitunter auch auf Schiedsgutachten und Adjudikation ausgedehnt. Bereits ein flüchtiger Blick auf die Internet-Auftritte der Schiedsorganisationen zerstreut jeden Zweifel daran, dass es sich bei diesen um wettbewerblich orientierte Unternehmungen handelt. Bei den Schiedsorganisationen stehen die Interessen der Parteien – die *users' interests* – an erster Stelle.[123]

Das Konkurrenzstreben der Schiedsorganisationen wird durch die lokalen Anwaltschaften ergänzt und verstärkt. Die Wahl des Schiedsorts ist nämlich nicht mit der Wahl einer Schiedsorganisation verknüpft, und tatsächlich werden sehr häufig Schiedsorte gewählt, die außerhalb der Jurisdiktion liegen, in der die jeweilige Schiedsorganisation ihren Sitz hat. Die Statistik der ICC für das Jahr 2015 zeigt, dass Paris lediglich in 11,6 % der Schiedsverfahren als Schiedsort gewählt wurde; die Masse der Verfahren fand also außerhalb Frankreichs statt.[124] Auch auf der Ebene individueller Leistungserbringer herrscht intensiver Wettbewerb: Anders als Richter staatlicher Gerichte konkurrieren die

---

[118] Eingehend *Drahozal*, 24 Int'l Rev. Law & Econ. 371 (2004); *Wilske*, 1 Contemp. Asia Arb. J. 21, 25 ff. (2008).
[119] https://www.adr.org.
[120] https://iccwbo.org/about-us/who-we-are/dispute-resolution/.
[121] http://www.lcia.org.
[122] http://www.disarb.org.
[123] *Hoffmann*, Kammern für internationale Handelssachen, S. 49.
[124] ICC, 2015 ICC Dispute Resolution Statistics, S. 10.

einzelnen Schiedsrichter untereinander sowie als lokale Gruppe gegen die Schiedsrichter aus anderen Jurisdiktionen. In der Broschüre der Initiative „Law – Made in Germany" wird diese Interessenlage daran deutlich, dass in dem Kapitel zur außergerichtlichen Streitbeilegung die Deutsche Institution für Schiedsgerichtsbarkeit (DIS) erwähnt wird, darüber hinaus aber auch die deutsche Niederlassung der ICC.[125]

Die nationalen Gesetzgeber sind sich des intensiven Wettbewerbs um Schiedsverfahren bewusst und unternehmen immer wieder Reformschritte, um die Position der eigenen Jurisdiktion zu stärken. In der Begründung zum schweizerischen Gesetz über das Internationale Privatrecht, das in seinen Art. 176–194 IPRG das auf internationale Schiedsverfahren anwendbare Recht enthält, wird diese Stoßrichtung mit aller wünschenswerten Deutlichkeit dargelegt:

> „Die Schweiz hat alles Interesse an einer positiven Entwicklung der internationalen Schiedsgerichtsbarkeit und der sie betreffenden kodifikatorischen Bestrebungen. Dieses Interesse rührt nicht allein daher, dass die schweizerische Wirtschaft stark im Außenhandel engagiert ist. Es entspricht ebensosehr einer altüberkommenen schweizerischen Tradition und es deckt sich mit dem Ruf der Schweiz als einem Staat, der seine guten Dienste selbst Schiedsverfahren zur Verfügung stellt, die mit ihm oder seinen Bewohnern in keiner oder nur geringer Beziehung stehen. Diesem guten Ruf gilt es, Sorge zu tragen. Er bedingt, dass die für Schiedsverfahren erforderliche Infrastruktur geschaffen wird. Dazu gehören nicht bloß innere Stabilität und materielle Fazilitäten; erforderlich ist auch ein gewisser rechtlicher Rahmen, der den heutigen Bedürfnissen des internationalen Schiedsgerichtswesens Rechnung trägt."[126]

Folglich wurde die für die Schweiz charakteristische Trennung zwischen nationalem und internationalem Schiedsverfahrensrecht nicht nur mit der föderalen Zuständigkeitsordnung begründet, sondern auch mit dem Bestreben, der internationalen Schiedsgerichtsbarkeit ein besonders liberales und flexibles Regelwerk anbieten zu können.[127] Die Schweiz will an dem Dualismus zweier getrennter Rechtsma-

---

[125] Law – Made in Germany, S. 26.
[126] Botschaft zum Bundesgesetz über das internationale Privatrecht, v. 10.11.1982, BGBl 1983 I 263, 456 f.
[127] *Lalive*, in: Mélanges en l'honneur de François Dessemontet, S. 255, 259.

terien für die Binnenschiedsgerichtsbarkeit und die internationale Schiedsgerichtsbarkeit auch in Zukunft festhalten, obwohl das für nationale Schiedsverfahren geltende Recht inzwischen ebenfalls auf Bundesebene, nämlich in der Bundes-Zivilprozessordnung geregelt ist und eine Zusammenführung daher leicht möglich wäre.[128] Die internationale Schiedsgerichtsbarkeit soll weiterhin separat im 12. Kapitel des IPRG geregelt und letzteres „konzis, liberal und flexibel gehalten werden". Hingegen bleibt die Binnenschiedsgerichtsbarkeit einem intensiveren Zugriff des Gesetzgebers unterworfen, denn hier sei „eine detaillierte Regelung mit zusätzlichen Leitplanken sinnvoll".[129]

Auch in Frankreich beruhte die für das moderne Schiedsverfahrensrecht wichtige Novelle durch das Dekret Nr. 81-500 vom 12. Mai 1981 auf der Absicht, das eigene Land als Standort für internationale Schiedsverfahren zu stärken.[130] Dafür wird die Spaltung des eigenen Schiedsverfahrensrechts in eine Abteilung für nationale Verfahren, die vergleichsweise restriktiv ausgestaltet ist, und eine Abteilung für internationale Verfahren, der ein „régime juridique très favorable" zuerkannt wird, in Kauf genommen.[131] Die neuerliche Reform des französischen Schiedsverfahrensrechts durch das Dekret No. 2011-48 vom 13. Januar 2011 war nach Einschätzung berufener Beobachter allein dem Ziel geschuldet, die „Lesbarkeit" der für internationale Schiedsverfahren geltenden Regeln zu verbessern, um so dem ausländischen Nutzer die Orientierung zu erleichtern.[132] Der französische Gesetzgeber machte sich dabei die extrem schiedsfreundliche Haltung der Cour de cassation zu eigen, um die Wettbewerbsfähigkeit des

---

[128] Bis zum Inkrafttreten der Bundes-ZPO war die Binnenschiedsgerichtsbarkeit der Schweiz in einem Vertrag zwischen den Kantonen, dem sog. Schieds-Konkordat von 1969 geregelt.

[129] *Eidgenössisches Justiz- und Polizeidepartement* (Hrsg.): Erläuternder Bericht zur Änderung des Bundesgesetzes über das Internationale Privatrecht (Internationale Schiedsgerichtsbarkeit), S. 12; im Internet unter https://www.ejpd.admin. ch/dam/data/bj/aktuell/news/2017/2017-01-11/vn-ber-d.pdf.

[130] *Derains*, in: FS Pieter Sanders, S. 111, 119.

[131] *Seraglini/Ortscheidt*, Droit de l'arbitrage interne et international, Rn. 31; ausführlich *Mayer*, Rev. Arb. 2005, 361.

[132] *Seraglini/Ortscheidt*, Droit de l'arbitrage interne et international, Rn. 571.

Schiedsorts Paris weiter zu stärken. In den Worten eines Kenners der französischen internationalen Schiedsgerichtsbarkeit:

> „The primary impetus for the reform was therefore not so much the necessity of improving the existing rules – which had already made France one of the preferred places where an international arbitration can be conducted – but the perceived need, after 30 years of abundant case law, to render French law on arbitration even more readily accessible to foreign practitioners. At the same time, the reform was seen as an opportunity to further refine French law on international arbitration by introducing a number of innovations. With these changes, French law can arguably be characterized today, alongside Swiss law, as the law that has implemented the pro-arbitration policy to its fullest extent."[133]

Auch der deutsche Gesetzgeber bemüht sich darum, den Schiedsort Deutschland zu stärken. Diesem Anliegen galt die große Schiedsverfahrensrechtsreform des Jahres 1997, mit der das tradierte deutsche Schiedsverfahrensrecht der Rechtsgeschichte anheimgegeben und das UNCITRAL-Modellgesetz über die internationale Handelsschiedsgerichtsbarkeit in deutsches Recht umgesetzt wurde. Erklärtes Ziel dieser Reform war nicht die Neuregelung anstehender Sachfragen, sondern vor allem die Stärkung Deutschlands im Wettbewerb um internationale Schiedsverfahren.[134] Dementsprechend heißt es zur Zielbeschreibung des Gesetzgebers:

> „Das im zehnten Buch der ZPO geregelte Schiedsverfahrensrecht stammt weitgehend noch aus dem vorigen Jahrhundert und soll den modernen Entwicklungen angepasst werden. Ein zeitgemäßes und den internationalen Rahmenbedingungen angepasstes Recht soll das Ansehen des Bundesrepublik Deutschland als Austragungsort internationaler Schiedsstreitigkeiten fördern."[135]

Die nationalen Gesetzgeber sind in ihren Bemühungen um die Förderung ihrer jeweiligen Schiedsplätze nicht allein. In manchen Jurisdiktionen engagieren sich auch die Gerichte in dieser Richtung. Dies gilt

---

[133] *Gaillard*, New York Law Journal 2011, Nr. 15.
[134] Begründung des Entwurfs zum Schiedsverfahrens-Neuregelungsgesetz, BT-Drucks. 13/5274, S. 27 f.
[135] BT-Drucks. 13/5274, S. 1.

besonders für die englische Justiz, die wegen der engen Verbindung zwischen den Royal Courts of Justice und der Londoner Anwaltselite mit einem Bewusstsein ausgestattet ist, das durchaus als „unternehmerisch" bezeichnet werden kann. Die englischen Gerichte treffen Entscheidungen in Schiedssachen deshalb immer auch mit einem Blick auf die Konkurrenz zwischen London und anderen Schiedsorten und achten darauf, dass der eigene Standort nicht ins Hintertreffen gerät. In dem Vorlagebeschluss des damaligen House of Lords zum vieldiskutierten Fall *West Tankers*, in dem es um eine *anti-suit injunction* zum Schutz eines Londoner Schiedsverfahrens vor einer in Syrakus, Italien, erhobenen Deliktsklage der Schiedsbeklagten ging, wurde diese Haltung ausdrücklich ausgesprochen:

> „Finally, it should be noted that the European Community is engaged not only with regulating commerce between Member States but also in competing with the rest of the world. If the Member States of the European Community are unable to offer a seat of arbitration capable of making orders restraining parties from acting in breach of the arbitration agreement, there is no shortage of other states which will. For example, New York, Bermuda and Singapore are also leading centres of arbitration and each of them exercises the jurisdiction which is challenged in this appeal. There seems to me to be no doctrinal necessity or practical advantage which requires the European Community handicap itself by denying its courts the right to exercise the same jurisdiction."[136]

Auf die Gesichtspunkte, anhand derer die Parteien ihre Nachfrageentscheidung treffen und den Schiedsort auswählen, wird noch zurückzukommen sein.[137]

---

[136] *West Tankers Inc. v. RAS Riunione Adriatica di Sicurta SpA*, [2007] UKHL 4, Rn. 21, per Lord Hoffmann. Zur Entscheidung des EuGH, 10.02.2009, C-185/07, *Allianz SpA v. West Tankers, Inc.*, *Illmer/Naumann*, 10 Int'l Arb. L. Rev. 147 (2007).

[137] Unten, Dritter Teil IV., S. 142.

d) Externer Wettbewerb zwischen staatlicher Justiz, Schiedsgerichtsbarkeit und Anbietern alternativer Streitbeilegung

Der Wettbewerb im Markt für Streitbeilegung ist nicht auf Binnenkonkurrenz innerhalb der Gerichts- und Schiedsgerichtsbarkeit begrenzt. Er herrscht auch zwischen den einzelnen Anbietergruppen und Marktsegmenten. Je nach Leistungsfähigkeit der einzelnen Angebote können sich die Gewichte von dem einen zu dem anderen „Produkt" verschieben.

Es ist allgemein anerkannt und akzeptiert, dass die staatliche Justiz und die Schiedsgerichtsbarkeit miteinander in Wettbewerb stehen. In Deutschland hat die Präsidentin des Bundesgerichtshofs die Sorge geäußert, die staatliche Justiz verliere „Marktanteile" an die Schiedsgerichtsbarkeit.[138] Dieselben Bedenken werden mit Blick auf die sonstigen Verfahren der alternativen Streitbeilegung geäußert. Die Einsicht, dass private Schlichtungsstellen in Konkurrenz mit der staatlichen Justiz stehen, war ein wesentlicher Punkt in der Diskussion um die Umsetzung der EU-Richtlinie 2013/11/EU über die alternative Streitbeilegung in Verbrauchersachen.[139] So wurde befürchtet, die Verbraucherschlichtung werde der staatlichen Justiz (zu viele) Fälle „wegnehmen".[140] Diese Sorge mag bei der Entscheidung des Gesetzgebers des Verbraucherstreitbeilegungsgesetzes eine Rolle gespielt haben, in das BGB eine Regelung einzufügen, nach der die Vereinbarung der Verbraucherschlichtung in allgemeinen Geschäftsbedingungen unwirksam ist; § 309 Nr. 14 BGB.[141] Jedenfalls war der Rechtsausschuss

---

[138] *Limperg*, FAZ vom 20.03.2015.

[139] Vgl. oben, Fn.2; dazu u.a. *Eidenmüller/Engel*, 29 Ohio St. J. on Disp. Re 261, 275 (2014); *Eidenmüller/Engel*, ZIP 2013, 1704; *Hirsch*, FS E. Lorenz, S. 159 ff.; *Rühl*, RIW 2013, 737; *Wagner*, CMLR, 165 (2014); *ders.*, ZKM 2013, 104.

[140] *Roth*, JZ 2013, 637, 641, der „massive Bedeutungsverluste sowohl für die Zivilgerichtsbarkeit als Institution als auch für das materielle Verbraucherschutzrecht" befürchtet. Der europäische Gesetzgeber habe „die Gefahren für das staatliche Justizsystem nicht thematisiert und wohl noch nicht einmal gesehen".

[141] Eingefügt durch das Gesetz zur Umsetzung der Richtlinie über alternative Streitbeilegung in Verbrauchersachen und zur Durchführung der Verordnung über Online-Streitbeilegung in Verbraucherangelegenheiten, v. 19.02.2016,

darum bemüht, dem Verbraucher das Wahlrecht zwischen der außergerichtlichen Streitbeilegung und dem Gang zu Gericht zu erhalten.[142] Die Schiedsgerichtsbarkeit ihrerseits muss nicht nur mit dem Wettbewerb der staatlichen Justiz leben, sondern sich darüber hinaus der Konkurrenz der übrigen Formen alternativer Streitbeilegung erwehren. Unternehmen, die zu den Hauptnutzern der deutschen Schiedsgerichtsbarkeit zählen, haben beklagt, letztere werde immer mehr zu *offshore litigation*.[143] Damit ist gemeint, dass Schiedsverfahren immer streitintensiver und komplexer werden. Die Schriftsätze würden umfangreicher, die Sachverhaltsaufklärung durch umfassende *document production*, das Kreuzverhör von Zeugen und die Mobilisierung von Parteigutachtern immer aufwändiger.[144] Alle diese Faktoren führten zu immer längeren Verfahrensdauern bei immer höheren Kosten. Schiedsverfahren würden Gerichtsverfahren, deren attraktivere Alternative sie dereinst waren, im negativen Sinne ähnlicher. Der Ausweg für viele Unternehmen bestehe darin, die Streitbeilegung „noch alternativer" zu machen, nämlich auf andere Instrumente der Streitbeilegung auszuweichen.[145] In den letzten Jahren hat dabei vor allem die Mediation eine große Rolle gespielt, die den Parteien verspricht, den Streit kostengünstiger und schneller zu lösen und ihnen dabei die volle Kontrolle zu belassen.[146]

Die eben zitierte Klage deutscher Unternehmensjuristen bezieht sich vor allem auf die „Amerikanisierung" deutscher Schiedsverfahren durch den Import von Elementen, die aus dem US-amerikanischen Zivilprozess geläufig sind. In den USA selbst findet sich interessanterweise eine Diskussion, die diesen Ball aufnimmt. „Arbitration:

BGBl. I, 254, dort Art. 6 Nr. 2. Die Regelung geht auf den Rechtsausschuss des Deutschen Bundestages zurück; vgl. BT-Drucks. 18/6904, S. 36.

[142] BT-Drucks. 18/6904, S. 74.

[143] So die Klage von *Hobeck/Mahnken/Koebke*, SchiedsVZ 2007, 225, 228 f. Alle drei Autoren waren zum Zeitpunkt der Veröffentlichung Syndikusanwälte der Siemens AG.

[144] *Hobeck/Mahnken/Koebke*, SchiedsVZ 2007, 225, 229.

[145] *Hobeck/Mahnken/Koebke*, SchiedsVZ 2007, 225, 230 ff.

[146] *Stipanowitch/Lamare*, 19 Harv. Neg. L. Rev. 1 (2014).

The 'New Litigation'" lautet der Titel eines programmatischen Beitrags, der die These verficht, die US-amerikanischen Schiedsverfahren
seien inzwischen den vor staatlichen Gerichten der USA geführten
Prozessen so ähnlich geworden, dass die Parteien bereits nach Alternativen Ausschau hielten.[147] Die Monita sind zum Teil dieselben wie
in Deutschland, insbesondere ein Übermaß an Sachverhaltsaufklärung durch umfangreiche Vorlage von Dokumenten (*discovery*), was
die Verfahren in die Länge zieht und die Kosten erhöht.[148] Darüber
hinaus wird die Neigung einiger amerikanischen Gerichte beklagt,
Schiedssprüche allzu leicht aufzuheben.[149] In Antwort auf diese Entwicklungen ist mit Blick auf den amerikanischen Markt die Losung
ausgegeben worden, die Mediation habe der Schiedsgerichtsbarkeit
im Wettbewerb den Rang abgelaufen, kurz Mediation sei „the new
arbitration".[150] Aktuelle Zahlen aus den USA zur Attraktivität der
Schiedsgerichtsbarkeit für die Beilegung von Unternehmensstreitigkeiten legen den Schluss nahe, dass die Schiedsgerichtsbarkeit erheblich an Attraktivität eingebüßt hat.[151] Von diesem Trend profitiert
allerdings nicht primär die staatliche Justiz, sondern die Mediation
und andere Formen von alternativer Streitbeilegung, deren Verfahren
noch informeller und deren Entscheidungen noch rechtsferner sind.[152]
Die Belastbarkeit dieser Ergebnisse ist schwer zu beurteilen, beruhen
die Daten doch nicht auf statistischen Erhebungen über die Zahl der
tatsächlich durchgeführten Gerichts-, Schiedsgerichts- und Mediationsverfahren, sondern auf Befragungen von Syndikusanwälten großer

---

[147] *Stipanowich*, U. Ill. L. Rev. 1, 8 ff., 21 ff. (2010).

[148] *Stipanowich*, U. Ill. L. Rev. 1, 12 ff. (2010).

[149] *Stipanowich*, U. Ill. L. Rev. 1, 15 ff. (2010).

[150] So der Titel des Beitrags von *Nolan-Haley*, 16 Harv. Neg. L. Rev. 61 (2012).
Vgl. auch aaO, 66 f.: „Arbitration is, in many respects, in crisis mode. U.S. prac-
titioners complain that business arbitration has become as slow and costly as litigation." In der Sache bereits genauso *Stipanowich,* U. Ill. L. Rev. 1, 24 ff. (2010).

[151] *Stipanowich/Lamare*, 19 Harv. Neg. L. Rev. 1, 45 ff. (2014).

[152] *Stipanowich/Lamare*, 19 Harv. Neg. L. Rev. 1, 62 (2014): „The triumph of
mediation has been instrumental in bringing binding arbitration to a tipping
point – a tangible ebbing of the tide that swept in during the latter half of the
nineteenth [gemeint: twentieth] century. Just as mediation was a key factor in the
so-called 'vanishing trial', it now factors in the reduced incidence of arbitration."

Unternehmen (Fortune 1000).[153] Im Übrigen beziehen sie sich auf den einheimischen Markt und gelten nicht für internationale Streitigkeiten.[154] Für diese wird der Schiedsgerichtsbarkeit unverminderte Attraktivität bescheinigt.[155]

5. Bewertung

Rationale Parteien haben ein gemeinsames Interesse daran, die aus dem Vertrag gezogene Kooperationsdividende zu maximieren. Effiziente Verträge, die den Nutzen der Vertragsparteien maximieren, sind auch im volkswirtschaftlichen Interesse. Effiziente Verträge ermöglichen es, dass knappe Ressourcen denjenigen Verwendungen zugeführt werden, in denen sie den größten Nutzen stiften.[156]

Das gemeinsame Interesse der Parteien an effizienter Durchsetzung ihrer Vereinbarung mündet in die gemeinsame Wahl eines möglichst akkurat funktionierenden Streitbeilegungsmechanismus', der den Saldo aus Nutzen und Kosten der Durchsetzung der vereinbarten Rechte und Pflichten maximiert. Die Richtigkeit gerichtlicher Entscheidungen ist für das Effizienzziel essentiell. Das Interesse der Parteien an einem juristisch akkurat arbeitenden Gericht oder Schiedsgericht deckt sich also mit dem volkswirtschaftlichen Interesse an der Durchsetzung effizienter Verträge.

Indem die Parteien ihr gemeinsames Interesse an einem effizienten Gericht, Schiedsgericht oder anderem Streitbeilegungsmechanismus verfolgen, stimulieren sie einen Leistungswettbewerb zwischen den verschiedenen öffentlichen und privaten Anbietern von Streitbeilegungsdienstleistungen. Die Angebotsseite kann darauf nicht mit gleicher Kraft antworten, weil deren Wettbewerbsverhalten vielfältigen

---

[153] Zum Design der Befragungen *Stipanowich/Lamare*, 19 Harv. Neg. L. Rev. 1, 24 ff. (2014).
[154] *Stipanowich/Lamare*, 19 Harv. Neg. L. Rev. 1, 52 (2014).
[155] *Stipanowich/Lamare*, 19 Harv. Neg. L. Rev. 1, 63 (2014).
[156] Vgl. nur *Samuelson/Nordhaus*, Volkswirtschaftslehre, S. 56 ff.

Beschränkungen unterworfen ist. Dies gilt weniger für die privat-wirtschaftlich organisierten und entsprechend motivierten Schiedsin-stitutionen, Schiedsrichter, Mediatoren und Schlichter, wohl aber für die staatlichen Gerichte. Ein starkes wirtschaftliches Eigeninteresse an deren Attraktivität haben zwar nicht die Richter, wohl aber die loka-len Anwaltschaften, die wiederum auf die zuständigen Gesetzgeber einwirken und diese zu Reformen ermutigen. Mit den notwendigen Abstrichen kann also durchaus von einem Wettbewerb auch im Be-reich der staatlichen Gerichtsbarkeit gesprochen werden.

Unilateraler Wettbewerb, bei dem der Kläger den Gerichtsstand wählt, ist oben negativ bewertet worden: Weil der Kläger nur sein eigenes Interesse im Auge hat, führt unilateraler Wettbewerb unweigerlich zu einem Abwertungswettlauf.[157] Nunmehr ist die Frage zu stellen, ob es sich bei bilateraler Wahl des Gerichts, Schiedsgerichts oder sonstigen Streitbeilegungsmechanismus' durch beide Parteien ebenso verhält. Diese Frage ist zu verneinen; bilateraler Wettbewerb setzt Anreize zur Verbesserung der Qualität und zur Verringerung der Kosten von Streitbeilegungsmechanismen. Im günstigen Fall stimuliert er kein *race to the bottom*, sondern ein *race to the top*.[158] Bilateraler Wettbewerb ist daher wünschenswert und sollte von der Rechtspolitik gefördert werden.

6. Wettbewerbshemmnisse

a) Heimwärtsstreben im Prinzipal-Agenten-Verhältnis

Die ökonomische Theorie erfasst die zwischen Mandant und Anwalt bestehenden Anreizprobleme mit der Prinzipal-Agenten-Theorie.[159] Die Verhaltensanreize von Anwalt und Mandant sind nicht kongruent,

---

[157] Oben, Erster Teil III. 4., S. 41.
[158] *Wagner*, 62 Buffalo L. Rev. 1085, 1143 ff. (2014).
[159] *Miller*, 16 J. Legal. Stud. 189 (1987); *Gilson/Mnookin*, 94 Colum. L. Rev. 509, 527-529 (1994); *Dannemann/Hansmann*, 94 Cornell Law Review 1, 17-18 (2008); *Cooter/Ulen*, Law and Economics, S. 431–434.

da der Anwalt ein Interesse daran hat, sein Honorar zu maximieren, während der Mandant an dem Ertrag des Rechtsstreits interessiert ist, also an der zugesprochenen Urteilssumme zuzüglich Zinsen, abzüglich der von dem Mandanten zu tragenden Kosten. Diese Divergenz wäre weitgehend unproblematisch, wenn Anwalt und Mandant über dieselben Informationen verfügen würden, doch dies ist nicht der Fall. Typischerweise genießt der Anwalt einen informationellen Vorteil in Bezug auf die durch den Fall aufgeworfenen Rechtsfragen. Die sich daraus ergebenden Verzerrungen der Anreize des Anwalts sind insbesondere im Hinblick auf Vergütungsfragen, etwa die Honorierung anhand von Stundensätzen oder Erfolgshonoraren, sowie für die Entscheidung zwischen vergleichsweiser Beendigung oder Fortsetzung des Rechtsstreits, untersucht worden.[160] Der Wissens- und Erfahrungsvorsprung des Anwalts wirkt sich aber auch bei den Entscheidungen des Mandanten über die Rechts- und die Gerichtsstandswahl aus. Soweit ersichtlich, ist dieser Bereich noch weitgehend unerforscht.[161]

Orientiert ein Anwalt sein Verhalten primär am eigenen Nutzen, muss er darum bemüht sein, die Mandantenbeziehung aufrecht zu erhalten und den Mandanten nicht an einen Konkurrenten zu verlieren. Dieses Ziel ließe sich ohne eine Verzerrung der Entscheidung über die Gerichtswahl erreichen, wenn Anwälte grenzüberschreitend, also nicht nur in ihrem Sitzstaat, sondern in allen wesentlichen Jurisdiktionen praktizieren dürften. Genau das Gegenteil ist indessen der Fall. In der ganzen Welt sind Anwälte nur vor den Gerichten ihrer Jurisdiktion zugelassen und können ihre Mandanten somit nicht außerhalb dieser Jurisdiktion vertreten. Dies gilt in den USA wie auch in Europa. Ein amerikanischer Rechtsanwalt kann zwar seine Zulassung in mehreren

---

[160] *Miller*, 16 J. Legal. Stud. 189 (1987); zu Störfaktoren für Anreize zur Streitbeilegung; *Cooter/Ulen,* Law and Economics, S. 431 ff., die die Anreizwirkungen verschiedener Vergütungssysteme untersuchen; vgl. auch *Shavell*, Foundations of Economic Analysis of Law, S. 435–437.

[161] *Kessler/Rubinfeld*, Empirical Study of the Civil Justice System, in: *Polinsky/Shavell*, Handbook of Law and Economics, S. 375–377, mit einer Analyse der Rechts- und Gerichtsstandswahl ohne Bezugnahme auf die Verzerrungeseffekte durch anwaltliche Vertretung.

Bundesstaaten erwirken, doch der Aufwand dafür ist so groß, dass kaum jemand davon Gebrauch macht.[162] In Deutschland galt bis 2002 das Lokalisationsprinzip, nach dem Anwälte nur vor den Gerichten eines einzigen Landgerichtbezirks Prozesse führen konnten; erst danach wurde die bundesweite Postulationsfähigkeit eingeführt.[163] Innerhalb der EU dürfen Rechtsanwälte ihre Dienstleistungen zwar grenzüberschreitend anbieten, bleiben aber daran gehindert, ihre Mandanten vor den Gerichten eines anderen Mitgliedstaats zu vertreten.[164] Folglich müssen lokale Anwälte hinzugezogen werden, wenn der Rechtsstreit vor die Gerichte eines anderen Staates gebracht wird. Doch selbst wenn solche Regulierungen nicht existierten oder abgeschafft würden, sodass der Anwalt seinen Mandanten grenzüberschreitend vertreten dürfte und nicht an seine Heimatrechtsordnung und die dort sitzenden Gerichte gebunden wäre, blieben Mandanten gut beraten, sich lokalen Anwälten anzuvertrauen. Nur die am Sitz des jeweiligen Gerichts tätigen Anwälte kennen das vor Ort angewandte Prozessrecht, die lokalen Gerichtsgebräuche und die dort amtierenden Richter samt ihrer Vorlieben und Eigenheiten. Vor diesem Hintergrund wäre

---

[162] Vgl. im Hinblick auf die Gerichtsstandswahl in gesellschaftsrechtlichen Streitigkeiten *Ribstein*, 19 Del. J. Corp. L. 999, 1010-1011 (1994).

[163] Das Lokalisationsprinzip und Singularzulassung wurden durch die Entscheidung BVerfGE 103, 1 = NJW 2001, 353 erschüttert und sind durch das Gesetz zur Änderung des Gesetzes zur Neuordnung des Berufsrechts der Rechtsanwälte und der Patentanwälte vom 17.12.1999, BGBl I, 2448, zum 01.01.2000 abgeschafft worden, nachdem sie bereits durch das Berufsrechts-Änderungsgesetz vorgesehen worden war; vgl. BT-Drucks. 14/1958, S. 3; BT-Drucks. 12/4993, S. 53 ff. Vgl. auch das OLGVertrÄndG vom 01.08.2002, BGBl I, 2850. Überblick bei Zöller-*Vollkommer, ZPO,* § 78 Rn. 2; das Erfordernis der lokalen Anwaltszulassung wurde 2002 abgeschafft; vgl. *Henssler/Kilian*, NJW 2002, 2817.

[164] Art. 5 Richtlinie 77/249/EWG des Rates vom 22.03.1977 zur Erleichterung der tatsächlichen Ausübung des freien Dienstleistungsverkehrs der Rechtsanwälte, ABl. 26.03.1977, L 78, 17, 18; Art. 5 Abs. 3 Richtlinie 98/5/EG des Europäischen Parlaments und des Rates vom 16. Februar 1998 zur Erleichterung der ständigen Ausübung des Rechtsanwaltsberufs in einem anderen Mitgliedstaat als dem, in dem die Qualifikation erworben wurde, ABl. 14.03.1998, L 77, 36, 39. Zu den in Deutschland geltenden Restriktionen für ausländische Anwälte sehr kritisch *Peter*, JZ 2011, 939, 943 f.

es hochriskant, wenn ein Anwalt einen Mandanten vor einem Gericht vertreten würde, dessen Personal und Arbeitsweise er nicht kennt.

Damit scheint dem Wettbewerb der Justizstandorte ein Ende bereitet bevor er richtig begonnen hat: Da Anwälte ihren Mandanten stets die Heimatgerichte empfehlen werden, kommen ausländische Gerichte selbst dann nicht zum Zuge, wenn sie qualitativ bessere Leistungen zu günstigeren Kosten anbieten könnten. Tatsächlich ist die Verteilung internationaler Rechtsstreitigkeiten über die verschiedenen Jurisdiktionen sehr stark von einem Heimwärtsstreben – einer Präferenz für *hometown justice* – geprägt.[165] Dieser Effekt beruht allerdings nicht nur auf dem Prinzipal-Agenten-Verhältnis, sondern vor allem darauf, dass die Parteien die ihnen vertrauten Rechtsordnungen, Gerichte und Anwälte präferieren. Eine empirische Studie der Universität Oxford hat dies eindrucksvoll bestätigt, denn sie befragte zu dem Thema der Gerichtsstandswahl Unternehmensjuristen als Vertreter potentieller Parteien – und nicht deren Anwälte. Bei freier Wahl des zuständigen Gerichts entschieden sich die Unternehmenssyndizi ganz überwiegend für ihre Heimatgerichte. Derselbe Effekt ist bei der Rechtswahl zu beobachten, denn auch hier besteht eine klare Tendenz zur Wahl der Heimatrechtsordnung.[166] Der Zug hin zu in qualitativer Hinsicht hoch eingeschätzten Rechtsordnungen und Gerichten stellte sich in der Umfrage erst ein, nachdem die Heimatoption ausgeschlossen wurde.[167] Eine entsprechende Studie der Queen Mary University kommt zu identischen Ergebnissen.[168] Für den Wettbewerb der Justizstandorte wichtig ist der Umstand, dass sich der Heimatgerichtsstand einer Partei in den Vertragsverhandlungen häufig nicht durchsetzen lässt, weil die dortigen Gerichte von dem ausländischen Vertragspartner

---

[165] *Vogenauer*, ERPL 21 (2013), 13, 24; *Wagner*, 62 Buffalo L. Rev. 1085, 1108 ff. (2014).

[166] *Vogenauer*, ERPL 21 (2013), 13, 40: „Familiarity matters more than quality. In cases where they cannot impose their home law, businesses have a strong preference for English law."

[167] *Vogenauer/Hodges*, Civil Justice Systems, S. 26–27.

[168] Queen Mary/White & Case, 2010 International Arbitration Survey: Choices in International Arbitration, 13 f.

als nicht hinreichend neutral angesehen werden. Zumindest in diesen Fällen überwinden die Parteien ihr Heimwärtsstreben zugunsten eines qualitativ ansprechenden Gerichtsstands.

Darüber hinaus hat sich die Anwaltschaft in eine Richtung entwickelt, die dem internationalen Wettbewerb ausgesprochen förderlich ist. Die Entstehung internationaler Großkanzleien dürfte den anwaltlichen Anreiz zum Heimwärtsstreben entschärft haben. Eine Kanzlei, die im Geltungsbereich jeder großen Rechtsordnung ein Büro hat, muss nicht fürchten, dass ein Mandant zu einem Wettbewerber wechselt, wenn die Gerichte einer anderen Jurisdiktion empfohlen werden. Das lokale Büro am Sitz des optimalen Gerichts könnte den Mandanten übernehmen und die internationale Kanzlei würde somit keine Umsatzeinbuße erleiden. Letzteres gilt allerdings nur im günstigsten Fall und hängt vom Integrationsgrad und den internen Gewinnverteilungsregeln der jeweiligen Kanzlei ab. Da Rechtsanwaltskanzleien in Europa weniger integriert sind als ihre Wettbewerber in den USA, wo viele Kanzleien als voll integrierte Einheiten auf nationaler Ebene operieren, ist der Wettbewerb um das optimale Gericht in Europa weniger ausgeprägt als auf der anderen Seite des Atlantiks.

Insgesamt bleibt festzuhalten, dass Prinzipal-Agenten-Probleme zwar das Verhalten der Nachfrageseite beeinflussen, wodurch die Nachfrage nach dem besten Gericht oder dem besten Streitbeilegungsmechanismus verzerrt wird. Von einer völligen Ausschaltung des Wettbewerbs kann aber keine Rede sein.

b) Netzwerk- und *Lock in*-Effekte

Der Wettbewerb der Justizsysteme wird darüber hinaus durch Netzwerkeffekte behindert.[169] Diese treten ein, wenn der Nutzen, den der Erwerber eines Gutes aus diesem ziehen kann, davon abhängt, wie viele weitere Nutzer dasselbe oder ein kompatibles Gut nutzen.[170]

---

[169] Allgemein zur Theorie der Netzgüter *Engert*, AcP 213 (2013), 321, 324 ff.

[170] Aus der ökonomischen Literatur vgl. nur *Samuelson/Nordhaus*, Volkswirtschaftslehre, S. 181 f.; grundlegend *Katz/Shapiro*, Am. Econ. Rev. 75 (1985).

Netzwerkeffekte behindern den Wettbewerb auf vielen Märkten für Güter und Dienstleistungen. Das klassische Beispiel ist der Markt für Telefone.[171] Der Nutzen eines einzelnen Telefonanschlusses ist null, denn ein einzelnes Telefon ist als Kommunikationsinstrument unbrauchbar. Der Nutzen eines Telefons steigt proportional zur Zahl der weiter vorhandenen Telefonanschlüsse. Konkurrieren auf dem Markt für Telefondienstleistungen mehrere Anbieter mit unterschiedlicher und inkompatibler Netztechnologie, ist derjenige Anbieter im Vorteil, der die meisten Kunden hat, denn diese würden einen erheblichen Nutzenverlust erleiden, wenn sie zu einem Anbieter mit einem kleineren Netz wechseln würden. Ähnlich wie in dem hypothetischen Beispiel konkurrierender Telefonnetze mit inkompatibler Technologie liegt es bei Mobiltelefonen mit verschiedenen Betriebssystemen und zugehörigen Applikationsprogrammen. Ein weiteres Beispiel sind Computer mit unterschiedlichen Betriebssystemen und Dienstprogrammen.[172] Der Käufer eines Computers bestimmten Typs wird Teil der Gemeinschaft der Nutzer ähnlicher Geräte. Je größer diese Gemeinschaft wird, desto mehr kompatible Hard- und Software, Training und andere Dienstleistungen werden angeboten und desto leichter wird der Datenaustausch und die Problembehebung mit Hilfe von anderen Nutzern.

Die sog. Netzwerkeffekte oder Netzwerkexternalitäten verändern die Dynamik des Wettbewerbs auf dem spezifischen Markt, denn es kommt zu sog. Pioniervorteilen (*first mover advantage*) und *Lock in*-Effekten.[173] Derjenige Anbieter, der sich zuerst am Markt etablieren und das größte Netzwerk aufbauen kann, genießt einen Vorteil, der für Konkurrenten kaum aufzuholen ist. Es genügt nicht, bessere Produkte oder günstigere Preise anzubieten, weil die Kunden einen großen Nutzen aus der Teilnahme an dem Netzwerk des Marktführers ziehen, den die Konkurrenten nicht ausgleichen können. Deshalb bleiben die Kunden dem Marktführer auch dann treu, wenn es längst bessere An-

---

[171] *Rohlfs*, 5 Bell J. Econ. Mgm. Sc. 16 (1974).
[172] *Shapiro/Varian*, Information Rules, S. 173 ff.
[173] *Engert*, AcP 213 (2013), 321, 326 f.

gebote gibt. Mit Blick auf Märkte für Informationstechnologie wird die „10X-Regel" propagiert, nach der konkurrierende Produkte um den Faktor 10 besser sein müssen als die Platzhirschtechnologie, um Nutzer zum Wechsel anzureizen.[174]

Auch eine Rechtsordnung oder ein Teilsystem einer Rechtsordnung kann als Netzgut qualifiziert werden.[175] Das beste Beispiel dafür ist der Markt für Sitz und Statut von Handelsgesellschaften in den Vereinigten Staaten.[176] Hier genießt Delaware eine dominierende Stellung, die sich aus dem Zusammenspiel zwischen einem unternehmensfreundlichen Gesellschaftsrecht, einem kompetenten und verlässlichen Gerichtshof (Court of Chancery) und einer eingespielten Anwaltschaft ergibt.[177] Im Zusammenwirken zwischen dem Court of Chancery und den lokalen Anwälten ist ein Netz aus Gerichtsentscheidungen geschaffen worden, das Unternehmen einen ihren Interessen entsprechenden, detaillierten und verlässlichen Rechtsrahmen zur Verfügung stellt. Dies macht es für konkurrierende Bundesstaaten enorm schwer, Delaware erfolgreich Konkurrenz zu machen. Trotz mehrfacher Versuche hat kein Staat mit seiner Strategie Erfolg gehabt.[178]

Die gleichen Kräfte, die im US-amerikanischen Markt für Sitz und Statut von Handelsgesellschaften am Werke sind, kennzeichnen auch die Märkte für das Vertragsstatut und das zugehörige Justizsystem.[179] Je besser ein spezifisches Vertragsrechtssystem durch die dafür zu-

---

[174] *Engert*, AcP 213 (2013), 321, 327; unter Berufung auf *Shapiro/Varian*, Information Rules, S. 196.

[175] *Engert*, AcP 213 (2013), 321, 329 ff.

[176] Wegweisend *Klausner*, 81 Va. L. Rev. 757, 774-789 (1995).

[177] Für einen geschichtlichen Überblick über die Entwicklung, die zur Dominanz von Delaware als „Marktführer" auf dem Markt für Gesellschaftsinkorporationen geführt und so New Jersey von der Spitze verdrängt hat, *Cary*, 83 Yale L. J. 663, 664-665 (1974); *Charny*, 1991 Harv. J. Intl. L. 423, 427 f.; *Bebchuck*, 105 Harv. L. R. 1437, 1443 (1992); *Romano*, 23 Yale J. on Reg. 209, 213-214 (2006).

[178] *Marcel/Kamar*, 55 Stan. L. Rev. 679, 725 ff. (2002) bezweifeln, dass *Lock in*-Effekte die unangefochtene Stellung von Delaware erklären können und vermuten politische Faktoren, die andere Staaten von wirksamem Wettbewerb um Gesellschaftsinkorporationen abhalten.

[179] *Klausner*, 81 Va. L. Rev. 757, 774-789 (1995); *Vogenauer*, ERPL 21 (2013), 13, 25; *Wagner*, 62 Buffalo L. Rev. 1085, 1145 ff. (2014).

ständigen Gerichte ausdifferenziert worden ist, desto größer ist der Nutzen für die Parteien. Für die Entwicklung und Ausdifferenzierung des Rechts benötigen Gerichte reale Sachverhalte, also Rechtsstreitigkeiten. Nur anhand von Einzelfällen können Gerichte abstrakte Rechtssätze konkretisieren, ihre Bedeutung und ihren Anwendungsbereich definieren, Unklarheiten ausräumen und das Recht mit Blick auf neue Probleme fortentwickeln. Bei diesem Unterfangen wirken sie eng mit der Anwaltschaft zusammen, sodass sich aus der parallelen Entwicklung von Fachkompetenz und Erfahrung wichtige Synergien ergeben.[180]

Wegen des engen Zusammenhangs zwischen materiellem Recht und Streitbeilegung sind die beschriebenen Netzwerkeffekte nicht auf das Vertragsrecht beschränkt, sondern kennzeichnen auch die Märkte für Justizdienstleistungen und für die Schiedsgerichtsbarkeit. Das Vertragsrecht einerseits und die gerichtliche oder schiedsgerichtliche Streitbeilegung andererseits sind untrennbar, da die genaue Bedeutung und Wirksamkeit von Vertragsklauseln nicht ohne Rückgriff auf das Fallrecht und die Praxis der Gerichte beurteilt werden kann. Dementsprechend wird die Gerichtspraxis von gut beratenen Parteien bereits im Stadium der Vertragsaushandlung berücksichtigt. Für die Entscheidungen über die Rechtswahl und die Wahl des Streitbeilegungsmechanismus' hat dies zur Konsequenz, dass sie zusammen, im Paket, getroffen werden. Empirische Studien belegen, dass Unternehmen in ihren Vertragsverhandlungen tatsächlich solche Paketlösungen anstreben.[181] Je höher aus der Sicht der Parteien die Qualität des materiellen Vertragsrechts einer Jurisdiktion, je reicher der Bestand an dieses Recht konkretisierenden Gerichtsurteilen und je breiter die Erfahrung der Gerichte sind, desto attraktiver ist eine Jurisdiktion als bevorzugter Ort für die gerichtliche und die schiedsgerichtliche Streitlösung.

---

[180] *Engert*, AcP 213 (2013), 321, 333 f.
[181] Unten, Dritter Teil IV., S. 144, Fn. 302; vgl. auch Vierter Teil III. 2., S. 195, Fn. 422.

Diese Überlegungen werden von den tatsächlichen Wettbewerbsbedingungen auf ausgewählten Märkten für Streitbeilegung bestätigt. In den USA hat der Staat New York als erster bei seinem erstinstanzlichen Gericht eine „Business Division" geschaffen, die inzwischen einen großen Anteil komplexer Wirtschaftsstreitigkeiten anzieht. Obwohl dieses Konzept von vielen anderen Einzelstaaten kopiert wurde, haben diese Folgeanbieter (*late mover*) die Dominanz von New York nicht brechen können.[182] Genauso verhält sich der Markt für internationale Schiedsverfahren, der seit langer Zeit von einem kleinen Kreis von Schiedsorten dominiert wird, darunter die europäischen Standorte Genf, Paris und London.[183] In den vergangenen Jahren haben sich fernöstliche Jurisdiktionen wie Singapur und Hong Kong als relevante Schiedsorte etabliert, doch liegen sie geographisch fernab der traditionellen Schiedszentren und bedienen ausschließlich den – schnell wachsenden – asiatischen Markt.[184]

In Europa ist es bisher keiner Jurisdiktion gelungen, die Vorherrschaft Frankreichs, Englands und der Schweiz zu brechen und einen eigenen Schiedsort im Kreis der Favoriten zu etablieren. Wegen der beschriebenen Netzwerk und *Lock in*-Effekte reicht es dafür nicht aus, genauso gut zu sein wie die etablierten Wettbewerber. Vertragsparteien werden sich bei der Wahl des Schiedsorts für eventuelle Streitigkeiten nur dann von den etablierten Jurisdiktionen abwenden, wenn sie sich davon greifbare Vorteile versprechen können, die die für den Wechsel anfallenden Kosten überwiegen. Diese bestehen in der Entwertung von Kenntnissen in dem jeweiligen Vertrags- und Schiedsverfahrensrecht sowie in dem Verlust von Kontakten in die Anwaltschaft, zu anderen Dienstleistern, wie Protokollführern und Übersetzern, und in die Hotellerie. Ob die für die Informationstechnologie behauptete 10X-Regel auch für den Markt für Streitbeilegung gilt, ist schwer zu sagen, doch sicher ist, dass geringfügige Vorteile einer Jurisdiktion als Schieds-

---

[182] Eingehend unten, Vierter Teil III. 2., S. 192. Übersicht über die Landschaft der Business Courts bei *Bach/Applebaum*, 60 Business Lawyer 147, 160 ff. (2004).
[183] Unten, Dritter Teil III., S. 140.
[184] Unten, Dritter Teil III., S. 140.

standort nicht ausreichen, um den etablierten Platzhirschen in nennens-
wertem Umfang Marktanteile abzujagen. Vor diesem Hintergrund
darf der Aufwand, dessen es bedarf, um erfolgreich am Wettbewerb
der Schieds- und Justizorte teilzunehmen, nicht unterschätzt werden.
Die beschriebenen Netzwerk- und *Lock in*-Effekte, die den Markt für
Streitbeilegung kennzeichnen, beschränken den Leistungswettbewerb
auf diesem Markt und verlangsamen das *race to the top*, das durch die
bilaterale Nachfrage beider Parteien nach dem optimalen Gericht oder
Schiedsgericht losgetreten wird.[185] Im Ergebnis kann dies dazu führen,
dass etablierte Jurisdiktionen ihre Position auf dem Markt verteidigen
und ihre Dominanz fortsetzen können, obwohl sie mit ihrem Angebot den Präferenzen der Parteien nicht so gut Rechnung tragen wie
konkurrierende Angebote dies könnten.

7. Externalitäten

Das staatlich gesetzte Recht hat die Form abstrakter Rechtsnormen,
deren Bedeutung und Anwendungsbereich im konkreten Einzelfall
nur schwer abzuschätzen ist und die durch tatsächliche Entwicklungen
häufig überholt werden. Die Interpretation abstrakter Rechtsnormen
und ihre Anwendung auf konkrete Sachverhalte durch dazu auto-
risierte und legitimierte Entscheider in einem öffentlichen Verfahren dient der Verdeutlichung, Konkretisierung und Fortbildung des
Rechts im Interesse der Allgemeinheit und zukünftiger Streitpartei-
en. Letztere werden in die Lage versetzt, sich vor der Entscheidung
zwischen Handlungsalternativen über die maßgeblichen rechtlichen
Vorgaben zu informieren und ihr Verhalten daran auszurichten. Die
Konkretisierung des Rechts durch Gerichtsurteile liefert Parteien,
die einen Vertrag aushandeln, wertvolle Informationen. Insbesondere
wird es möglich, die Wirksamkeit einzelner Klauseln und alternativer
Vertragsgestaltungen zu beurteilen. Für Vertragsverhandlungen gibt

---

[185] *Klausner*, 81 Va. L. Rev. 757, 789 ff. (1995).

es nichts Schlimmeres als Rechtsunsicherheit, weil bei ambivalenter Rechtslage der Nutzen ausgehandelter Vorteile und die Kosten zugestandener Nachteile gar nicht eingeschätzt werden können.

Der Nutzen einer Gerichtsentscheidung beschränkt sich jedoch nicht auf das Stadium der Vertragsverhandlungen. Parteien, die bereits einen Vertrag geschlossen haben stehen häufig vor der Frage, ob sie diesen erfüllen oder sich unter Berufung auf entsprechende Rechtsbehelfe von diesem lösen sollen. Die wirtschaftlichen Folgen solcher Handlungsoptionen lassen sich indessen für die betroffene Partei nur abschätzen, wenn diese weiß, ob die in Frage kommenden Rechtsbehelfe des Vertragsrechts im konkreten Fall zur Verfügung stehen. Auch dafür bedarf es eines Korpus' öffentlich zugänglicher Entscheidungen.

Schließlich sind diejenigen Parteien in den Blick zu nehmen, die bereits zwischen Handlungsalternativen gewählt, also beispielsweise den Vertrag gekündigt, den Rücktritt erklärt oder den Vertrag sonst beendet haben und sich deswegen bereits in einem Rechtsstreit mit der Gegenseite befinden. Sie erhalten durch öffentliche Gerichtsentscheidungen wichtige Orientierungshilfen für ihren eigenen Fall. Indem das gerichtliche Urteil deutlich macht, was das Recht im Einzelfall verlangt, wird es für zukünftige Streitparteien leichter, zu konvergierenden Einschätzungen über die Verteilung der Obsiegens- und Unterliegenswahrscheinlichkeiten in ihrem konkreten Rechtsstreit zu gelangen. Dadurch öffnet sich das Vergleichsfenster und die gütliche Beilegung des Streits wird erleichtert.

Soweit die Parteien sich für ein anderes Streitbeilegungsinstrument als ein öffentliches Gerichtsverfahren entscheiden, bleiben die beschriebenen positiven externen Effekte für andere Streitparteien, die sich in einer vergleichbaren Position befinden, und für die Rechtsordnung insgesamt aus. Gleiches gilt, wenn die Parteien ihren Streit einem Gericht in einer anderen Jurisdiktion als derjenigen, deren Recht gewählt wurde, anvertrauen. In all diesen Fällen kommt es nicht zur Verdeutlichung, Konkretisierung und Fortbildung des Rechts durch eine dafür kompetente Instanz. Erfolgreicher Wettbewerb um internationale Rechtsstreitigkeiten hat somit negative externe Effekte für die Jurisdiktionen, aus denen diese Fälle stammen. Bisher haben diese Effekte jedoch nirgends ein Maß erreicht, dass die betroffenen nationalen Streitbeilegungsmärkte ausgetrocknet worden wären. Insofern besteht daher kein Anlass zu Besorgnis.

Für einige Diskussionen sorgt hingegen die Abwanderung von Fällen in die private Schiedsgerichtsbarkeit. Grundsätzlich ist auch die Wahl der Schiedsgerichtsbarkeit dazu geeignet, die positiven externen Effekte von Gerichtsverfahren zu vereiteln, weil Schiedsverfahren in aller Regel vertraulich sind und der Schiedsspruch nicht publiziert wird.[186] Wie sogleich zu zeigen sein wird, ist der „Marktanteil" der Schiedsgerichtsbarkeit allerdings so klein, dass eine „Austrocknung" der Zivilgerichtsbarkeit nicht zu besorgen ist.[187] Dies ist anders im Bereich des Investitionsschutzrechts, denn völkerrechtliche Klagen von Investoren gegen Staaten werden stets vor Schiedsgerichten ausgetragen. Deshalb ist es nur folgerichtig, dass UNCITRAL-Transparenzregeln für Investitionsschutz-Schiedsverfahren geschaffen hat, um die Öffentlichkeit des Verfahrens und die Zugänglichkeit ergangener Schiedssprüche sicherzustellen.[188]

8. Ergebnis

Insgesamt bleibt festzuhalten: Dienstleistungen Privater zur Beilegung von Rechtsstreitigkeiten werden auf Märkten angeboten, die von intensivem Wettbewerb geprägt sind. Dies gilt für die Schiedsgerichtsbarkeit ebenso wie für Verhandlungsmanagement, Mediation und Schlichtung. Der Wettbewerb macht aber auch vor der staatlichen Justiz nicht halt. Insbesondere ist das Verhältnis zwischen den Gerichtssystemen verschiedener Jurisdiktionen von Konkurrenz geprägt.

---

[186] *Duve/Keller*, SchiedsVZ 2005, 169; *Goette*, AnwBl. 2012, 33, 34.

[187] Unten, Zweiter Teil II., S. 100.

[188] UNCITRAL Rules on Transparency in Treaty-based Investor-State Arbitration; dazu *Buntenbroich/Kaul*, SchiedsVZ 2014, 1, 7 f.; *Wilske/Markert/Bräuninger*, SchiedsVZ 2014, 49, 61 f.; *Wagner*, DRiZ 2015, 264, 268 f.

Der Wettbewerb der Justizsysteme ist zwar längst nicht vollkommen, doch die lokalen Anwaltschaften fungieren immer wieder als Antreiber der nationalen Gesetzgeber sowie der lokalen Justiz und der lokalen Schiedsgerichtsbarkeit. Schließlich besteht an einem attraktiven Markt für Streitbeilegung auch ein wirtschaftliches Interesse, weil die Anziehung internationaler Fälle zugunsten nationaler Gerichtsstände und Schiedsorte einem Export anwaltlicher und (schieds-) richterlicher Dienstleistungen gleicht. Umgekehrt wird die Importquote gesenkt, wenn Binnenstreitigkeiten vor einheimischen Gerichten oder Schiedsgerichten ausgetragen werden.

Auf der Nachfrageseite stehen die Parteien von Rechtsstreitigkeiten. Diese haben ein gemeinsames Interesse an einem optimalen Streitbeilegungsmechanismus, der die getroffene vertragliche Vereinbarung zu möglichst geringen Kosten akkurat durchsetzt. Nur wenn dies der Fall ist, gelingt es den Parteien, aus ihrem Vertrag den vollen Nutzen zu ziehen.

Der durch die gemeinsame Nachfrage der Vertragsparteien angetriebene Markt für Streitbeilegung unterliegt vielfältigen Hemmnissen. Auf der Nachfrageseite schränken Prinzipal-Agenten-Probleme zwischen Mandant und Anwalt sowie Netzwerkeffekte die rigorose Suche nach dem qualitativ besten Gericht ein. Auf der Angebotsseite ist offensichtlich, dass die ein öffentliches Amt ausübenden Richter staatlicher Gerichte nicht denselben Leistungsanreizen ausgesetzt sind wie Schiedsrichter, Mediatoren und Schlichter, die als Anbieter auf privaten Dienstleistungsmärkten miteinander konkurrieren. Trotz dieser Hemmnisse kann in eingeschränktem Umfang auch von einem Wettbewerb zwischen Justizsystemen gesprochen werden.

Der durch eine bilaterale Nachfrageentscheidung stimulierte Wettbewerb um den besten Streitbeilegungsmechanismus liegt nicht nur im privaten Interesse der Parteien, sondern auch im Interesse der Volkswirtschaft. Im internationalen Kontext dürfte der durch den Wettbewerb um das optimale Gericht generierte Nutzen die negativen externen Effekte durch Abziehung von Fällen aus ihren Ursprungsjurisdiktionen deutlich überwiegen.

ZWEITER TEIL

DER EMPIRISCHE BEFUND: ZIVILGERICHTSBARKEIT AUF DEM RÜCKZUG

I. DER SCHRUMPFENDE MARKTANTEIL DER STAATLICHEN GERICHTE

Der „Marktanteil" der staatlichen Gerichte in Deutschland ist konstant rückläufig. Die Zahl der neu anhängig gemachten Zivilverfahren (ohne Familiensachen) ist zwischen 2005 und 2015 bei den Amtsgerichten (AG) von 1.400.724 auf 1.093.454 und bei den Landgerichten (LG) von 424.525 auf 330.035 insgesamt also von 1.825.249 auf 1.423.489 zurückgegangen. Das Defizit macht 401.760 Verfahren aus, was einem Anteil von 22 % oder fast ¼ entspricht.[189] Dieser Rückgang spiegelt sich mehr oder weniger exakt auch in der Zahl der erledigten Verfahren. Von 2005 bis 2015 sind die erledigten Verfahren beim AG von 1.449.260 auf 1.119.504 und beim LG von 430.236 auf 332.085 zurückgegangen. Zusammengenommen sind die erledigten Verfahren bei den erstinstanzlichen Gerichten in Zivilsachen (ohne Familiensachen) also von 1.879.496 auf 1.451.589 gesunken.[190] Im Vergleich zu 2005 wurden 2015 insgesamt 427.907 Fälle weniger erledigt. Das entspricht einem Rückgang von 22,77 % .

---

[189] Statistisches Bundesamt, Fachserie 10 Reihe 2.1, Rechtspflege, Zivilgerichte 2015, S. 12 f. und 42 f. Die im Folgenden wiedergegebenen Zahlen und Grafiken beruhen auf Rohdaten, die im Statistischen Anhang wiedergegeben sind. Ihre Quellen sind im daran anschließenden Materialienverzeichnis genannt.
[190] Statistisches Bundesamt, Fachserie 10 Reihe 2.1, Rechtspflege, Zivilgerichte 2015, S. 12 f. und 42 f.

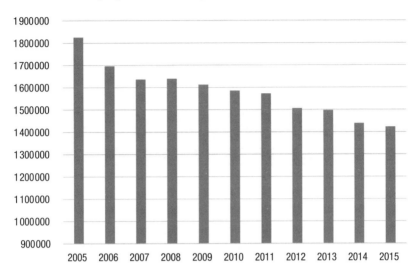

Neuzugänge in Zivilsachen (1. Instanz; AG und LG), absolut

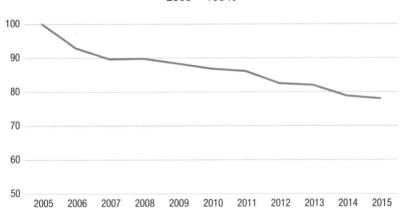

Neuzugänge in Zivilsachen (1. Instanz; AG und LG)
2005 = 100 %

Da sich die Datensätze zu den neu anhängig gemachten und diejenigen zu den erledigten Verfahren mehr oder weniger parallel verhalten, ist die Annahme berechtigt, dass die Zahl der erledigten Verfahren in einem Jahr mit der Zahl der neu anhängig gemachten Klagen in den Vorjahren korrespondiert. Die Daten zu den erledigten Verfahren sind besonders nützlich, weil das Statistische Bundesamt diese nach Rechtsgebieten aufschlüsselt. Die für die einzelnen Rechtsgebiete mitgeteilten Zahlen der erledigten Verfahren lassen erkennen, in welchen Bereichen der Rückgang besonders gravierend war.

Die Aufspaltung der Zahl der erledigten Verfahren nach Rechtsgebieten ergibt ein heterogenes Bild, denn der Rückgang betrifft nicht alle Rechtsgebiete gleichermaßen.[191] In einigen Bereichen gibt es sogar Zuwächse. So ist die Zahl der Arzthaftungssachen beim AG von 2.003 im Jahr 2005 auf 1.614 im Jahr 2015 gesunken, doch haben im selben Zeitraum die Arzthaftungssachen beim LG von 5.857 auf 9.432 zugenommen. Insgesamt war ein Anstieg von 7.860 auf 11.046 Fälle zu verzeichnen, was einem Zuwachs von ca. 40 % entspricht.

Erledigte Verfahren in Arzthaftungssachen
(1. Instanz; AG und LG), 2005 = 100 %

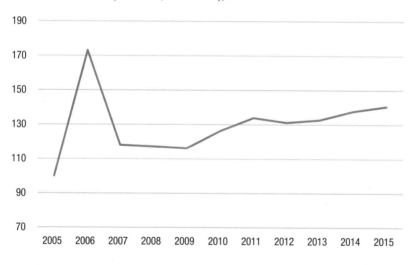

---

[191] Die folgenden Daten stammen aus Statistisches Bundesamt Fachserie 10 Reihe 2.1, Rechtspflege, Zivilgerichte 2005, S. 20 und 46; Statistisches Bundesamt Fachserie 10 Reihe 2.1, Rechtspflege, Zivilgerichte 2015, S. 18, 48. Vgl. auch die Angaben bei *Graf-Schlicker*, AnwBl. 2014, 573; in Höland/Meller-Hannich, Nichts zu klagen?, *Schubert*, in: Höland/Meller-Hannich, Nichts zu klagen?, S. 21 ff.; *Rottleuthner*, in: Höland/Meller-Hannich, Nichts zu klagen?, S. 100 ff.

Für die Beilegung von Arzthaftungssachen sind die deutschen Gerichte also nach wie vor attraktiv.

Ähnlich ist die Lage bei zivilrechtlichen Streitigkeiten um Verkehrsunfälle, die traditionell einen großen Anteil am Geschäftsaufkommen der erstinstanzlichen Zivilgerichte ausmachen. Hier hat es zwischen 2005 und 2015 beim AG einen Anstieg von 129.890 auf 133.903 Sachen und beim LG von 18.350 auf 22.978 Sachen gegeben. Insgesamt ist ein Zuwachs von 148.240 auf 156.881 Rechtsstreite oder ca. 6 % zu verzeichnen.

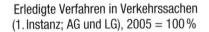

Erledigte Verfahren in Verkehrssachen
(1. Instanz; AG und LG), 2005 = 100 %

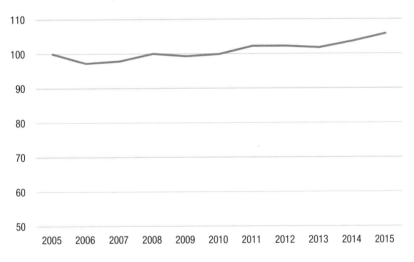

Wo finden sich demgegenüber die stärksten Rückgänge? Die Zahl der Bau- und Architektensachen hat sich beim AG im Zeitraum von 2005 bis 2015 praktisch halbiert, nämlich von 24.449 auf 12.283 Fälle. Nur wenig besser sieht es beim LG aus; dort gingen die Verfahren aus dem Bau- und Architektenrecht von 37.372 auf 27.943 zurück. Die Gesamtzahl ist von 61.821 auf 40.226 Rechtsstreite gesunken, was ca. 35 % entspricht.

Erledigte Verfahren in Bau- und Architektensachen
(1. Instanz; AG und LG), 2005 = 100 %

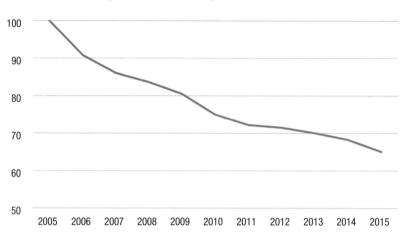

Ziemlich dramatisch ist auch der Rückgang der Zahl der Kaufsachen. Wurden beim AG im Jahr 2005 noch 163.714 Sachen erledigt, waren es im Jahr 2015 nur noch 139.929. Beim LG ging die Zahl der Verfahren von 31.441 auf 24.074 zurück. Insgesamt ergibt dies einen Rückgang von 195.155 auf 164.003 Sachen, was ca. 16 % entspricht.

Erledigte Verfahren in Kaufsachen
(1. Instanz; AG und LG), 2005 = 100 %

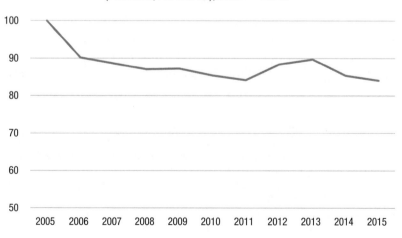

Stark rückläufig war auch die Zahl gesellschaftsrechtlicher Streitigkeiten vor dem LG, die von 14.616 im Jahr 2006 auf 6.689 im Jahr 2015 zurückgegangen ist, was ein Defizit von ca. 54 % ausmacht.[191a]

Erledigte Verfahren in gesellschaftsrechtlichen Streitigkeiten (1. Instanz; AG und LG), 2005 = 100 %

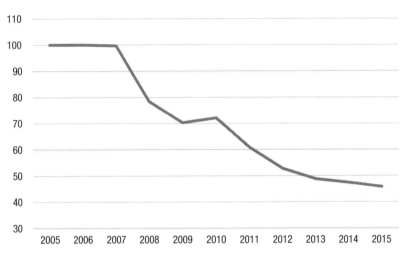

Die Daten des statistischen Bundesamts ließen sich noch für einige andere Rechtsbereiche auswerten, doch davon sei an dieser Stelle abgesehen.[192] Besonderes Interesse verdienen allerdings noch die bei den Landgerichten angesiedelten Kammern für Handelssachen. Hier ist es im Zeitraum von 2005 bis 2015 zu einem dramatisch zu nennenden Rückgang der Erledigungszahlen und damit korrespondierend auch der Eingangszahlen gekommen, nämlich von 50.755 Verfahren in 2005 auf 32.755 Verfahren in 2015.[193] Dies entspricht einem Rück-

---

[191a] Die Zahlen entsprechen der Summe der von den Amts- und Landgerichten erledigten Rechtsstreitigkeiten um die Auseinandersetzung von Rechtsgemeinschaften und um sonstige gesellschaftsrechtliche Gegenstände. Für das Jahr 2005 sind keine belastbaren Zahlen verfügbar.

[192] Zu Streitigkeiten um Ansprüche aus Versicherungsverträgen noch unten, Zweiter Teil IV. 5., S. 120, mit Fn. 240.

[193] Statistisches Bundesamt (Fn. 189), S. 42 f. Die Neuzugänge bei der Kammer für Handelssachen werden seit 2006 nicht mehr erfasst.

gang um 18.000 Verfahren oder ca. 35 % . Wird das Jahr 2002 als Referenzpunkt verwendet, beträgt der Rückgang sogar satte 40 % .

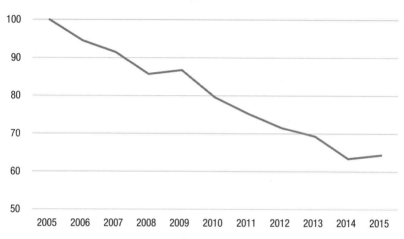

Resümierend bleibt festzuhalten, dass die Attraktivität der deutschen Zivilgerichte in den zehn Jahren zwischen 2005 bis 2015 deutlich nachgelassen hat. Da die Bevölkerungszahl in diesem Zeitraum in etwa stabil geblieben ist, führt kein Weg an der Erkenntnis vorbei, dass die Zivilgerichte fast ein Viertel ihres „Marktanteils" verloren haben. Eine Untersuchung der Gründe für diesen Rückgang steht noch aus. Heute weiß niemand zu sagen, woran der Rückgang der Fallzahlen liegt. Das Herunterbrechen der aggregierten Daten nach Rechtsbereichen ergibt zwar auch keine Antwort, zeigt indessen, dass die Fallzahlen vor allem in Bereichen des Vertragsrechts fallen, nicht hingegen im Bereich des Deliktsrechts. Die Zahl der Streitigkeiten aus Straßenverkehrsunfällen ist stabil, die Zahl der Arzthaftungssachen hat sogar zugenommen. Stark rückläufig sind demgegenüber Streitigkeiten aus dem privaten Baurecht, dem Versicherungsvertragsrecht und dem Handelsrecht im weiteren Sinn von Streitigkeiten zwischen Unternehmen, wobei die Kammern für Handelssachen mit ihren in § 95 GVG definierten Zuständigkeiten besonders betroffen sind.

II. DER WACHSENDE MARKTANTEIL DER SCHIEDSGERICHTSBARKEIT

Haben die Kammern für Handelssachen der Landgerichte in den vergangenen Jahren besonders stark an Attraktivität eingebüßt, so steht dem ein deutlicher Zugewinn auf Seiten privater Schiedsgerichte gegenüber. Die Zahl der bei der wichtigsten deutschen Schiedsinstitution, der DIS, anhängig gemachten Schiedsverfahren hat sich im Zeitraum zwischen 2005 und 2015 mehr als verdoppelt, denn sie ist von 72 auf 134 Verfahren angestiegen. Dies entspricht einem Zuwachs von ca. 86 %. Hinzu kamen im Jahr 2015 weitere 6 sonstige Verfahren der alternativen Streitbeilegung, wie beispielsweise Mediationsverfahren.[194]

---

[194] Deutsche Institution für Schiedsgerichtsbarkeit, DIS-Verfahrensstatistiken 2005–2015.

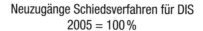

Neuzugänge Schiedsverfahren für DIS
2005 = 100 %

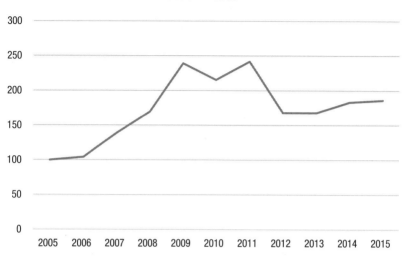

Ähnlich wie die Fallzahlen der führenden deutschen Schiedsinstitution haben sich die Neueingänge bei der führenden internationalen Schiedsorganisation, der Internationalen Handelskammer (ICC) mit Sitz in Paris, entwickelt. Während die ICC im Jahre 2005 521 neue Schiedsverfahren verbuchen konnte,[195] waren es im Jahr 2015 801, was einem Zuwachs von ca. 54 % entspricht.[196] Der Anteil deutscher Parteien an der Gesamtzahl der Parteien in ICC-Verfahren liegt um die 5 % . An wie vielen ICC-Verfahren mindestens eine Partei aus Deutschland beteiligt ist, lässt sich den veröffentlichten Zahlen nicht entnehmen.

---

[195] ICC, 2005 Statistical Report, S. 1 f.; vgl. auch die Angaben in den ICC Statistical Reports der Jahre 2006–2013. Ab 2014 heißt die einschlägige Publikation ICC Dispute Resolution Statistics.
[196] ICC, 2015 ICC Dispute Resolution Satistics, S. 2.

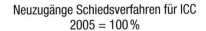

Neuzugänge Schiedsverfahren für ICC
2005 = 100 %

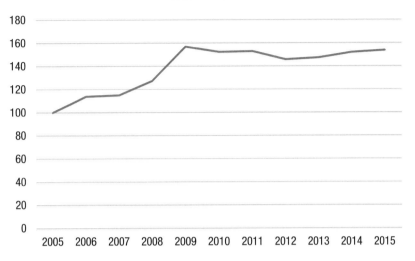

Die führende Schiedsorganisation auf dem englischen Markt ist der London Court of International Arbitration (LCIA). Dessen Fallzahlen sind in den Jahren 2005 bis 2015 ebenfalls drastisch angestiegen, nämlich von ca. 110 auf 326.[197] Die Zahl der Neueingänge hat sich also nahezu verdreifacht. Der Anteil deutscher Parteien an den Schiedsverfahren des LCIA ist allerdings traditionell niedrig und pendelt seit Jahren zwischen 1 % und 2 %.

---

[197] LCIA, Director General's Reports 2005–2011; Registrar's Reports 2012–2015, S. 1.

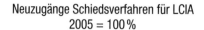

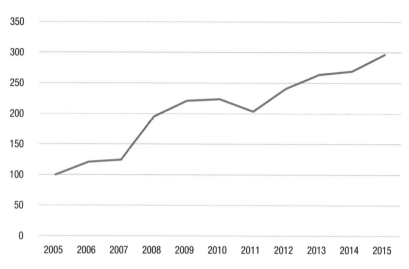

Neuzugänge Schiedsverfahren für LCIA
2005 = 100 %

Für den deutschen Markt relevant ist schließlich die Schiedsgerichtsbarkeit der Schweiz. Bei den in der Swiss Chambers' Arbitration Institution (SCAI) zusammengeschlossenen Schiedsinstitutionen der schweizerischen Handelskammern wurden im Jahr 2015 100 neue Schiedsverfahren eingeleitet.[198] Im Zeitraum von 2004 bis 2015 waren es insgesamt 937 Verfahren. 89 % der von den schweizerischen Handelskammern betreuten Verfahren betrafen internationale Fälle, bei denen mindestens eine Partei ihren Wohnsitz nicht in der Schweiz hatte.[199] Deutsche Unternehmen stellen traditionellerweise einen erheblichen Teil der Parteien vor schweizerischen Schiedsgerichten.[200]

Die Schiedsgerichtsbarkeit kann sich somit jedenfalls in Europa über großen Zuspruch und wachsende Eingangszahlen freuen. Dies steht in scharfem Kontrast zum deutlichen Rückgang der Eingangszahlen bei den staatlichen Gerichten, insbesondere bei den Kammern für Handelssachen.

---

[198] Swiss Chambers' Arbitration Institution, Arbitration Statistics 2015, S. 1.
[199] Swiss Chambers' Arbitration Institution, Arbitration Statistics 2015, S. 1.
[200] Swiss Chambers' Arbitration Institution, Arbitration Statistics 2015, S. 4.

III. DER BLICK INS AUSLAND

Die Position der deutschen Gerichte im Wettbewerb um Rechtsstreitigkeiten wird noch transparenter, wenn ein Blick auf die Entwicklung der Fallzahlen vor den Gerichten anderer Jurisdiktionen geworfen wird. Exemplarisch seien die Justizsysteme von England und Wales, Frankreich und der Vereinigten Staaten untersucht.

1. Frankreich

Das französische Rechtssystem gehört derselben kontinentaleuropäischen Rechtsfamilie an wie das deutsche. Auch im Bereich des Zivilprozessrechts teilt es Traditionslinien mit Deutschland, die auf den römisch-kanonischen Zivilprozess zurückführen.[201] Darüber hinaus hat es vor allem nach der französischen Revolution und den napoleonischen Kriegen einen Rezeptionsschub gegeben, mit dem Prinzipien der französischen Reformgesetzgebung in das deutsche Recht inkorporiert wurden.[202] Auch deshalb lohnt die Prüfung, ob sich in Frankreich eine ähnliche Entwicklung der Fallzahlen abzeichnet wie in Deutschland.

---

[201] *Rosenberg/Schwab/Gottwald*, Zivilprozessrecht, § 4 Rn. 18; Stein/Jonas-*Schumann*, ZPO, 20. Aufl., Einl. Rn. 101.
[202] *Rosenberg/Schwab/Gottwald*, Zivilprozessrecht, § 4 Rn. 27 ff.; Stein/Jonas-*Schumann*, ZPO, 20. Aufl., Einl. Rn. 103.

Die kurze Antwort auf die gestellte Frage lautet: Die französischen Gerichte teilen nicht das Schicksal ihrer deutschen Schwestern, denn sie haben in dem hier zugrunde gelegten Zeitraum von 2005 bis 2015 keine Marktanteile verloren, sondern im Gegenteil dazugewonnen. Während sich die Zahl der Neueingänge bei sämtlichen Zivilgerichten, einschließlich der Berufungsgerichte und des Kassationshofs, im Jahr 2005 auf 2.693.049 belief, wurden im Jahr 2015 insgesamt 2.741.679 Sachen anhängig gemacht.[203] Dies entspricht einem Zuwachs von ca. 1,8 %. Bei den Tribunaux d'instance und den Tribunaux de grande instance als den erstinstanzlichen Gerichten in Zivilsachen wurden im Jahr 2005 insgesamt 1.556.893 Sachen anhängig gemacht, im Jahr 2015 hingegen insgesamt 1.656.512 Sachen. Der Zuwachs in der ersten Instanz beträgt 99.619 Fälle oder ca. 6 %.[204]

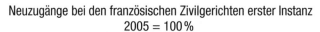

Neuzugänge bei den französischen Zivilgerichten erster Instanz
2005 = 100 %

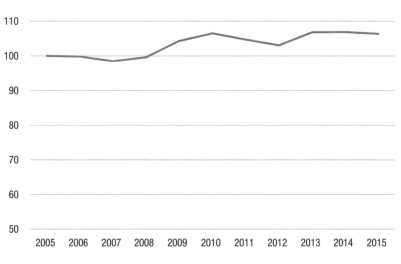

---

[203] Ministère de la Justice, Les chiffres-clés de la justice 2006, S. 10; *idem*, Les chiffres-clés de la Justice 2016, S. 10.
[204] Ministère de la Justice, Les chiffres-clés de la justice 2006, S. 10; *idem*, Les chiffres-clés de la Justice 2016, S. 10.

Anders ist die Situation allerdings im Bereich der handelsrechtlichen Streitigkeiten, die zum Teil der Jurisdiktion der Tribunaux de commerce, zum anderen Teil der Zuständigkeit der Tribunaux de grande instance unterfallen. In den meisten Départements existieren Tribunaux de commerce, die mit drei von der örtlichen Kaufmannschaft gewählten Laienrichtern und einem juristisch ausgebildeten Gerichtsschreiber besetzt sind. In den Départements Elsaß und Lotringen hingegen hat man an der deutschen Justiztradition festgehalten und die Zuständigkeit für Handelssachen bei den früheren Landgerichten angesiedelt, die weiterhin Chambres de commerce, also Kammern für Handelssachen unterhalten. In 2005 wurden noch insgesamt 276.385 Handelssachen verzeichnet, davon 251.371 Sachen beim Tribunaux de commerce und 25.014 beim Tribunaux de grande instance, activité commerciale. Im Jahr 2015 ist hingegen die Zahl handelsrechtlicher Streitigkeiten (*droit des affaires*) vor den Zivilgerichten auf insgesamt 173.969 zurückgegangen. Dieser Rückgang um 102.416 Fälle entspricht einer Verlustquote von ca. 37 %.[205]

---

[205] Ganz andere Zahlen bei *Fleischer/Danninger*, RIW 2017, 549, 553: Die Tribunaux de commerce erledigten 2012 nicht weniger als eine Million Verfahren, wobei allerdings weniger umfangreiche *ordonnances des juges-commissaires* und sog. *décisions d'injonction de payer* mitgezählt wurden. Im Rapport n° 1038 vom 4.10.1998, einem Bericht einer parlamentarischen Untersuchungskommission über die Tätigkeit und Funktion der Handelsgerichte, wird es mit starken Worten abgelehnt, die Effizienz der Handelsgerichte anhand solcher Zahlen zu beurteilen. Es sei nicht sachgerecht, die *ordonnances des juges-commissaires* und die *décisions d'injonction de payer* mitzuzählen, weil es sich bei diesen um schnell getroffene Entscheidungen ohne Sachprüfung handele, die mit einem Urteil nicht zu vergleichen seien. Das Zusammenfassen derart unterschiedlicher Entscheidungstypen in einer aggregierten Zahl habe keinerlei objektiven Wert, sondern leiste Fehlinformationen Vorschub; vgl. Assemblée Nationale, Rapport N° 1038 sur l'activité et le fonctionnement des tribunaux de commerce; im Internet unter http://www.assemblee-nationale.fr/11/dossiers/Tribunaux-de-commerce.asp.

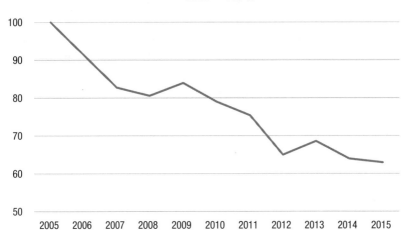

Neuzugänge Tribunaux de commerce und Chambres de commerce
2005 = 100 %

Auf die französischen Reaktionen auf den Bedeutungsverlust der Handelsgerichte ist noch zurückzukommen.[205a]

2. England

Die erstinstanzlichen Zivilsachen verteilen sich in England auf die ca. 220 County Courts und den High Court, wobei die Zuständigkeit für allgemein-zivilrechtliche und handelsrechtliche Streitigkeiten bei der Queen's Bench Division des High Court liegt. Eine Abteilung der Queen's Bench Division ist der Commercial Court, der in handelsrechtlichen Fällen angerufen werden kann.

Die Queen's Bench Division des High Court verzeichnete im Jahr 2005 15.317 neue Verfahren,[206] im Jahr 2015 hingegen lediglich 12.297 neu anhängige Sachen.[207] Der Geschäftsanfall bei den County

---

[205a] Unten, Vierter Teil VI., S. 206.

[206] Judicial Statistics (Revised) England and Wales for the year 2005, S. 37, dort auch zu den Folgejahren.

[207] Civil Justice Statistics Quaterly, England and Wales, January to March 2016 (Incorporating the Royal Courts of Justice 2015), iVm the Royal Courts of Justice tables.

Courts ging von 1.968.894 im Jahr 2005[208] auf 1.565.927 im Jahr 2015 zurück.[209] Dieser Rückgang um 402.967 Fälle entspricht einer Verlustquote von 20,46 %. Allerdings verlief die Entwicklung von 2005 bis 2015 nicht linear, sondern Rückgänge in einem Jahr wurden zum Teil durch Zuwächse in einem Folgejahr wettgemacht. Insgesamt zeigt die Kurve des Geschäftsanfalls bei den erstinstanzlichen englischen Zivilgerichten aber ebenfalls nach unten.

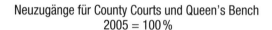

Neuzugänge für County Courts und Queen's Bench
2005 = 100 %

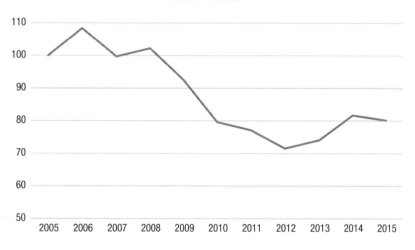

Etwas besser sieht es bei der für Handelssachen zuständigen Abteilung des High Court, dem Commercial Court aus. Dort gingen im Jahr 2005 981 neue Verfahren ein,[210] im Jahr 2009 waren es 1.256, im Jahr 2015 nur noch 870.[211] Davon hatten allerdings 21 Sachen einen Streit-

---

[208] Judicial Statistics (Revised) England and Wales for the year 2005, S. 46.

[209] Civil Justice Statistics Quaterly, England and Wales, January to March 2016 (Incorporating the Royal Courts of Justice 2015), iVm the Royal Courts of Justice tables iVm Table 1.2: „Claims issued in the County and Magistrates' Courts, England and Wales, annually 2000–2015".

[210] Judicial Statistics (Revised) England and Wales for the year 2005, S. 41.

[211] Ministry of Justice, Civil Justice Statistics Quaterly, England and Wales, January to March 2016 (Incorporating the Royal Courts of Justice 2015), S. 25, iVm the Royal Courts of Justice tables, Table 3.28.

wert von über GBP 100 Millionen. Die Entwicklung der Geschäftstätigkeit des Commercial Court scheint mit der Streitkonjunktur zu schwanken; ein klarer Abwärtstrend ist nicht erkennbar.

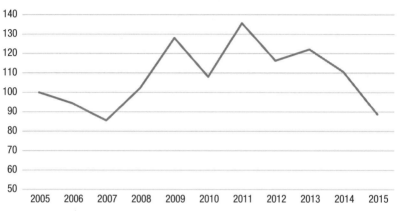

Neuzugänge für Commercial Court
2005 = 100 %

3. USA

In den Vereinigten Staaten ist das Zivilrecht Landesrecht und die Gerichtsorganisation sowie die Rechtswege folgen der Unterscheidung zwischen Bundes- und Landesrecht. Die Bundesgerichte entscheiden grundsätzlich über Klagen, die auf ein Bundesgesetz gestützt sind (*federal question*). Für allgemeine zivil- und handelsrechtliche Streitigkeiten sind die Bundesgerichte nur aufgrund der sog. *diversity jurisdiction* zuständig, wenn also die Parteien des Rechtsstreits nicht in demselben Bundesstaat domiziliert sind. Die Masse der zivilrechtlichen Streitigkeiten fällt daher in die Kompetenz der Justizsysteme der Einzelstaaten. Aggregierte Daten, die die Eingangszahlen der Gerichte der verschiedenen Bundesstaaten insgesamt abbilden würden, existieren bisher nicht. Eine entsprechende Datenbank ist noch im Aufbau.[212]

---

[212] The Court Statistics Project, http://www.courtstatistics.org.

Deshalb greift die folgende Darstellung zwei Bundesstaaten heraus, die auf Platz 1 und 4 der bevölkerungsreichsten Staaten des Landes stehen, nämlich Kalifornien und New York.

Die Geschäftsentwicklung bei den Federal District Courts ist über die Jahre hinweg bemerkenswert stabil geblieben. Während 2005 (bzw. in dem Zeitraum vom 1. April 2005 bis 31. März 2006) insgesamt 244.068 neue allgemeine Zivilsachen anhängig gemacht wurden, waren es im Jahr 2015 (April 2015 bis März 2016) 274.552 neue Fälle.[213] Bei den Bundesgerichten hat es also im Vergleich der Zahlen aus 2005 und 2015 einen leichten Zuwachs gegeben, wobei die Betrachtung des Zeitraums insgesamt keinen klaren Trend erkennen lässt.

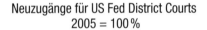
Neuzugänge für US Fed District Courts
2005 = 100 %

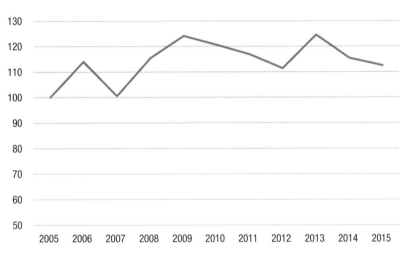

Ein ganz anderes Bild zeigen die Eingangszahlen bei den Gerichten der Einzelstaaten. Hier geht die Tendenz eindeutig nach unten. Im Bundesstaat New York wurden im Jahr 2005 nicht weniger als 1.631.752

---

[213] Federal Judicial Caseload Statistics 2006–2016, US District Courts, Civil Filings.

Zivilklagen erhoben,[214] im Jahr 2015 hingegen nur noch 1.319.034.[215] Das ist ein Rückgang um mehr als 19 %.

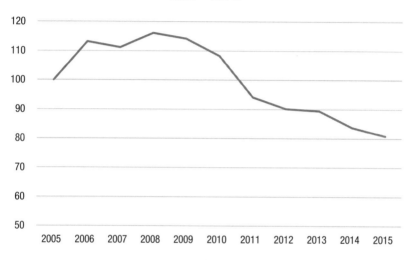

Neuzugänge für New York State Courts
2005 = 100 %

Genauso ist die Entwicklung im größten Bundesstaat des Landes mit einer Bevölkerung von knapp 40 Millionen Menschen: In Kalifornien ist die Zahl der Zivilklagen von 901.479 im Jahr 2005 auf 718.321 im Jahr 2015 gesunken.[216] Dies entspricht einem Rückgang um ca. 20 %.

---

[214] State of New York, Twenty-Eigth Annual Report of the Chief Administrator of the Courts for Calendar Year 2005, S. 6.
[215] New York State, Unified Court System, 2015 Annual Report, S. 24.
[216] Judicial Council of California, 2015 Court Statistics Report, S. 70; *idem*, 2016 Court Statistics Report, S. 70.

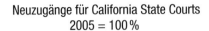

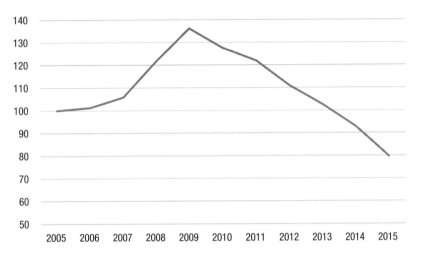

Die Entwicklung des Geschäftsanfalls bei den staatlichen Gerichten in Zivilsachen in den USA ist demnach zwiespältig. Während die Bundesgerichte einen konstanten Geschäftsanfall verbuchen können bzw. über die Zeit sogar leicht zulegen können, geht der Geschäftsanfall bei den Gerichten der Einzelstaaten deutlich zurück. Der Umfang dieses Rückgangs liegt um 20 % und korrespondiert damit mit der entsprechenden Zahl für Deutschland.

IV. ERKLÄRUNGEN FÜR DIE NACH-LASSENDE ATTRAKTIVITÄT DER ZIVILJUSTIZ

1. Kein einheitlicher Trend

Die eben unternommene statistische Umschau hat kein einheitliches Bild ergeben. Der Rückgang der Eingangszahlen bei staatlichen Gerichten ist kein universelles Phänomen, wie das Beispiel Frankreichs zeigt, aber auch nicht auf Deutschland beschränkt. Der Rückgang der Fallzahlen bei den deutschen Gerichten betrifft auch nicht alle Rechtsbereiche gleichermaßen, sondern ist auf bestimmte Arten von Streitigkeiten konzentriert. Wie die Beispiele der Arzthaftung und der Verkehrsunfallhaftung zeigen, hat das Deliktsrecht dem Negativtrend bisher widerstanden. Der Abfall der Nachfrage nach gerichtlicher Streitentscheidung ist auf das Vertragsrecht konzentriert. Die dogmatische Zuordnung des Streitgegenstands zum Vertrags- und Deliktsrecht scheidet als Erklärungsmuster allerdings aus, denn die Schadensersatzansprüche wegen ärztlicher Kunstfehler lassen sich sowohl auf das Behandlungsvertragsrecht (§§ 630a, 280 BGB) als auch auf das Deliktsrecht (§ 823 BGB) stützen. Stärkeres Erklärungspotential hat möglicherweise das Kriterium, ob der Streitgegenstand (auch) Personenschäden umfasst. Es scheint, dass die Attraktivität der Zivilgerichte für die Geltendmachung von Schadensersatzansprüchen wegen Personenschäden bisher nicht nachgelassen hat.

2. Förderung der alternativen Streitbeilegung

Im Lichte der rechtspolitischen Grundkoordinaten der vergangenen 30 Jahre kann der Rückgang der Fallzahlen bei den Zivilgerichten nicht wirklich überraschen. Die Förderung der alternativen Streitbeilegung war ein zentrales Anliegen nationaler Rechtspolitik, und zwar über Jahrzehnte hinweg, in Deutschland wie in anderen Ländern.[217] Bis vor kurzem wurde der Rückgang der Eingangszahlen bei den staatlichen Gerichten nicht als Problem gesehen, sondern als Wunschvorstellung: Justizentlastung war das Zauberwort der Rechtspolitik. Diesem Ziel diente die Öffnungsklausel für die Landesgesetzgebung zur Einführung eines vorprozessualen Schlichtungsobligatoriums in § 15a EGZPO[218] ebenso wie die Förderung der Mediation in Umsetzung der einschlägigen EU-Richtlinie durch das daraufhin erlassene MediationsG.[219] In Art. 1 Abs. 1 Mediations-Richtlinie bekennt sich der europäische Gesetzgeber ausdrücklich zu dem Ziel,

„die gütliche Beilegung von Streitigkeiten zu fördern, indem zur Nutzung der Mediation angehalten und für ein ausgewogenes Verhältnis zwischen Mediation und Gerichtsverfahren gesorgt wird."[220]

Die Begründung zum Entwurf des deutschen Mediationsgesetzes hat sich diese Zweckbeschreibung zu eigen gemacht:

„Ziel des Entwurfs ist es, die außergerichtliche Konfliktbeilegung und insbesondere die Mediation im Bewusstsein der in der Rechtspflege tätigen Berufsgruppen stärker zu verankern. Um die Streitkultur in Deutschland nachhaltig zu verbessern, stärkt der Entwurf dabei insbesondere die außergerichtliche Mediation."[221]

---

[217] Umfassende rechtsvergleichende Studien zur Mediation bei *Hopt/Steffek*, Mediation.

[218] *Jansen*, Die außergerichtliche obligatorische Streitschlichtung nach § 15a EGZPO, S. 46 ff. mwNachw.; kritisch *Bitter*, NJW 2005, 1235.

[219] Richtlinie 2008/52/EG vom 21.05.2008, ABl. L 136, 3 ff.; eingehend zum Entwurf der Richtlinie *Eidenmüller*, SchiedsVZ 2005, 124, und zur Richtlinie selbst *Eidenmüller/Prause*, NJW 2008, 2737; *Wagner/Thole*, FS Kropholler, S. 915; *Wagner/Thole*, ZKM 2008, 36.

[220] Eingehend dazu *Wagner*, RabelsZ 74 (2010), 794, 833 ff.

[221] BT-Drucks. 17/5335, S. 11

Es wäre verwunderlich, wenn diese Maßnahmen ohne jeden Effekt geblieben wären.

3. Kein wesentlicher Abfluss an die Schiedsgerichtsbarkeit

Die Schiedsgerichtsbarkeit entwickelt sich gegenläufig zur Ziviljustiz in Deutschland und in einigen anderen Ländern. Dies legt den Schluss nahe, dass die Fälle, die der Ziviljustiz fehlen, in die Schiedsgerichtsbarkeit abgewandert sind. Eine Betrachtung der Zahlen widerlegt diese Vermutung. In absoluten Zahlen bleibt die Bedeutung der Schiedsgerichtsbarkeit marginal. Selbst wenn man den Zuwachs der Neueingänge bei der DIS, der ICC und dem LCIA im Jahre 2015 einfach addierte und damit implizit davon ausginge, diese Streitigkeiten wären für die deutschen Gerichte erreichbar gewesen, was für einen Großteil der ICC- und LCIA-Verfahren offensichtlich nicht zutrifft, ergibt sich eine Summe von lediglich 590 Verfahren. Die Gesamtzahl sämtlicher von den drei Schiedsorganisationen in 2015 registrierten Verfahren beträgt 1.293.[222]

Neuzugänge für Schiedsverfahren
verschiedener Organisationen, absolut

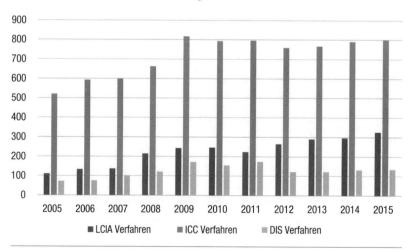

[222] Oben, Zweiter Teil II., S. 100.

Diese Zahlen korrespondieren mit einem Verfahrensdefizit der staatlichen Gerichte im Zeitraum 2005 bis 2015 von nicht weniger als 401.760 Fällen. Allein die Kammern für Handelssachen haben in diesem Zeitraum nicht weniger als 18.000 Eingänge pro Jahr eingebüßt. Eines lässt sich also mit Sicherheit sagen: In die Schiedsgerichtsbarkeit sind die der staatlichen Justiz abhandengekommenen Fälle nicht abgewandert.[223] Die Vorstellung, durch die Einschränkung der Schiedsgerichtsbarkeit ließen sich die verloren gegangenen Fälle in das staatliche Justizsystem zurückholen, führt demnach in die Irre. Dies gilt unbeschadet des Umstands, dass die Statistiken der führenden Schiedsinstitutionen selbstverständlich nicht sämtliche Schiedsverfahren erfassen, die in Deutschland und Europa tatsächlich stattfinden. Insbesondere die Ad-hoc-Schiedsverfahren, die ohne Beteiligung einer Schiedsorganisation ablaufen, werden von den Statistiken nicht erfasst. Es kann jedoch als ausgeschlossen gelten, dass das Dunkelfeld an Schiedsverfahren so groß ist, dass es den Verfahrensrückgang bei den Zivilgerichten zu erklären vermöchte oder auch nur in die Nähe einer solchen Erklärung kommen könnte. Eine Umfrage unter Unternehmenssyndizi hat ergeben, dass sie sich in 86 % der Fälle, in denen Schiedsverfahren durchgeführt werden, für institutionelle Schiedsgerichte entscheiden und nur in den verbleibenden 14 % zugunsten eines Ad-hoc-Verfahrens optieren.[224] Diese Marge bzw. eine Zahl in dieser Größenordnung wird durch ähnliche Untersuchungen bestätigt.[225]

Auf der anderen Seite zeigt die Gegenüberstellung der Geschäftsentwicklung bei den Schiedsinstitutionen einerseits und bei den staatlichen Gerichten andererseits sehr deutlich, dass letztere ein Problem mit großvolumigen Streitigkeiten zwischen Unternehmen haben. Die Kammern für Handelssachen werden den Anforderungen dieser Fälle

---

[223] So auch die Schlussfolgerung bei *Schubert*, in: Höland/Meller-Hannich, Nichts zu klagen?, S. 21, 30.
[224] Queen Mary/PricewaterhouseCoopers, International Arbitration: Corporate attitudes and practices 2008, S. 8.
[225] *Schmidt-Diemitz*, DB 1999, 369, 370: Hier gaben ca. 90 % der Befragten an, sich selten oder nie für Ad-hoc Schiedsverfahren zu entscheiden. Vgl. auch *Hesse*, FS Böckstiegel, S. 277, 281.

offenbar nicht gerecht. Der starke Einbruch der Zahl gesellschaftsrechtlicher Streitigkeiten bei den Landgerichten spricht ebenfalls für
die Annahme, dass die deutschen Zivilgerichte nicht gut für typische
Unternehmensstreitigkeiten gewappnet sind. Im Gegensatz dazu fällt
auf, dass die Schiedsinstitutionen besonders für Streitigkeiten mit
hohem Einsatz in Anspruch genommen werden. Die von der DIS im
Jahr 2015 administrierten 134 Schiedsverfahren brachten es auf einen
Gesamtstreitwert von über EUR 2 Milliarden (2.009.469.032), was
einem Durchschnitts-Streitwert von EUR 14.996.037 entspricht.[226]
In derselben Größenordnung liegt der durchschnittliche Streitwert
bei den Schiedsgerichten der Swiss Chambers' Arbitration, der im
Jahr 2015 CHF 15 Millionen (ca. EUR 14 Millionen) ausmachte.[227]
Und es geht noch höher: Die 801 Schiedsverfahren, die im Jahr 2015
bei der ICC anhängig gemacht wurden, hatten im Durchschnitt einen
Streitwert von USD 84 Millionen.[228] Insgesamt 309 Verfahren hatten
einen Streitwert von mehr als USD 10 Millionen, davon 53 Verfahren
einen Streitwert von mehr als USD 100 Millionen und weitere 13
Verfahren einen Streitwert von mehr als USD 500 Millionen.[229] Der
Gesamtstreitwert aller am 31. Dezember 2015 bei der ICC anhängigen
Schiedsverfahren belief sich auf USD 286 Milliarden.[230] Beim LCIA
hatten 12,1 % der im Jahr 2015 anhängig gemachten Verfahren einen
Streitwert von USD 50 Millionen oder mehr.[231]

4. Mediation

Der Abfluss von Rechtsstreitigkeiten von den Zivilgerichten hin zur
Mediation ist nicht messbar und auch nur schwer abschätzbar. Die Zahl

---

[226] DIS-Statistik 2015, S. 2.
[227] Swiss Chambers' Arbitration Institution, Arbitration Statistics 2015, S. 1.
[228] ICC, 2015 ICC Dispute Resolution Statistics, S. 11.
[229] ICC, 2015 ICC Dispute Resolution Statistics, S. 11: 6,6 % der Verfahren
mit einem Streitwert von mehr als USD 100 Millionen, 1,6 % mit einem Streitwert von mehr als USD 500 Millionen.
[230] ICC, 2015 ICC Dispute Resolution Statistics, S. 11.
[231] LCIA, Registrar's Report 2015, S. 2.

der in Deutschland und Europa stattfindenden Mediationsverfahren wird nirgends erfasst. Immerhin veröffentlichen die Schiedsorganisationen Daten zur Inanspruchnahme der Mediation, nachdem sie diesen Verfahrenstyp in ihr Repertoire aufgenommen haben. Diese Zahlen sind geradezu lächerlich niedrig. Die DIS verzeichnete im Jahr 2015 ganze vier Schlichtungs- und ein einziges Mediationsverfahren.[232]

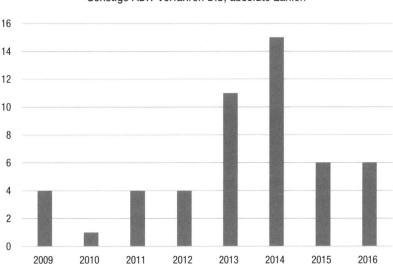

Sonstige ADR-Verfahren DIS, absolute Zahlen

Der Zusammenschluss der schweizerischen Handelskammern (SCIA) konnte sieben,[233] die ICC 16 Mediationsverfahren verbuchen.[234]

---

[232] DIS-Statistik 2015, S. 1.

[233] Swiss Chambers' Arbitration Institution, Arbitration Statistics 2015, S. 5.

[234] ICC, Dispute Resolution Statistics 2015, S. 13; sowie davor Dispute Resolution Statistics 2014; ICC, 2005 Statistical Report bis 2013 Statistical Report.

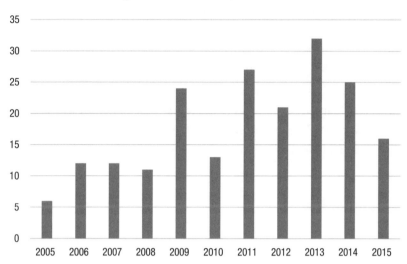

Sonstige ADR-Verfahren ICC, absolute Zahlen

Für Unternehmensstreitigkeiten scheint die Mediation demnach nach wie vor keine nennenswerte Rolle zu spielen. Allerdings ist unbekannt, wie groß das Dunkelfeld ist, denn Ad-hoc-Verfahren kommen in den Statistiken der Schiedsinstitutionen naturgemäß nicht vor. Das für die Schiedsgerichtsbarkeit angenommene Verhältnis von lediglich 14 Ad-hoc-Verfahren auf 86 institutionelle Verfahren[235] darf auf Mediationsverfahren nicht ungeprüft übertragen werden, weil der Nutzen der Verfahrensadministration durch eine Institution bei der Mediation viel geringer ist als bei Schiedsgerichten. Deshalb dürfte das von keiner Statistik erfasste Dunkelfeld bei der Mediation größer sein als bei der Schiedsgerichtsbarkeit.[236] Einer Studie des Soldan Instituts aus dem Jahr 2015 zufolge hatten 60 % der befragten Rechtsanwälte binnen eines Jahres im Durchschnitt 1,6 Mediationsmandate betreut.[237] Auf die Gesamtzahl der niedergelassenen Rechtsanwälte hochgerechnet ergibt dies 80.000–100.000 Mediationsmandate pro Jahr. Das

---

[235] Oben, Zweiter Teil IV. 3., S. 116, Fn. 224.
[236] Vgl. *Rottleuthner*, in: Höland/Meller-Hannich, Nichts zu klagen?, S. 100, 110 f.
[237] *Kilian/Hoffmann*, ZKM 2015, 176, 177.

sind stolze Zahlen, doch bleibt offen, was genau die Befragten unter Mediation verstanden haben und wie groß der Substitutionseffekt im Verhältnis zu Gerichtsverfahren war. Wurden im Wege der Mediation auch solche Streitigkeiten beigelegt, die sonst im Verhandlungswege erledigt worden wären, hätten die Gerichte insoweit nichts eingebüßt.

Wie dem auch sei, es ist wenig wahrscheinlich, dass die Mediation einen signifikanten Einfluss auf den durchaus dramatisch zu nennenden Rückgang der Eingangszahlen etwa bei den Kammern für Handelssachen gehabt hat.

5. Schlichtung

Die EU-Richtlinie 2013/11/EU über die alternative Streitbeilegung in Verbrauchersachen[238] und das daraufhin erlassene Verbraucherstreitbeilegungsgesetz (VSBG)[239] können für den Rückgang der Eingangszahlen bei den Gerichten nicht verantwortlich gemacht werden, denn die Zahl der Rechtsstreitigkeiten war bereits über mehr als zehn Jahre hinweg rückläufig, bevor das Umsetzungsgesetz zum 1. April 2016 in Kraft trat.[240]

Allerdings gab es die Schlichtung im Verhältnis zwischen Unternehmen und Verbrauchern schon lange vor Verabschiedung der Richtlinie 2013/11/EU über alternative Streitbeilegung in Verbraucherangelegenheiten und dem Inkrafttreten des Verbraucherstreitbeilegungsgesetzes. Insbesondere bieten verschiedene Branchen der Finanzindustrie seit Mitte der 2000er Jahre Ombudsmannverfahren an, so etwa die Versicherungswirtschaft. Die Zahl der Zivilprozesse über Ansprüche aus Versicherungsverträgen, die nur beim AG erfasst werden, ist im

---

[238] ABl. L 165, 63 ff.; vgl. dazu *Wagner*, ZKM 2013, 104; *Meller-Hannich/Höland/Krausbeck*, ZEuP 2014, 8; *Rühl*, ZZP 127 (2014), 61.

[239] Gesetz über die alternative Streitbeilegung in Verbrauchersachen v. 19.02.2016, BGBl. I, 254; dazu *Wiese/Hörnig*, ZKM 2016, 56; *Gössl*, NJW 2016, 837; eingehend *Greger*, in: ders./Unberath/Steffek, Recht der Alternativen Konfliktlösung, S. 209 ff.

[240] Art. 24 des Umsetzungsgesetzes vom 19.02.2016, BGBl. I, 254, 274.

Zeitraum von 2005 bis 2015 von 51.657 auf 37.541 oder um ca. 27,3 % zurückgegangen.[241]

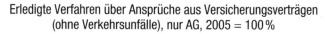

Erledigte Verfahren über Ansprüche aus Versicherungsverträgen (ohne Verkehrsunfälle), nur AG, 2005 = 100 %

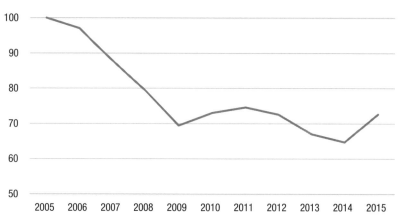

Im selben Zeitraum hat sich die Zahl der Beschwerden beim Ombudsmann für Versicherungen von 10.888 im Jahr 2005 auf 20.827 im Jahr 2015 nahezu verdoppelt.[242] Zwar hat es gleichzeitig einen starken Anstieg der Versicherungssachen beim LG gegeben, doch betreffen über 80 % der Beschwerden zum Ombudsmann für Versicherungen Streitwerte bis EUR 5.000.[243]

---

[241] Statistisches Bundesamt, Fachserie 10 Reihe 2.1, Rechtspflege, Zivilgerichte 2005, S. 20; *idem* Zivilgerichte 2015, S. 18 und 48.

[242] Ombudsmann für Versicherungen, Jahresbericht 2005, S. 46; *ders.*, Jahresbericht 2015, S. 108.

[243] Ombudsmann für Versicherungen, Jahresbericht 2015, S. 111; Statistisches Bundesamt, Fachserie 10 Reihe 2.1, Rechtspflege, Zivilgerichte 2015, S. 48. Vgl. auch *Graf-Schlicker*, AnwBl. 2014, 573, 575.

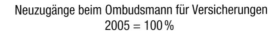

Neuzugänge beim Ombudsmann für Versicherungen
2005 = 100 %

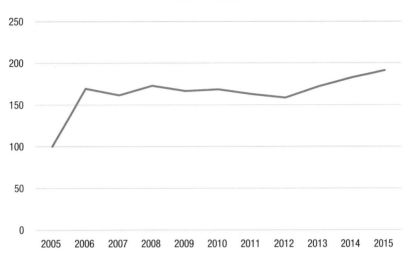

Das Schlichtungsverfahren vor dem Ombudsmann für Versicherungen hat demnach im Vergleichszeitraum 9.939 Fälle hinzugewonnen, während die Amtsgerichte 14.116 Rechtsstreitigkeiten aus Versicherungsverträgen verloren haben. Verrechnet man den Zuwachs beim Ombudsmann mit dem Verlust der Amtsgerichte, ergibt sich zwar immer noch ein negativer Saldo, er fällt mit 4.177 Streitigkeiten jedoch verhältnismäßig gering aus.

So verlockend es ist, die den Amtsgerichten abhanden gekommenen Versicherungssachen beim Ombudsmann für Versicherungen zu vermuten; ein solcher Kurzschluss führt in die Irre. Die Zugangsschwelle zum Schlichtungsverfahren vor dem Ombudsmann ist nämlich wesentlich niedriger als diejenige zu einem Zivilprozess vor einem staatlichen Gericht. Das Beschwerdeverfahren beim Ombudsmann kann über das Internet eingeleitet werden, indem eine Maske für einen Schlichtungsantrag online ausgefüllt wird.[244] Einen Kostenvorschuss muss der Verbraucher nicht leisten und er hat auch kein

---

[244] Siehe https://www.versicherungsombudsmann.de/das-schlichtungsver
fahren/schlichtungsantrag/.

Kostenrisiko, weil das Schlichtungsverfahren für ihn auch dann kostenfrei ist, wenn die Beschwerde zurückgewiesen wird. Nach dem Rechenschaftsbericht des Ombudsmanns unterstützen die Mitarbeiter der Schlichtungsstelle die Beschwerdeführer bei der Einlegung der Beschwerde, bei der Formulierung des Beschwerdeziels und bei der Zusammenstellung der Unterlagen.[245] Angesichts dieser Erleichterungen muss vermutet werden, dass ein nicht unerheblicher Teil der Streitigkeiten, wegen derer ein Schlichtungsverfahren bei dem Ombudsmann durchgeführt wurde, im Sande verlaufen wäre, wenn es das Ombudsmannverfahren nicht gegeben hätte.[246] Damit stimmt überein, dass der Rückgang der Fallzahlen bei den Zivilgerichten nicht allein das Versicherungsvertragsrecht betrifft, sondern auch andere Rechtsbereiche, etwa das Kaufrecht. Der Versicherungsombudsmann kann deshalb nicht allein für die nachlassende Attraktivität der Amtsgerichte verantwortlich sein.

Die Einsicht, dass sich leistungsfähige Schlichtungsinstitutionen und die Zivilgerichte nicht wie kommunizierende Röhren verhalten, sodass einem Zuwachs bei der Schlichtung zwingend ein Rückgang in gleichem Volumen bei den Zivilgerichten entspricht,[247] wird durch die Entwicklung im Bereich der Arzthaftung gestützt. Hier hat es in den vergangenen Jahren sogar einen Anstieg der Rechtsstreitigkeiten bei den Zivilgerichten gegeben, obwohl mit den ärztlichen Schlichtungsstellen durchaus auch ein entwickeltes Angebot für die alternative Streitbeilegung existiert.[248]

Genauso unplausibel wie die Vorstellung, für jeden Schlichtungsantrag wäre in Abwesenheit des Ombudsmannverfahrens eine Klage erhoben worden, ist allerdings die These, der Ombudsmann für Versicherun-

---

[245] Ombudsmann für Versicherungen, Jahresbericht 2016, S. 11.
[246] Eingehend *Wagner*, CMLR 51 (2014), 165, 184 ff.
[247] Vgl. auch *Nöhre*, in: Höland/Meller-Hannich, Nichts zu klagen?, S. 34, 42.
[248] *Matthies*, Schiedsinstanzen im Bereich der Arzthaftung: Soll und Haben, S. 112 ff.; *Meurer*, Außergerichtliche Streitbeilegung in Arzthaftungssachen; zum Einsatz der Mediation in Arzthaftungssachen vgl. *Katzenmeier*, in: Karlsruher Forum 2013, S. 79 f.; *Hattemer*, Mediation bei Störung des Arzt-Patienten-Verhältnisses, S. 269 ff.; *Herzog*, Mediation im Gesundheitswesen, S. 169 ff.

gen nehme den Zivilgerichten überhaupt keine Fälle weg.[249] Vielmehr ist davon auszugehen, dass im Schlichtungsverfahren auch Streitigkeiten erledigt werden, in denen es sonst zur Klageerhebung gekommen wäre. Ob dieser Substitutionseffekt die Attraktion zusätzlicher Fälle überwiegt oder umgekehrt, ist schwer zu sagen. Allerdings ist nicht zu übersehen, dass die AG seit dem Auftreten des Ombudsmanns massiv gelitten haben, während die LG im selben Zeitraum sogar Zuwächse bei den Streitigkeiten aus Versicherungsverträgen verzeichnen konnten.[249a] Da der Ombudsmann ganz überwiegend Streitigkeiten mit niedrigen Streitwerten erledigt, spricht viel dafür, dass es eine Verlagerung von den AG zum Ombudsmann gegeben hat.

6. Die Veränderung der Streitkultur

Auch wenn sich ein Zusammenhang zwischen dem Rückgang der Streitigkeiten vor den Zivilgerichten einerseits und dem Wachstum von Mediation und Schlichtung andererseits nicht belegen lässt, so koinzidiert er doch mit dem Aufstieg der alternativen Streitbeilegung. Diese ist aus unterschiedlichen Gründen gefördert worden; zum einen von der um Justizentlastung und Ressourceneinsparung bemühten Rechtspolitik und zum anderen von gesellschaftlichen Akteuren, die einen Teil des „Streitbeilegungskuchens" für sich beanspruchen wollten. Die im Verein dieser Kräfte über Jahrzehnte angestrebte Veränderung der „Streitkultur", hin zu konsensualer Beilegung von Disputen anstelle ihrer juristischen Aufarbeitung, Analyse und Entscheidung mag inzwischen Früchte tragen. Beweisbar ist dieser Zusammenhang allerdings nicht.

---

[249] *Hirsch*, FS E. Lorenz, S. 159 ff.; *ders.*, NJW 2013, 2088, 2094: „Die Erwartung, dass der Streit außergerichtlich schnell erledigt wird, könnte durchaus dazu führen, dass etliche der bei Gericht anhängigen Klagen letztlich auf dem Tisch des Ombudsmanns landen. Hierdurch ist auch die Entlastungsfunktion der außergerichtlichen Streitbeilegung für die Justiz anerkannt und gewollt."
[249a] Vgl. oben, Fn. 243.

Einen größeren Einfluss als die eher atmosphärisch greifbare Veränderung der Streitkultur könnte die jüngste wirtschaftliche Entwicklung gehabt haben. Die Finanzkrise scheidet als Treiber der Veränderungen allerdings aus, denn der Rückgang der Fallzahlen bei den deutschen Zivilgerichten vollzieht sich seit 2005 relativ kontinuierlich.[250] Eine Beschleunigung oder Abschwächung nach dem Zusammenbruch von Lehman Brothers im Jahr 2008 ist nicht festzustellen.

Allerdings hat die Ankunft des Internets und der damit verbundene Aufschwung des Online-Handels das Verhältnis zwischen Unternehmen und Verbrauchern tiefgreifend verändert. Die europäische Rechtspolitik hat durch Einführung zwingender Widerrufsrechte bei Fernabsatzverträgen dem Verbraucher *de facto* ein Reurecht eingeräumt, das die Auflösung und Rückabwicklung von Transaktionen gestattet, an denen der Kunde nicht mehr festhalten will. Damit entfällt der Anreiz, juristische Wege zu finden, um sich von einer unerwünschten vertraglichen Bindung zu lösen. Am Beispiel: Wer mit dem gerade erworbenen Kleidungsstück unzufrieden ist, muss nicht nach Mängeln suchen, sondern kann es ohne jede Begründung zurücksenden. Darüber hinaus hat der Online-Handel ganz unabhängig von rechtlichen Vorgaben eine Geschäftspraxis entwickelt, die vorrangig auf die Bindung von Kunden ausgerichtet ist und dafür eine äußerst kulante Behandlung von Kundenbeschwerden erfordert. Selbst Missbräuche des Widerrufsrechts werden von vielen Online-Händlern nicht sanktioniert, weil der Kunde zufrieden sein soll.

Die Kulanzpolitik der Online-Unternehmen hat auch eine verfahrensrechtliche Komponente. Das Internet macht die Kontaktaufnahme des Verbrauchers mit dem Unternehmen denkbar einfach. An dieser Stelle setzen internetbasierte Kundenbeschwerdesysteme an, die auf eine schnelle Erledigung der Streitigkeit gerichtet sind und dabei stets die Kundenzufriedenheit im Blick behalten. Eine zeit- und kostenaufwendige Aufklärung des Sachverhalts ist damit ebenso wenig vereinbar

---

[250] So auch *Rottleuthner*, in: Höland/Meller-Hannich, Nichts zu klagen?, S. 100, 106.

wie die Anwendung einigermaßen anspruchsvoller juristischer Regeln und dogmatischer Konstruktionen.

Ein zweiter Verstärker der kundenfreundlichen Orientierung von Internet-Unternehmen ist die dort herrschende Bewertungskultur. Mit deren Hilfe hat es ein Unternehmen wie Ebay geschafft, den Markt für Gebrauchtwaren des privaten Bedarfs, der früher von massiven Informationsasymmetrien zwischen Verkäufer und Käufer geprägt war, deswegen als für Käufer sehr gefährlich galt und in der Folge ein sehr niedriges Preisniveau aufwies, zu einem reifen Markt zu entwickeln, auf dem ein „sicherer Einkauf" möglich ist. Den für Gebrauchtwaren zu erzielenden Preisen hat das sehr gut getan. Obwohl täglich eine Vielzahl gebrauchter Gegenstände gekauft werden, die der Erwerber nie gesehen hat, sind gewährleistungsrechtliche Streitigkeiten zwischen Ebay-Vertragsparteien selten. Verkäufer, die gegenüber ihren Käufern eine harte Linie fahren, können mit entsprechenden Bewertungen bestraft werden. Schlechte Bewertungen wiederum zerstören das Geschäft in der Zukunft.

Der Online-Handel ist natürlich nicht die ganze Wirtschaft, doch die dort etablierten Gepflogenheiten haben auf den stationären Handel und traditionell operierende Dienstleistungsunternehmen abgefärbt. Große Handelshäuser verhalten sich ihren Kunden gegenüber inzwischen ähnlich entgegenkommend wie Online-Händler. Auch dahinter stehen keine altruistischen Motive, sondern das ökonomische Eigeninteresse: Wer seine Kunden so behandelt, dass sie sich (subjektiv) schlecht behandelt fühlen, wird am Wettbewerbsmarkt verlieren.

Die vorstehenden Überlegungen beruhen auf anekdotischer Beobachtung, nicht auf empirischen Studien und sind somit spekulativer Natur. Sollten sie zutreffen, würden sie eine Erklärung dafür liefern, dass sich der Rückgang der Fallzahlen bei den Zivilgerichten auf vertragsrechtliche Streitigkeiten konzentriert und unter diesen insbesondere Streitigkeiten aus Kaufverträgen betrifft.[251]

---

[251] Vgl. oben, Statistisches Bundesamt, Fachserie 10 Reihe 2.1, Rechtspflege, Zivilgerichte 2015, S. 12 f. und 42 f.

DRITTER TEIL

WETTBEWERB DER SCHIEDSSTANDORTE

I. DIE ENTSCHEIDUNG FÜR DIE SCHIEDSGERICHTSBARKEIT

1. Dominanz der Schiedsgerichtsbarkeit?

In der Literatur wird oftmals behauptet, in Handelsverträgen seien Schiedsklauseln der Normalfall, sodass die staatliche Justiz aus diesem Bereich praktisch vollkommen verdrängt worden sei.[252] Umfragen unter europäischen Unternehmensjuristen haben ergeben, dass 90 % von ihnen bei grenzüberschreitenden Handelsstreitigkeiten die Schiedsgerichtsbarkeit gegenüber anderen Streitbeilegungsinstrumenten bevorzugen.[253] Im Hinblick darauf, dass die deutschen Kammern für Handelssachen im Jahr 2015 immerhin noch 32.755 Verfahren erledigt haben,[254] kann jedoch keine Rede davon sein, die Ziviljustiz sei für handelsrechtliche Streitigkeiten obsolet. Diese Einschätzung wird durch die Gegenprobe bestätigt, denn bei allen wichtigen europäischen Schiedsorganisationen zusammengenommen wurden im Jahr

---

[252] Vgl. *Redfern/Hunter*, On International Arbitration, Rn. 1.01: „International Arbitration has become the principal method of resolving disputes between states, individuals, and corporations in almost every aspect of international trade, commerce, and investment." Für den deutschen Markt *Berger*, Aufgaben und Grenzen der Parteiautonomie in der internationalen Wirtschaftsschiedsgerichtsbarkeit RIW 1994, 1; *Schwab/Walter*, Schiedsgerichtsbarkeit, Kap. 41 Rn. 1.

[253] Queen Mary/White & Case, 2015 International Arbitration Survey: Improvements and Innovations in International Arbitration, S. 5.

[254] Vgl. oben, Zweiter Teil I., S. 98, Fn. 193.

2015 weniger als 1.500 Fälle anhängig gemacht.[255] Diese Zahl korrespondiert mit ca. 890 Verfahren allein beim englischen Commercial Court.[256] Die staatliche Justiz ist im Bereich der handelsrechtlichen Streitigkeiten also mitnichten aus dem Spiel.

Für den amerikanischen Markt ist diese Beurteilung durch eine empirische Studie von *Eisenberg* und *Miller* bestätigt worden. Dieser lagen Verträge über wichtige Transaktionen zugrunde, die der US-amerikanischen Wertpapierbehörde (Securities and Exchange Commission – SEC) gemeldet werden mussten. Die Analyse dieser Verträge hat ergeben, dass bei internationalen Transaktionen in lediglich 20 % der Fälle Schiedsklauseln vereinbart wurden, und bei Inlandstransaktionen sogar nur in 11 % der Fälle.[257] Die Lage in Europa ist durch Umfragen bei Unternehmensjuristen erforscht worden und diese scheinen die Schiedsgerichtsbarkeit viel attraktiver zu finden als ihre US-amerikanischen Kollegen. Nach einer solchen Umfrage ziehen 63 % der Unternehmen die Schiedsgerichtsbarkeit einem Verfahren vor einem staatlichen Gericht vor.[258] Eine Studie einer europäischen Großkanzlei zu M&A-Transaktionen hat ergeben, dass 33 % aller *deals* eine Schiedsklausel enthalten[259]. Im Hinblick auf den deutschen Markt haben Unternehmensjuristen von großen exportorientierten Unternehmen in einer Umfrage zu 91.6 % angegeben, dass sie in grenzüberschreitenden Verträge regelmäßig (aber nicht immer) Schiedsklauseln vereinbaren, bei Inlandstransaktionen hingegen lediglich zu 34 %.[260] Eine andere Umfrage unter deutschen Unternehmen ergab, dass lediglich in ca. 50 % aller internationalen Verträge eine Schiedsklausel vereinbart wurde.[261]

Die zitierten empirischen Studien liefern kein klares Bild. Mit einem vernünftigen Maß an Sicherheit kann gesagt werden, dass die Be-

---

[255] Vgl. oben, Zweiter Teil II., S. 100, III., S. 104.
[256] Vgl. oben, Zweiter Teil III. 2., S. 108, Fn. 211.
[257] *Eisenberg/Miller*, 56 DePaul L. Rev. 335 (2007).
[258] *Vogenauer/Hodges*, Civil Justice Systems, S. 45.
[259] CMS European M&A Study 2011, S. 25.
[260] *Hesse*, FS Böckstiegel, S. 277, 280.
[261] *Schmidt-Diemitz*, DB 1999, 369.

deutung der Schiedsgerichtsbarkeit bei grenzüberschreitenden Transaktionen größer ist als bei Inlandstransaktionen.[262] Darüber hinaus belegen die verfügbaren Zahlen die Attraktivität der Schiedsgerichtsbarkeit für großvolumige Verfahren,[263] nicht aber den völligen Wegzug handelsrechtlicher Streitigkeiten von der staatlichen Justiz hin zur Schiedsgerichtsbarkeit.

2. Grenzüberschreitende Transaktionen – Internationale Schiedsgerichtsbarkeit

Wie erklärt sich die relativ hohe Attraktivität der internationalen Schiedsgerichtsbarkeit? Eine aktuelle Umfrage hat bestätigt, was seit jeher vermutet wurde, dass nämlich zwei dominante Faktoren wirksam sind: Das Bedürfnis nach Vermeidung nationaler Gerichtssysteme und das Interesse an der Vollstreckbarkeit der das Verfahren abschließenden Entscheidung.[264]

Die nationalen Gerichtssysteme werden bei internationalen Transaktionen gemieden, weil sie nicht als neutral erscheinen: Jede Partei präferiert ihre Heimatjustiz und steht den Gerichten im Sitzstaat der Gegenpartei misstrauisch gegenüber. Diese Präferenz ist nicht irrational und muss nicht auf der Furcht vor einer korrupten oder parteilichen, Ausländer diskriminierenden Justiz im Sitzstaat des Gegners beruhen. Vielmehr ist es durchaus vernünftig anzunehmen, dass die eigenen Gewinnchancen gemindert sind, soll der Streit von einem Gericht entschieden werden, das räumlich schwer erreichbar ist, die Sprache der Gegenpartei spricht, in deren Rechtkultur verwurzelt ist und ein Prozessrecht anwendet, das nur der Gegenpartei vertraut ist. Außerhalb des Geltungsbereichs des EU-Rechts variiert auch das

---

[262] Vgl. z. B. *Eisenberg/Miller Eisenberg/Miller*, 56 DePaul L. Rev. 335, 341-342 (2007).

[263] Vgl. oben, Zweiter Teil IV. 3., S. 115.

[264] Queen Mary/White & Case, 2015 International Arbitration Survey: Improvements and Innovations in International Arbitration, S. 6.

Kollisionsrecht mit der Folge, dass das ausländische Gericht möglicherweise ein anderes materielles Recht anwendet als das eigene. Bei der Wahl des Gerichtsstands für grenzüberschreitende Transaktionen haben die Parteien also typischerweise gegenläufige Interessen, zwischen denen ein Kompromiss im Rahmen der staatlichen Justizsysteme nicht möglich ist. Die internationale Schiedsgerichtsbarkeit eröffnet die einmalige Möglichkeit, ein pluralistisch zusammengesetztes Gericht zu etablieren, das zwischen den divergenten Rechtskulturen und Prozessrechtstraditionen der beteiligten Parteien vermitteln kann und das autonomen kollisionsrechtlichen Maßgaben folgt (Art. 28 UNCITRAL-Modellgesetz, § 1051 ZPO).[265] Insofern sind internationale Schiedsgerichte auch neutralen Justizsystemen überlegen. Die Wahl eines Gerichts in einer neutralen Jurisdiktion kommt der Teilung des Kindes in der Parabel von Salomon gleich, denn sie vermeidet nicht nur die Benachteiligung der ausländischen Partei vor inländischen Gerichten, sondern nimmt beiden Parteien gleichzeitig den Vorteil, in dem Entscheidungsgremium wenigstens mit einer Entscheidungsperson repräsentiert zu sein, die den eigenen rechtskulturellen Hintergrund teilt oder zumindest versteht und dieselbe Sprache spricht.

Die Schiedsgerichtsbarkeit gewährleistet aber nicht nur ein neutrales Forum für internationale Streitigkeiten, sondern auch die grenzüberschreitende Vollstreckung des Verfahrensergebnisses.[266] Die internationale Schiedsgerichtsbarkeit genießt den Vorteil, dass Schiedssprüche nach dem New Yorker Übereinkommen von 1958 über die Anerkennung und Vollstreckung ausländischer Schiedssprüche in praktisch allen Ländern dieser Welt vollstreckt werden können.[267] Die Präferenz der Parteien für ein gesichertes Vollstreckungsregime steht voll und ganz in Einklang mit der oben herausgearbeiteten Prämisse, dass es ihnen auf die möglichst akkurate Durchsetzung des vertraglich ver-

---

[265] Zum Verhältnis zwischen schiedsverfahrensrechtlichen und nationalen bzw. europäischen Kollisionsnormen *Wagner*, FS Schumann, S. 535 ff.; *McGuire*, SchiedsVZ 2011, 257; *Wolff*, SchiedsVZ 2016, 293, 300 f.

[266] Vgl. oben, Erster Teil IV. 4. c), S. 68.

[267] Convention on the Recognition and Enforcement of Foreign Arbitral Awards, 10.06.1958, 330 U.N.T. 38, 21 U.S.T. 2517.

einbarten Pflichtenprogramms ankommt.[268] Gerichtsurteile genießen dieses Privileg nur im Europäischen Justizraum, also im Anwendungsbereich der Art. 39 ff. Brüssel I-VO. Im Übrigen liegt die Anerkennung und Vollstreckung des Urteils eines ausländischen Gerichts im Ermessen des Gesetzgebers und der Richter desjenigen Staates, in dem jeweils um Vollstreckung nachgesucht wird. In Deutschland sind die §§ 722, 328 ZPO einschlägig. Danach hängt die Anerkennung und Vollstreckbarerklärung des ausländischen Urteils unter anderem davon ab, ob der Herkunftsstaat deutsche Urteile anerkennen würde (Gegenseitigkeit) und ob das ausländische Gericht nach deutschem Zivilprozessrecht für die Entscheidung der Streitigkeit zuständig gewesen wäre (Spiegelbildprinzip).

Die internationale Rechtspolitik müht sich seit langem darum, den Vorsprung in puncto Vollstreckbarkeit, den die Schiedsgerichtsbarkeit bei internationalen Transaktionen genießt, auszugleichen und gewissermaßen „Wettbewerbsparität" für gerichtliche Urteile herzustellen. Im Rahmen der Haager Konferenz für Internationales Privatrecht wurde das Vorhaben verfolgt, das New Yorker Übereinkommen über die Anerkennung und Vollstreckung ausländischer Schiedssprüche mit einer Schwesterkonvention zu ergänzen, die die Anerkennung und Vollstreckung ausländischer Urteile zum Gegenstand gehabt hätte.[269] Darüber hinaus sollte – nach dem Muster der Brüssel Ia-VO – im Sinne einer *convention double* auch die internationale Zuständigkeit geregelt werden. Dieser Versuch ist an tiefgreifenden Meinungsverschiedenheiten zwischen den USA und Europa über die Allokation der internationalen Zuständigkeit gescheitert. Der am Ende der Verhandlungen erzielbare Minimalkonsens richtete sich auf ein Übereinkommen über Gerichtsstandsvereinbarungen, das am 30. Juni 2005 verabschiedet

---

[268] Vgl. oben, Erster Teil IV. 3. a), S. 46.
[269] *von Mehren*, 57 Law & Contemp. Problems 271 (1994); *ders.*, 61 RabelsZ 86 (1997); *ders.*, 49 Am. J. Comp. L. 191 (2001); *Kessedjian*, Jurisdiction and Foreign Judgments in Civil and Commercial Matters, Report, Preliminary Document No 7 of April 1997, abrufbar unter http://www.hcch.net/upload/wop/jdgm_pd8.pdf. Zu den Hintergründen instruktiv *Basedow*, IPRax 2017, 194, 197.

wurde.[270] In der europäischen Union ist es am 1. Oktober 2015 in Kraft getreten und außerdem noch von Mexiko ratifiziert worden. Im Hinblick auf die umfassende Regelung von Gerichtsstandsvereinbarungen in Art. 25 Brüssel I-VO beschränkt sich seine praktische Bedeutung derzeit also auf den Handel mit Mexiko.

In Bezug auf seine Inhalte darf die Bedeutung des Haager Übereinkommens über Gerichtsstandsvereinbarungen für die „Wettbewerbsgleichheit" im Verhältnis zwischen staatlicher Gerichtsbarkeit und Schiedsgerichtsbarkeit allerdings nicht unterschätzt werden. Das Übereinkommen verpflichtet die Vertragsstaaten nämlich nicht bloß dazu, ausschließliche Gerichtsstandsvereinbarungen durchzusetzen, also unter Verstoß gegen solche Vereinbarungen erhobene Klagen abzuweisen (Art. 6 Haager Gerichtsstandsübereinkommen),[271] wie es dem Muster des Art. II des New Yorker Übereinkommens entspricht. Vielmehr enthält das Gerichtsstandsübereinkommen auch Parallelvorschriften zu Art. V New Yorker Übereinkommen, indem es die Gerichte zur Anerkennung und Vollstreckbarerklärung der Urteile eines ausländischen Gerichts verpflichtet, sofern dessen Zuständigkeit auf einer entsprechenden Vereinbarung der Parteien beruht (Art. 8 ff. Haager Gerichtsstandsübereinkommen).[272] Sollte dieses Übereinkommen von einer nennenswerten Zahl von Staaten ratifiziert werden, wäre ein *level playing field* zwischen staatlicher Gerichtsbarkeit und Schiedsgerichtsbarkeit jedenfalls insoweit hergestellt, als es um die einverständliche Wahl des Streitentscheiders durch beide Parteien geht. Nur dieser Fall des bilateralen Wettbewerbs um die optimale Entscheidungsinstanz verdient es jedoch gefördert zu werden, weil dadurch ein *race to the top* stimuliert wird.[273] Für den unilateralen Wettbewerb des Klägers um ein ihm freundliches Gericht spielen Gerichtsstandsvereinbarungen von vornherein keine Rolle.

---

[270] *Schulz*, 12 J Int'l & Comp. L. 433 (2006); *R. Wagner*, RabelsZ 73 (2009), 100.

[271] Dazu eingehend *R. Wagner*, RabelsZ 73 (2009), 100, 121 ff.

[272] *R. Wagner*, RabelsZ 73 (2009), 100, 124 ff.

[273] Vgl. oben, Erster Teil IV. 5, S. 76.

3. Inlandsfälle

Innerhalb der rein inländischen Streitigkeiten ist die Vollstreckbarkeit von Urteilen gewährleistet und das Verlangen, einem parteiischen oder abgeneigten Richter zu entkommen, viel schwächer. Immerhin mag eine Partei die regionale Verbundenheit eines Gerichts fürchten und es deshalb vorziehen, sich mit dem gegnerischen Unternehmen nicht vor dem Gericht an dessen Sitz streiten zu müssen. Der große Treiber für die Wahl der nationalen Schiedsgerichtsbarkeit ist dies indessen nicht.

Was also veranlasst Unternehmen, bei Inlandstransaktionen aus der staatlichen Justiz zu „flüchten" und die Erledigung von Streitigkeiten durch ein Schiedsgericht zu vereinbaren? Eine allgemeingültige Antwort auf diese Frage lässt sich nicht geben. Innerhalb der USA beispielsweise ist die Wahl der Schiedsgerichtsbarkeit häufig durch das Bestreben motiviert, die Aufklärung des Sachverhalts im Wege der *pre-trial discovery* zu vermeiden[274] und den aus Laien zusammengesetzten *juries* als Entscheidungsinstanzen zu entgehen.[275] In dem hier nicht behandelten Gebiet der Verbraucherschiedsgerichtsbarkeit ist der Ausschluss von Sammelklagen (*class actions*) der Hauptbeweggrund für die Derogation der staatlichen Gerichtsbarkeit.[276]

Diese Motive spielen in Deutschland ebenso wenig eine Rolle wie in den übrigen Mitgliedstaaten der EU. In Europa geht es den Parteien bei der Wahl der Handelsschiedsgerichtsbarkeit vor allem um zwei Vorteile, nämlich die Möglichkeit, die Entscheidungspersonen auszuwählen und um Vertraulichkeit.[277] Ein Verfahren vor einem

---

[274] *Shontz/Kipperman/Soma*, Business-to-Business Arbitration in the United States, Perceptions of Corporate Counsel, Rand Institute for Civil Justice, S. 15 f.

[275] *Drahozal*, Univ. of Ill. Law Rev. 694, 710-712 (2001).

[276] Grundlegend *AT&T Mobility LLC v. Concepcion*, 131 S. Ct. (2011), 1740; kritisch dazu *Nagareda*, 106 Colum. L. Rev. 1872, 1897 ff. (2006).

[277] Auswahl der Entscheider und Vertraulichkeit spielen selbstverständlich auch bei der Wahl der Schiedsgerichtsbarkeit in den USA eine große Rolle; vgl. *Shontz/Kipperman/Soma*, Business-to-Business Arbitration in the United States, Perceptions of Corporate Counsel, Rand Institute for Civil Justice, S. 16 ff.

staatlichen Gericht vollzieht sich unter den Augen der Öffentlichkeit. Interessierte Einzelpersonen sowie Journalisten haben zu den Verhandlungen freien Zutritt und können dem Verfahren beiwohnen. Im Gegensatz dazu finden schiedsgerichtliche Verhandlungen in aller Regel unter Ausschluss der Öffentlichkeit statt. Gemäß § 43 der DIS-Regeln genießt das Verfahren insgesamt Vertraulichkeitsschutz, sodass sämtliche Beteiligten – Schiedsrichter, Anwälte, Parteien, Hilfspersonen – Verschwiegenheit bewahren müssen. Ähnlich verhält es sich nach den Regeln der meisten anderen Schiedsinstitutionen.[278] Mit der Verpflichtung auf Vertraulichkeit wollen die Parteien offensichtlich Kollateralschäden ausschließen,[279] die ihnen drohen, wenn das Verfahren unter den Augen der Öffentlichkeit stattfindet. Zentral ist die Sorge um den Schutz von Geschäftsgeheimnissen, zu denen Wettbewerber keinen Zugang erhalten sollen.[280]

Der weitere Vorteil, den inländische Schiedsverfahren gegenüber staatlichen Gerichtsverfahren genießen, ist das Recht der Parteien, sich die Entscheidungspersonen selbst auszusuchen. Im Schiedsverfahren steht es den Parteien frei, die Bestellung als Schiedsrichter von bestimmten Voraussetzungen, etwa fachlichen Qualifikationen, abhängig zu machen. Diese Befugnis ergibt sich aus § 1036 Abs. 2 ZPO, der auf Art. 12 Abs. 2 UNCITRAL-Modellgesetz zurückgeht. Die Parteien können beispielsweise vereinbaren, dass die Schiedsrichter über besondere Kenntnisse und Erfahrungen in dem streitbefangenen Rechtsgebiet verfügen müssen. Sie können auch einen ausgewiesenen Branchenkenner berufen, der über die entsprechenden technischen und wirtschaftlichen Kenntnisse verfügt, aber keine juristische Bil-

---

[278] Gemäß Art. 22 Abs. 3 ICC Schiedsgerichtsordnung kann das Schiedsgericht auf Antrag einer Partei „Verfügungen zur Wahrung der Vertraulichkeit des Schiedsverfahrens oder von anderen in Verbindung mit dem Schiedsverfahren stehenden Angelegenheiten erlassen" und „Maßnahmen zum Schutz von Geschäftsgeheimnissen und vertraulichen Informationen ergreifen." Gemäß Art. 26 Ab 3 2 ICC Schiedsgerichtsbarkeit dürfen an dem Verfahren nicht Beteiligte der mündlichen Verhandlung nur beiwohnen, wenn beide Parteien dem zugestimmt haben.

[279] Zu diesem Begriff oben, Erster Teil III. 2., S. 29; Erster Teil IV. 3. c), S. 51.

[280] Oben, Erster Teil III. 2., S. 29; Erster Teil IV. 3. c), S. 51.

dung genossen hat.[281] Von der Wahl eines für den konkreten Streit besonders kompetenten Entscheiders versprechen sich die Parteien eine möglichst genaue und fehlerfreie Durchsetzung der von ihnen vertraglich vereinbarten Rechte und Pflichten.[282]

Die Ersparnis an Kosten und Zeit, die häufig als Motive für die Wahl der Schiedsgerichtsbarkeit genannt wird, spielt in Wahrheit keine große Rolle. Was die Kosten des Verfahrens angeht, so kommt alles darauf an, wie sich das Schiedsverfahren entwickelt und welcher Ablauf in einem damit zu vergleichenden hypothetischen Gerichtsverfahren unterstellt wird. Ein Schiedsverfahren ist regelmäßig billiger als ein Gerichtsverfahren über drei Instanzen, hingegen teurer als ein staatlicher Prozess, der bereits nach einer Instanz zu Ende ist. Die Relation verschiebt sich erneut, wenn zum Schiedsverfahren noch die Kosten von Aufhebungs- oder Exequaturverfahren vor staatlichen Gerichten hinzukommen, zumal diese sich ebenfalls über zwei Instanzen erstrecken können (§ 1065 ZPO) und nach dem vollen Streitwert des im Schiedsspruch ausgeurteilten Betrags abzurechnen sind.[283] Aus denselben Gründen lässt sich auch nicht sicher prognostizieren, ob ein Schiedsverfahren oder ein Gerichtsverfahren schneller zu einer vollstreckbaren Entscheidung führen wird.

Diese Überlegungen sind durch eine Umfrage unter den Syndizi europäischer Unternehmen bestätigt worden, wenn auch mit Blick auf grenzüberschreitende Transaktionen: 63 % gaben an, die Schiedsgerichtsbarkeit wegen der Vertraulichkeit zu wählen, während nur 21 % eine kürzere Verfahrensdauer nannten und ganze 3 % geringere Kosten.[284]

---

[281] BGHZ 115, 324, 325 f. = NJW 1992, 575.
[282] Oben, Erster Teil IV. 3. a), S. 46, d), S. 54.
[283] OLG München SchiedsVZ 2009, 68; Thomas/Putzo-*Seiler*, Zivilprozessordnung, § 1063 Rn. 5.
[284] *Vogenauer/Hodges*, Civil Justice Systems, S. 47.

II. EXISTENZ VON WETTBEWERB UNTER DEN SCHIEDSORTEN

Wie oben bereits beschrieben, besteht kein ernsthafter Zweifel daran, dass zwischen Schiedsinstitutionen und Schiedsrichtern ein harter Wettbewerb um Schiedsverfahren besteht.[285] Die nationalen Gesetzgeber der an diesem Wettbewerb teilnehmenden Staaten haben dies bemerkt und suchen die Position des jeweils eigenen Standorts zu verbessern.

Die erfolgreiche Teilnahme am Wettbewerb der Schiedsstandorte ist keine triviale Aufgabe. Die etablierten Standorte genießen einen erheblichen Startvorteil, der nicht leicht aufzuholen ist.[286] Für die Parteien eines Schiedsverfahrens besteht kein Grund zum Wechsel des routinemäßig gewählten Schiedsorts, solange die Vorteile des Emporkömmlings das an dem traditionellen Standort Gebotene nicht deutlich überwiegen. Reformen nach Art des Schiedsverfahrens-Neuregelungsgesetzes 1997, mit dem der international anerkannte Standard in Gestalt des UNCITRAL-Modellgesetzes über die internationale Handelsschiedsgerichtsbarkeit für das deutsche Recht verbindlich gemacht wurde, kann daher kein durchgreifender Erfolg beschieden sein. Im Wettbewerb der Schiedsstandorte reicht es nicht aus, genauso gut zu sein wie viele andere Wettbewerber, sondern es muss ein Mehrwert geboten werden. Dieser Mehrwert kann definitionsgemäß nicht durch

---

[285] Vgl. oben, Erster Teil IV. 4. c), S. 68.
[286] Ausführlich oben, Erster Teil IV. 6. b), S. 81.

Adoption eines Rechtsakts geschaffen werden, der sich als international konsentierter „Standard" versteht. Wer (bloß) den Standard anbietet, kann nicht an Marktführern vorbeiziehen.

Konsequenterweise ist das Modellgesetz zwar von einer Vielzahl von Staaten in ihr eigenes Recht umgesetzt worden, nicht aber von den Marktführern der Branche, die sämtlich Distanz zum Modellgesetz gewahrt haben: Weder die Schweiz noch Frankreich noch England haben das UNCITRAL-Modellgesetz übernommen. Daran wird sich auch in Zukunft nichts ändern. So wird in dem Entwurf zur Reform des schweizerischen Schiedsverfahrensrechts das Modellgesetz zwar mehrfach erwähnt, seine Übernahme aber nicht einmal erwogen.[287]

---

[287] *Eidgenössisches Justiz- und Polizeidepartement* (Hrsg.): Erläuternder Bericht zur Änderung des Bundesgesetzes über das Internationale Privatrecht (Internationale Schiedsgerichtsbarkeit), S. 16 f., weiter S. 10, 14, 19, 24, 28; im Internet unter https://www.ejpd.admin.ch/dam/data/bj/aktuell/news/2017/2017-01-11/vn-ber-d.pdf.

III. DIE POSITION DES SCHIEDSSTAND-ORTS DEUTSCHLAND

Wer sind nun die Marktführer des internationalen Schiedsverfahrensrechts? Die Statistik der führenden Schiedsinstitutionen spricht eine deutliche Sprache. Die am häufigsten gewählten Schiedsorte für ICC-Verfahren waren im Jahr 2015 Paris, London und Genf, gefolgt von Singapur, New York und Zürich.[288] Unter den elf führenden Schiedsorten findet sich keine einzige deutsche Stadt. Nun fehlt Deutschland bekanntermaßen ein alle anderen Städte überragendes Zentrum der wirtschaftlichen, politischen und kulturellen Aktivität nach dem Muster von London und Paris. Und tatsächlich schneidet Deutschland insgesamt als Standort für Schiedsverfahren mit 21 Verfahren im Jahr 2015 nicht so schlecht ab wie einzelne deutsche Städte. Im Vergleich zu den etablierten Schiedsnationen nimmt sich diese Zahl allerdings sehr bescheiden aus. Im Vergleichszeitraum wurden in Singapur 35 ICC-Verfahren, in den USA 60, im Vereinigten Königreich 57, in der Schweiz 66 und in Frankreich 93 ICC-Schiedsverfahren durchgeführt. Diese Daten geben einen Eindruck von den Gewichten und Gravitationszentren des internationalen Schiedsverfahrensrechts. Deutschland spielt als Schiedsort eine Nebenrolle. In Europa geben Frankreich, die Schweiz und England den Ton an. Das Vereinigte Königreich nimmt nur in Gestalt von London am Wettbewerb teil, denn

---

[288] ICC, 2015 ICC Dispute Resolution Statistics, S. 10.

sämtliche der 57 ICC-Schiedsverfahren, die 2015 in dieser Jurisdiktion durchgeführt wurden, hatten ihren Sitz in dieser Stadt.

Die Statistik der ICC wird durch weitere Indizien bestätigt. Eine Umfrage unter Unternehmensjuristen internationaler Unternehmen nach den beliebtesten Schiedsplätzen hat ein ähnliches Ranking ergeben: London, Paris, Hong Kong, Singapur, Genf, New York und Stockholm. Erneut findet sich darunter keine einzige deutsche Stadt.[289] Deutsche Städte werden auch nicht genannt, wenn nach aufstrebenden Schiedsorten gefragt wird. Hier schneiden Hong Kong und Singapur besonders gut ab.[290]

---

[289] Queen Mary/White & Case, 2015 International Arbitration Survey, S. 12.
[290] Queen Mary/White & Case, 2015 International Arbitration Survey, S. 15.

IV. WAS WOLLEN DIE PARTEIEN?

1. Die Qualität des Schiedsverfahrensrechts

Schiedsverfahren können nur stattfinden, wenn beide Parteien dies so wollen und auch die Wahl des Schiedsorts obliegt den Parteien, vgl. Art. 20 Abs. 1 UNCITRAL-Modellgesetz, § 1043 Abs. 1 ZPO. Eine Jurisdiktion kann ihre Position im internationalen Wettbewerb um Schiedsverfahren also nur dann verbessern, wenn sie von den Parteien häufiger als Schiedsort gewählt wird. Für die Steigerung der Attraktivität deutscher Schiedsorte kommt es deshalb entscheidend darauf an, welche Präferenzen die Parteien in Bezug auf den Schiedsort haben. Reformen des nationalen Schiedsverfahrensrechts oder auch anderer Rechtsmaterien, die an den Präferenzen der Parteien vorbeigehen, können jedenfalls nicht unter dem Gesichtspunkt einer Verbesserung der Position Deutschlands im Wettbewerb um Schiedsverfahren gerechtfertigt werden. Möglicherweise sind gut gemeinte, gegenüber den Bedürfnissen der Parteien aber ignorante Reformschritte insoweit sogar kontraproduktiv.

Was also erwarten die Parteien von einem Schiedsort? Die Antwort darauf fällt erstaunlich schwer, weil es praktisch keine belastbaren empirischen Studien zur Wahl des Schiedsorts gibt.[291] Eine ältere Un-

---

[291] In breiterem Rahmen *Vogenauer*, in: Eidenmüller (Hrsg.), Regulatory Competition in Contract Law and Dispute Resolution, S. 227, 243: „More generally, hard data with regard to choices of law and forum and the motivations lying behind these is difficult to come by."

tersuchung aus dem Jahr 2004 kam zu dem Ergebnis, dass die Modernisierung des Schiedsverfahrensrechts die Attraktivität der jeweiligen Jurisdiktion als Schiedsort verbessert, wenn auch nur in bescheidenem Ausmaß.[292] Dabei wird vorausgesetzt, dass die Reform den international konsentierten Trends des Schiedsverfahrensrechts folgt, indem beispielsweise das UNCITRAL-Modellgesetz adoptiert wird. In dieselbe Richtung gehen Vermutungen von Praktikern des Schiedsverfahrensrechts aus der im Wettbewerb der Schiedsplätze sehr erfolgreichen Schweiz, nach denen die Attraktivität des Landes maßgeblich auf seiner schiedsfreundlichen Gesetzgebung beruht.[293] Zur Begründung wird allerdings nicht allein auf die sehr liberalen Regelungen des schweizerischen Gesetzes über das internationale Privatrecht verwiesen (Art. 176–194 IPRG), sondern auch auf die reichhaltige und zuverlässig schiedsfreundliche Rechtsprechung der schweizerischen Gerichte, insbesondere des Bundesgerichts.[294] Insofern war also die mit der Schiedsverfahrensrechtsreform 1997 verbundene Hoffnung, Deutschland im Wettbewerb der Schiedsstandorte zu stärken, nicht unberechtigt.[295]

In Ermangelung „harter" empirischer Daten bleibt der Rückgriff auf die Ergebnisse von Umfragen. Eine aktuelle Befragung von Unternehmensjuristen hat ergeben, dass diese sich bei der Wahl des Schiedsorts von dessen Ruf und Prestige leiten lassen.[296] Als maßgeblich dafür wurden vor allem die Neutralität des lokalen Rechtssystems, die Qualität des nationalen Schiedsverfahrensrechts und der Ausweis einer schiedsfreundlichen Rechtsprechung genannt.[297] Eine detailliertere Umfrage unter Unternehmensjuristen aus dem Jahr 2010 hat ebenfalls ergeben, dass das in einer Jurisdiktion anwendbare Schiedsverfahrensrecht ein wichtiger Gesichtspunkt bei der Entscheidung über die Lo-

---

[292] *Drahozal,* 24 Int'l Rev. Law & Econ. 371, 379 ff. (2004).

[293] *Berger/Kellerhals,* International and Domestic Arbitration in Switzerland, Rn. 146; *Kaufmann-Kohler/Rigozzi,* International Arbitration – Law and Practice in Switzerland, Rn. 1.86.

[294] *Kaufmann-Kohler/Rigozzi,* International Arbitration – Law and Practice in Switzerland, Rn. 1.102.

[295] Oben, Erster Teil IV. 4. c), S. 71, Fn. 135.

[296] Queen Mary/White & Case, 2015 International Arbitration Survey, S. 13.

[297] Queen Mary/White & Case, 2015 International Arbitration Survey, S. 14.

zierung von Schiedsverfahren ist. 62 % der Befragten gaben an, auf die *formal legal infrastructure* zu achten, zu der allerdings neben dem eigentlichen Schiedsverfahrensrecht auch die tatsächlich existierende Gerichtspraxis zum Schiedsverfahrensrecht und die generelle Neutralität des Gerichtssystems gezählt wurde.[298] Daneben spielen auch Komfort und Erreichbarkeit des Schiedsorts im Hinblick auf räumliche Entfernung, Sprache und Infrastruktur eine Rolle (45 %), vor allem aber das in der Sache auf den Streitgegenstand anwendbare Recht (46 %).

2. Die Bedeutung des materiellen Rechts

Wird nach der Priorisierung der Einzelentscheidungen bei der Verhandlung von Rechtswahl- und Streitbeilegungsklauseln gefragt, erachtet eine Mehrheit (51 %) die Wahl des auf den Vertrag anwendbaren Rechts als die wichtigste Aufgabe, die zuerst zu erledigen ist.[299] Die Wahl der Schiedsregeln und der Schiedsinstitution, die ein mögliches Verfahren administrieren soll, sowie der Schiedsort folgen auf den Plätzen. Eine große Mehrheit der Befragten gab zudem an, dass die Wahl des anwendbaren Sachrechts Einfluss auf die Entscheidung über den Schiedsort ausübe und umgekehrt. Die Relevanz des anwendbaren Sachrechts für die Wahl des Schiedsorts ist durch weitere Studien bestätigt worden.[300] Zu erwähnen ist insbesondere eine Untersuchung der Universität Oxford, der ebenfalls eine Umfrage unter Unternehmensjuristen aus verschiedenen europäischen Ländern, einschließlich Deutschlands, zugrunde lag.[301] Danach wählen die Parteien das anwendbare Recht und den Ort der Streitbeilegung nicht isoliert voneinander, sondern in einem Schritt, gleichsam als Paket.[302] Es ist auch

---

[298] Queen Mary/White & Case, 2010 International Arbitration Survey, S. 18.
[299] Queen Mary/White & Case, 2010 International Arbitration Survey, S. 9.
[300] Queen Mary/White & Case, 2015 International Arbitration Survey, S. 13.
[301] *Vogenauer/Hodges*, Civil Justice Systems, S. 28.
[302] *Vogenauer/Hodges*, Civil Justice Systems, S. 28; *Vogenauer*, in: Eidenmüller (Hrsg.), Regulatory Competition in Contract Law and Dispute Resolution S. 227, 253.

plausibel, dass die Parteien dem anwendbaren Recht große Bedeutung für die Wahl des Schiedsorts zumessen. Der Schiedsort verankert das Schiedsverfahren in einer bestimmten Rechtsordnung. Das gilt für die Unterstützung des Schiedsverfahrens durch staatliche Gerichte, vor allem aber für das Aufhebungsverfahren, das vor den Gerichten desjenigen Staates durchzuführen ist, in dem der Schiedsort belegen ist, Art. 34 Abs. 2, Art. 6 UNCITRAL-Modellgesetz, §§ 1059, 1062 Abs. 1 Nr. 4 ZPO.

3. Qualitätskriterien für das materielle Recht

Hängt die Wahl des Schiedsorts somit wesentlich von der Wahl des anwendbaren Rechts ab, verschiebt sich die weitere Analyse zu der Frage, welche Präferenzen die Parteien im Hinblick auf das materielle Recht haben. Die bereits erwähnte Umfrage unter Unternehmensjuristen hat ergeben, dass die Parteien insbesondere auf die Neutralität und Angemessenheit eines Rechts achten und darüber hinaus darauf Wert legen, dass ihnen das gewählte Recht vertraut ist.[303] Diese Parameter sind so allgemein, dass eine gehaltvolle Konformitätsprüfung eines konkreten Rechtssystems nicht möglich ist. Immerhin lässt sich indirekt erschließen, welchen Rang Unternehmensjuristen verschiedenen Rechtsordnungen zuweisen. 44 % der Befragten gaben an, das jeweils eigene Rechtssystem zu bevorzugen, 25 % votierten zugunsten des englischen Rechtes, 9 % zugunsten des schweizerischen Rechts und 3 % zugunsten des französischen Rechts.[304] Das deutsche Recht findet sich offenbar in der Rubrik „Sonstiges", die es auf 3 % bringt. Ein Vergleich des Anteils schweizerischer und englischer Parteien an ICC-Schiedsverfahren sowie der Häufigkeit, mit der das englische und das schweizerische Recht gewählt wird, ergibt, dass die Rechtsordnungen Englands und der Schweiz eine erhebliche Anziehungskraft auf ausländische Parteien ausüben.[305]

---

[303] Queen Mary/White & Case, 2010 International Arbitration Survey, S. 12.
[304] Queen Mary/White & Case, 2010 International Arbitration Survey, S. 13.
[305] *Voigt*, 5 J. Empirical Legal Studies, 1, 15 (2008).

Diese Einschätzung wird durch weitere Studien gestützt: Wie nicht anders zu vermuten, präferieren die Parteien ganz überwiegend ihre Heimatrechtsordnung;[306] steht diese nicht zur Verfügung, weil sich eine entsprechende Wahl in den Vertragsverhandlungen nicht durchsetzen lässt, wird das englische oder das schweizerische Recht gewählt.[307] Speziell mit Blick auf deutsche Unternehmen mögen die Dinge jedoch anders liegen: So gaben 82% der Syndizi großer exportorientierter Unternehmen des deutschen Maschinen- und Anlagenbaus an, sie präferierten das schweizerische Recht![308] Träfe dies zu, würden viele deutsche Unternehmen das schweizerische Recht selbst dann vorziehen, wenn sie eine Rechtswahl zugunsten ihres Heimatrechts in den Vertragsverhandlungen hätten durchsetzen können. Als Erklärung für dieses im internationalen Vergleich ungewöhnliche Resultat kommt wohl nur die strikte Rechtsprechung zur Inhaltskontrolle vorformulierter Vertragsklauseln im Handelsverkehr in Betracht.[309]

Die in Umrissen klargewordenen Präferenzen der Parteien bei der Wahl des Schiedsorts stimmen mit den empirischen Daten zur Rangfolge der Schiedsorte überein. Wenn Deutschland im Konzert der Schiedsplätze keine nennenswerte Rolle spielt, sondern im europäischen Kontext insbesondere Paris, London, Genf und Zürich den Ton angeben,[310] mag dies auch daran liegen, dass das deutsche materielle Recht als relativ unattraktiv gilt. Für Parteien, die das deutsche materielle Recht abwählen, liegt es offenbar nahe, auch den Schiedsort ins Ausland zu verlegen.

---

[306] Dazu oben, Erster Teil IV. 6. a), S. 77.

[307] So das Fazit von *Vogenauer*, ERPL 21 (2013), 13, 37 ff., 53 ff., der die Ergebnisse von elf empirischen Studien miteinander verglichen hat.

[308] *Hesse*, FS Böckstiegel, S. 277, 282. Im selben Beitrag heißt es, 25% der Unternehmen hätten eine Präferenz für das deutsche Recht geäußert. Wie dies mit der Zahl 82 zusammengeht, ist eine offene Frage.

[309] Dazu sogleich, Dritter Teil V. 3., S. 176.

[310] Vgl. oben, Dritter Teil III., S. 140, Fn. 288.

V. AUFWERTUNG DES SCHIEDSSTAND-ORTS DEUTSCHLAND

1. Doppelspurigkeit von Reformbemühungen

Im Lichte der vorstehenden Analyse der Präferenzen der Nutzer der Schiedsgerichtsbarkeit ist es durchaus möglich, die Attraktivität Deutschlands als Austragungsort für Schiedsverfahren zwischen Unternehmen zu steigern. Zu diesem Ziel führen zwei Wege, nämlich einerseits die Verbesserung des Schiedsverfahrensrechts und andererseits Reformen im Bereich des materiellen Rechts. Sollen spürbare Verbesserungen erzielt werden, müssten beide Wege gleichzeitig beschritten und Reformen sowohl des Schiedsverfahrens- als auch des materiellen Rechts erwogen werden. Im Hinblick darauf, dass die Parteien das materielle Recht und das Schiedsverfahrensrecht als „Paket" wählen und der Schiedsort das anwendbare Schiedsverfahrensrecht bestimmt, determiniert die Attraktivität des materiellen Rechts die Anziehungskraft des Schiedsorts Deutschland. Reformen, die auf das Schiedsverfahrensrecht beschränkt blieben, griffen daher von vornherein zu kurz.

2. Verbesserungen des Schiedsverfahrensrechts

a) Aktuelle Reformbestrebungen

Das deutsche Schiedsverfahrensrecht ist seit der Übernahme des UN-CITRAL-Modellgesetzes im Jahre 1997 bereits auf einem ansprechenden Niveau. Gleichwohl hat das Bundesministerium der Justiz und für Verbraucherschutz eine Kommission von Sachverständigen eingesetzt, die das geltende Recht evaluieren und über mögliche Verbesserungen nachdenken soll.[311] Auf der Reformagenda stehen eine Reihe kleinerer Punkte, die das geltende Recht arrondieren, im Wettbewerb der Schiedsorte jedoch kaum wahrgenommen würden.[312] Die Fragen, auf die es im Wettbewerb der Schiedsstandorte wirklich ankommt, lassen sich identifizieren, wenn der Blick auf diejenigen Staaten gerichtet wird, die als Marktführer in Sachen Schiedsgerichtsbarkeit gelten können. Dazu zählen Frankreich und die Schweiz. Das französische Recht der Schiedsgerichtsbarkeit ist im Jahre 2011 überarbeitet worden und in der Schweiz ist eine Reform der einschlägigen Bestimmungen des IPRG gerade im Fluss.[313] An welchen Stellen haben die Gesetzgeber dieser erfolgreichen Schiedsjurisdiktionen angesetzt, um die Attraktivität des eigenen Standorts zu festigen oder zu steigern?

b) Form der Schiedsvereinbarung

Bei den Reformüberlegungen in der Schweiz geht es zum einen um Themen, die auch in der internationalen Diskussion um die Fortentwicklung der Schiedsgerichtsbarkeit eine Rolle spielen. An erster Stelle ist insoweit das Formerfordernis des Art. II des New Yorker Übereinkommens zu nennen, das Vorbild für Art. 7 des UNCITRAL-

---

[311] Der Verfasser ist Mitglied der Reformkommission.

[312] Zur Agenda *Wolff*, SchiedsVZ 2016, 293.

[313] Vgl. *Eidgenössisches Justiz- und Polizeidepartement* (Hrsg.): Erläuternder Bericht zur Änderung des Bundesgesetzes über das Internationale Privatrecht (Internationale Schiedsgerichtsbarkeit), S. 30 f.; im Internet unter https://www.ejpd.admin.ch/dam/data/bj/aktuell/news/2017/2017-01-11/vn-ber-d.pdf.

Modellgesetzes geworden ist und sich in Deutschland in § 1031 ZPO findet. Danach muss die Schiedsvereinbarung in schriftlicher Form abgeschlossen werden. Was dies im Einzelnen bedeutet, wird für Schiedsklauseln im Unternehmensverkehr in § 1031 Abs. 1–3 ZPO ausbuchstabiert, wobei die für Konnossemente geltende Erleichterung nach § 1031 Abs. 4 ZPO inzwischen aufgehoben worden ist. In der Praxis ist das Schriftformerfordernis nicht deshalb ein Problem, weil viele Schiedsvereinbarungen mündlich abgeschlossen würden. Vielmehr geht es um Fälle, in denen es an der schriftlich dokumentierten Zustimmung einer Partei fehlt oder die personale Reichweite der Schiedsvereinbarung in Rede steht. Letztere ist insbesondere in Konzernkonstellationen problematisch, was die französische Rechtsprechung und Doktrin dazu veranlasst hat, die Lehre von der Unternehmensgruppe (*groupe de sociétés*, *group of companies doctrine*) zu entwickeln.[314] Die formelle Wirksamkeit und die personale Reichweite der Schiedsvereinbarung beim Vertragsschluss mit Konzerngesellschaften sind häufiger Anlass für Streitigkeiten, die sowohl vor den Schiedsgerichten (vgl. § 1040 ZPO) als auch vor den staatlichen Gerichten (vgl. § 1032 ZPO) ausgetragen werden können. Dadurch entstehen den Parteien häufig erhebliche Kosten und die Erledigung des Streits in der Sache wird erheblich verzögert.

Die Verluste an Zeit und Geld ließen sich mindern, wenn das Formerfordernis geschliffen oder ganz abgeschafft würde. Beide Optionen hat die UNCITRAL bei der Überarbeitung des Modellgesetzes über die internationale Handelsschiedsgerichtsbarkeit 2006 den Staaten zur Wahl gestellt.[315] Während die Option II die Schiedsvereinbarung unter Weglassung jedweder Formerfordernisse definiert, bietet Option I eine Modernisierung des Schriftformerfordernisses mit Blick auf aktuell übliche Kommunikationsmittel sowie eine Reduzierung der Formzwecke auf eine bloße Beweisfunktion. Gemäß Option I,

---

[314] Vgl. nur *Seraglini/Ortscheidt*, Droit de l'arbitrage interne et international, Rn. 711 ff.; umfassend *Born*, International Commercial Arbitration, Vol. 1, S. 1444 ff.; kritisch etwa *Sandrock*, SchiedsVZ 2005, 1, 7 ff.

[315] Im Internet unter https://www.uncitral.org/pdf/english/texts/arbitration/ml-arb/07-86998_Ebook.pdf.

Art. 7 Abs. 3 Modellgesetz 2006 reicht es aus, wenn die Schiedsvereinbarung schriftlich aufgezeichnet wurde, mag sie auch mündlich oder lediglich durch schlüssiges Verhalten abgeschlossen worden sein. Das französische Recht verzichtet in Art. 1507 NCPC ausdrücklich auf jedes Formerfordernis.[316] In der Schweiz entspricht das geltende Recht mit Art. 178 Abs. 1 IPRG bereits der von UNCITRAL vorgeschlagenen Option I, die es genügen lässt, wenn der Nachweis der Vereinbarung durch ein entsprechendes Dokument möglich ist. Der Bundesrat schlägt nunmehr eine weitere Erleichterung dahingehend vor, dass die Schriftform bereits dann erfüllt sein soll, wenn sie bloß von einer Partei gewahrt ist.[317]

Über die Angemessenheit der Schriftform für Schiedsvereinbarungen lässt sich ebenso streiten wie über die Funktionen, die dem Formerfordernis vernünftigerweise zugemessen werden sollten.[318] Diese inhaltliche Diskussion wird überlagert durch eine völkervertragliche Dimension, denn die Schriftform ist in Art. II Abs. 1 und 2 New Yorker Übereinkommen festgeschrieben, das de facto nicht reformiert werden kann. Erleichterungen der Form im nationalen Recht können bei internationalen Schiedsverfahren daher nur über die Meistbegünstigungsklausel des Art. VII Abs. 1 New Yorker Übereinkommen wirksam werden.[319] UNCITRAL hat den Signatarstaaten eine solche Reform mittels einer Empfehlung nahegelegt und zugleich klargestellt, dass sich die Schiedsparteien auch im Einredestadium gemäß Art. II New Yorker Übereinkommen auf günstigeres nationales Recht berufen können.[320]

---

[316] „La convention d'arbitrage n'est soumise à aucune condition de forme."

[317] *Eidgenössisches Justiz- und Polizeidepartement* (Hrsg.): Erläuternder Bericht zur Änderung des Bundesgesetzes über das Internationale Privatrecht (Internationale Schiedsgerichtsbarkeit), S. 20; im Internet unter https://www.ejpd.admin. ch/dam/data/bj/aktuell/news/2017/2017-01-11/vn-ber-d.pdf.

[318] Zum bisher dominanten Konzept der „Gültigkeitsform" *Wagner*, Prozessverträge, S. 385 ff. mwNachw.

[319] Aus US-amerikanischer Sicht *S.I. Strong*, 48 Stan. J. Int'l L. 47, 74 ff. (2012).

[320] UNCITRAL Recommendation regarding the interpretation of article II, paragraph 2, and article VII, paragraph 1, of the Convention on the Recognition

Soll die Position Deutschlands im Wettbewerb der Schiedsorte gestärkt werden, liegt es nahe, der Empfehlung der UNCITRAL und dem Beispiel der führenden Schiedsnationen Schweiz und Frankreich zu folgen. Dies umso mehr, als die Formfreiheit von Schiedsvereinbarungen im kaufmännischen Verkehr bis zur Reform des Schiedsverfahrensrecht 1997 geltendes deutsches Recht war (§ 1027 ZPO in der bis 31.12.1997 geltenden Fassung). Würde der deutsche Gesetzgeber die französische Regelung übernehmen, kehrte er lediglich zur Rechtslage vor Übernahme des UNCITRAL-Modellgesetzes 1985 zurück. Um den Grundansatz der Reform von 1997 zu wahren und sich in Sachen Schriftform nicht völlig aus dem UNCITRAL-System zu lösen, böte es sich an, die Option II zu Artikel 7 Modellgesetz in der Fassung von 2006 zu übernehmen, also die Schriftform explizit aufzugeben. Eine bescheidenere Lösung würde sich an dem schweizerischen Vorbild orientieren, die de facto der Option I zu Artikel 7 Modellgesetz 2006 entspricht. Gemäß Option I, Art. 7 Abs. 3 Modellgesetz 2006 reicht es für die Wahrung des Schriftformerfordernisses aus, wenn die Schiedsvereinbarung schriftlich dokumentiert wurde, auch wenn sie nur mündlich oder durch schlüssiges Verhalten geschlossen wurde.[321]

c) Überprüfung der Schiedsvereinbarung durch staatliche Gerichte

Eine weitere Stärkung der internationalen Schiedsgerichtsbarkeit würde es bedeuten, wenn das deutsche Recht von der strikten Überprüfung der Schiedsvereinbarung durch staatliche Gerichte gemäß § 1032 Abs. 1 ZPO Abschied nehmen würde. Mit der Rücknahme der Kontrolldichte im Einredestadium, wenn also ein staatliches Gericht in

and Enforcement of Foreign Arbitral Awards, 07.07.2006, Official Records of the General Assembly, Sixty-first Session, Supplement No. 17 (A/61/17), annex II, dort Punkt 2; abgedruckt bei *Wolff* (Hrsg.), New York Convention, Annex III. Vgl. auch *Wolff*, aaO, Art. II Rn. 16 ff.; *Strong*, 48 Stan. J. Int'l L. 47, 78 ff. (2012).

[321] Option I, Art. 7 Abs. 3 lautet: „An arbitration agreement is in writing if its content is recorded in any form, whether or not the arbitration agreement or contract has been concluded orally, by conduct, or by other means."

einer Sache angerufen wird, die einer Schiedsvereinbarung unterfällt, könnte das deutsche Recht den Anschluss an die führenden Schiedsnationen Frankreich und Schweiz herstellen. Gemäß Art. 1448 Abs. 1 NCPC hat sich ein französisches Gericht für unzuständig zu erklären, wenn das Schiedsgericht bereits konstituiert ist und die Schiedsvereinbarung weder offensichtlich unwirksam noch offensichtlich unanwendbar erscheint. Dies bedeutet: Ist die Schiedsvereinbarung prima facie wirksam und erfasst sie den zur Entscheidung gestellten Anspruch, hat das staatliche Gericht zunächst die Entscheidung des Schiedsgerichts abzuwarten. Eine ähnliche Rechtslage hat in der Schweiz das Bundesgericht hergestellt, wenn auch nur für internationale Schiedsverfahren, deren Schiedsort in der Schweiz belegen ist.[322] Nach dieser Rechtsprechung findet eine vollumfängliche Kontrolle der Wirksamkeit und Anwendbarkeit der Schiedsvereinbarung gemäß Art. II Abs. 3 New Yorker Übereinkommen bei internationalen Verfahren nur dann statt, wenn der Schiedsort außerhalb der Schweiz belegen ist. Andernfalls beschränkt sich die Kontrolle des staatlichen Gerichts im Rahmen von Art. 7 lit. b) IPRG auf eine summarische Prüfung der Voraussetzungen der Schiedseinrede.[323] Der schweizerische Bundesrat hat nach eingehender Prüfung entschieden, an dieser Judikatur nichts zu ändern.[324]

Der Wortlaut des Art. 7 lit. b) IPRG lässt Einschränkungen der Kontrolldichte indessen nicht erkennen und unterscheidet sich nicht wesentlich von der an Art. 8 Abs. 1 des Modellgesetzes orientierten Fassung des § 1032 Abs. 1 ZPO. Folglich ist in der deutschen Rechtsprechung

---

[322] Grundlegend BGE 121 III, 38, E.2b; BGE 122 III 139, E.2b; *Berger/Kellerhals*, International and Domestic Arbitration in Switzerland, Rn. 334.

[323] BGE 122 III 139, E.2b: „Il est généralement admis que, si le juge étatique est saisi d'une exception d'arbitrage et que le tribunal arbitral a son siège en Suisse, le juge se limitera à un examen sommaire de l'existence prima facie d'une convention d'arbitrage, afin de ne pas préjuger de la décision du tribunal arbitral sur sa propre compétence […]."

[324] *Eidgenössisches Justiz- und Polizeidepartement* (Hrsg.): Erläuternder Bericht zur Änderung des Bundesgesetzes über das Internationale Privatrecht (Internationale Schiedsgerichtsbarkeit), S. 14; im Internet unter https://www.ejpd.admin. ch/dam/data/bj/aktuell/news/2017/2017-01-11/vn-ber-d.pdf.

und Literatur anerkannt, dass das staatliche Gericht die Wirksamkeit und Anwendbarkeit der Schiedsvereinbarung in vollem Umfang überprüfen muss.[325] Darüber hinaus hat der BGH es abgelehnt, eine Derogation der staatlichen Kontrolle zugunsten des Schiedsgerichts durch Vereinbarung einer sog. Kompetenz-Kompetenz-Klausel zuzulassen.[326] Schließlich hat der Gesetzgeber des Schiedsverfahrens-Neuregelungsgesetzes 1997 mit der Feststellungsklage gemäß § 1032 Abs. 2 ZPO die Stellung der staatlichen Gerichte als „Gatekeeper" zur Schiedsgerichtsbarkeit nochmals gestärkt, indem Feststellungsklagen in Bezug auf die Wirksamkeit und Anwendbarkeit der Schiedsvereinbarung vor dem staatlichen Gericht zugelassen wurden, solange das Schiedsgericht noch nicht gebildet ist.

Ohne Zweifel sprechen gute Gründe dafür, eine vor einem staatlichen Gericht erhobene Klage nur dann als unzulässig abzuweisen, wenn die vom Beklagten erhobene Schiedseinrede wirklich – und nicht bloß prima facie – begründet ist, und ebenso lässt sich begründen, dass es einen Rechtsbehelf nach Art des § 1032 Abs. 2 ZPO geben sollte, der die frühzeitige Klärung eines Zuständigkeitsstreits erlaubt, bevor hohe Kosten und wertvolle Zeit für ein Schiedsverfahren aufgewendet worden sind. Gleichwohl führt kein Weg an der Einsicht vorbei, dass die im internationalen Wettbewerb erfolgreichen Schiedsnationen die einschlägigen Sachfragen offenbar anders bewerten. Dem französischem Gesetzgeber und dem schweizerischen Bundesgericht geht es nicht um den bestmöglichen Schutz des Rechts auf Zugang zu staatlichen Gerichten, sondern um optimale Regeln für internationale Schiedsverfahren. Jedenfalls nach der Wertung der besonders erfolgreichen Anbieter in diesem Markt ist die Stärkung der Kontrolle durch staatliche Gerichte durch Bereitstellung eines deklaratorischen Rechtsbehelfs nach Art des § 1032 Abs. 2 ZPO und durch vollumfängliche Kontrolle der Schiedsvereinbarung der Attraktivität der Schiedsgerichtsbarkeit nicht zuträglich, sondern abträglich.

---

[325] Vgl. nur Stein/Jonas-*Schlosse*r, ZPO, § 1028 Rn. 18a).
[326] BGHZ 162, 9, 12 ff. = NJW 2005, 1125 = JZ 2005, 958 mit Bespr. *Wagner/Quinke*, 932; BGHZ 202, 168 Rn. 10 = SchiedsVZ 2014, 303.

Wollte Deutschland in diesem Punkt mit den großen Schiedsnationen konkurrieren, müsste § 1032 Abs. 2 ZPO gestrichen und die Kontrolle der Schiedsvereinbarung in der Einredesituation des § 1032 Abs. 1 ZPO auf eine prima facie-Kontrolle zurückgeschnitten werden, wenn das Schiedsgericht bereits gebildet wurde. Im Sinne eines Kompromisses wäre zu erwägen, diese weitreichenden Eingriffe auf internationale Schiedsverfahren zu beschränken. Für Inlandsstreitigkeiten bliebe es dann bei dem eingespielten und von einheimischen Parteien auch leicht zu handhabenden Mechanismen des § 1032 Abs. 1 und 2 ZPO.

d) Aufhebungsgrund für Prozessschiedssprüche

Gemäß Art. 16 Abs. 1 UNCITRAL-Modellgesetz, § 1040 Abs. 1 ZPO ist das Schiedsgericht dazu ermächtigt, über die eigene Zuständigkeit zu entscheiden. Bejaht es die eigene Zuständigkeit, hält es also die Schiedsvereinbarung für wirksam und den streitgegenständlichen Anspruch für schiedsbefangen, so soll es diese Rechtsfolge gemäß Art. 16 Abs. 3 UNCITRAL-Modellgesetz, § 1040 Abs. 3 ZPO in der Regel in einem Zwischenentscheid aussprechen. Dieser Zwischenentscheid kann dann von dem Beklagten, der die Zuständigkeit des Schiedsgerichts bestreitet, binnen eines Monats vor dem staatlichen Gericht angefochten werden. Erlässt das Schiedsgericht keinen Zwischenentscheid, entscheidet es in dem Schiedsspruch über die Kompetenzfrage. Bejaht es die eigene Zuständigkeit, kann der Beklagte diese Entscheidung im Aufhebungsverfahren angreifen und sich auf den Aufhebungsgrund des Art. 34 Abs. 2 lit. a) (i) UNCITRAL-Modellgesetz, § 1059 Abs. 2 Nr. 1 a) ZPO berufen. Im Ergebnis hat bei positiver Entscheidung der Zuständigkeitsfrage durch das Schiedsgericht also immer das staatliche Gericht das letzte Wort.

Im Fall einer negativen Entscheidung des Schiedsgerichts über die eigene Zuständigkeit verhält es sich anders. In diesem Fall ergeht stets ein − klageabweisender − Prozessschiedsspruch. Ein Zwischenverfahren nach § 1040 Abs. 3 ZPO ist weder möglich noch nötig. Der Prozessschiedsspruch unterliegt dem Aufhebungsverfahren, ist also nur aus den in § 1059 Abs. 2 ZPO genannten Gründen anfechtbar. Zu den Aufhebungsgründen zählt gemäß § 1059 Abs. 2 Nr. 1 a) ZPO die Unwirksamkeit der Schiedsvereinbarung. Er erfasst umstandslos die Konstellation, in der das Schiedsgericht die Schiedsvereinbarung zu Unrecht für wirksam gehalten hat. Einen Aufhebungsgrund für den umgekehrten Fall, dass das Schiedsgericht die Schiedsvereinbarung zu Unrecht für unwirksam gehalten hat, gibt es nicht. Entsprechend liegt es, wenn die Parteien nicht um die Wirksamkeit der Schiedsverein-barung streiten, sondern darum, ob der klageweise geltend gemachte Anspruch unter die Schiedsvereinbarung fällt. Auch in diesem Fall gestattet Art. 34 Abs. 2 lit. (a) (iii) UNCITRAL-Modellgesetz, § 1059 Abs. 2 Nr. 1 lit. c) ZPO die Aufhebung nur dann, wenn das Schieds-gericht die Schiedsbefangenheit zu Unrecht bejaht, nicht hingegen, wenn es sie zu Unrecht verneint hat.

Der BGH hat sich außerstande gesehen, die Aufhebungsgründe des § 1059 Abs. 2 Nr. 1 lit. a), c) ZPO um einen ungeschriebenen Aufhe-bungsgrund der „zu Unrecht abgelehnten Zuständigkeit" zu ergän-zen.[327] Diese Entscheidung ist sicher zutreffend, denn § 1059 Abs. 2 ZPO wird mit den Worten eingeleitet, der Schiedsspruch könne „nur auf-gehoben werden", wenn einer der nachfolgend genannten Gründe vorliege. Diese Formulierung, die auf Art. 34 Abs. 2 UNCITRAL-Modellgesetz zurückgeht, ist gerade dazu bestimmt, die „Erfindung" neuer Aufhebungsgründe durch die Gerichte der einzelnen Staaten zu verhindern. Eine andere Frage ist allerdings, ob es nicht möglich gewesen wäre, § 1059 Abs. 2 Nr. 1 lit. a), c) ZPO analog auf den Fall anzuwenden, dass das Schiedsgericht seine Zuständigkeit zu Unrecht verneint hat. Der Regelungszweck der Vorschrift, die den Schieds-spruch und indirekt das Schiedsverfahren vor allzu strikter Kontrolle durch die staatlichen Gerichte schützen will, hätte einem solchen schiedsfreundlichen Analogieschluss nicht entgegen gestanden.

Im Rahmen einer Reform des deutschen Schiedsverfahrensrechts stellt sich die Frage, ob der Gesetzgeber das vom BGH gefundene Ergebnis korrigieren soll. Wie eine solche Korrektur auf sparsame und elegante

---

[327] BGHZ 151, 79, 82 ff. = NJW 2002, 3031.

Weise bewerkstelligt werden könnte, zeigt das österreichische Recht. Wie Deutschland hat auch Österreich sein Schiedsverfahrensrecht nach dem Vorbild des UNCITRAL-Modellgesetzes gestaltet, dabei allerdings mehr Mut zu Abweichungen und Ergänzungen gezeigt als der deutsche Gesetzgeber. So auch im hier diskutierten Zusammenhang. Die Parallelvorschrift zum deutschen § 1059 Abs. 2 Nr. 1 lit. a) ZPO erfasst die Fälle der unrichtigen Bejahung und Verneinung der eigenen Zuständigkeit durch das Schiedsgericht gleichermaßen, denn gemäß § 611 Abs. 2 Nr. 1 öZPO ist ein Schiedsspruch aufzuheben, wenn „eine gültige Schiedsvereinbarung nicht vorhanden ist, oder wenn das Schiedsgericht seine Zuständigkeit verneint hat, eine gültige Schiedsvereinbarung aber dennoch vorhanden ist […]".[328] Eine entsprechende Ergänzung des § 611 Abs. 2 Nr. 3 öZPO als Parallelnorm zu § 1059 Abs. 2 Nr. 1 c) dZPO fehlt zwar,[329] ließe sich jedoch ebenfalls verwirklichen.

Die Novellierung des § 1059 Abs. 2 Nr. 1 a) und c) dZPO nach österreichischem Vorbild würde die Textkongruenz mit Art. 34 UNCITRAL-Modellgesetz aufheben. Dieser Bruch wiegt im Bereich der Aufhebungsgründe besonders schwer: Der deutsche Gesetzgeber würde Schiedssprüche einer im Vergleich zum Modellgesetz erweiterten Aufhebung unterwerfen. Die Verfasser des österreichischen Schiedsverfahrensrechts hat das Argument nicht überzeugt. Tatsächlich liegt auf der Hand, dass eine entsprechende Regelung zwar die Aufhebungsgründe erweitert, dies jedoch in schiedsfreundlicher Absicht unternimmt. Die Vereinbarung eines Schiedsverfahrens soll auch dann durchgesetzt werden, wenn das Schiedsgericht die eigene Zuständigkeit verkennt. Gleichwohl wäre von einer Ergänzung des § 1059 Abs. 2 Nr. 1 a) und c) dZPO abzuraten, wenn befürchtet werden müsste, dass die schiedsfreundliche Tendenz der Maßnahme von den Parteien und ihren Anwälten verkannt und die deutsche Schiedsgerichtsbarkeit deshalb gemieden würde. Damit ist indessen nicht zu rechnen. Die

---

[328] Hervorhebung hinzugefügt. Vgl. dazu etwa *Schütze/Kratzsch/Schumaer/ Kull*, in: Torggler, Handbuch Schiedsgerichtsbarkeit, Rn. 877 ff., 882.
[329] MünchKommZPO-*Münch*, § 1040 Rn. 30.

österreichische Lösung ist in Fachkreisen bekannt und wird in ihrer rechtspolitischen Tendenz auch richtig verstanden. Es kann auch keine Rede davon sein, Österreich werde wegen § 611 Abs. 2 Nr. 1 öZPO als Schiedsort gemieden.

Es bleibt die Überlegung, dass jeder Bruch mit dem Modellgesetz wenn irgend möglich vermieden werden sollte, weil ausländische Interessenten dadurch verstört würden und ihre Erwartung erschüttert würde, das deutsche Schiedsverfahrensrecht entspräche dem Modellgesetz. Dieses Argument trifft theoretisch zu, sein praktisches Gewicht darf aber nicht überschätzt werden. Es ist bezeichnend, dass die Marktführer der internationalen Schiedsgerichtsbarkeit, nämlich Frankreich, England und die Schweiz, das Modellgesetz nicht rezipiert haben. Und tatsächlich: Marktführerschaft lässt sich nicht verteidigen oder gar erobern, indem man sich dem allgemein etablierten Standard anschließt.[330] Solange die Abweichung von dem Standard in die richtige Richtung erfolgt, hier also der besseren Durchsetzung der Schiedsvereinbarung dient, sind Wettbewerbsnachteile durch Abweichung vom UNCITRAL-Modellgesetz nicht zu befürchten. Eine Ergänzung des § 1059 Abs. 2 Nr. 1 a) und c) dZPO nach österreichischem Vorbild ist daher zu befürworten.

e) Regeln für Mehrparteienverfahren

aa) Problemstellung

Schiedsverfahren, in denen sich mehr als zwei Parteien gegenüber stehen, stellen seit vielen Jahren eine Herausforderung dar. Das zentrale Problem besteht darin, dass mehrere Kläger oder Beklagte möglicherweise divergierende Interessen haben und deshalb weder willens noch in der Lage sind, sich auf einen Schiedsrichter zu einigen. Damit bricht der Standardmechanismus für die Bestellung des Schiedsgerichts, nach dem jede Partei einen Schiedsrichter ernennt und die parteibenannten Schiedsrichter sodann den Vorsitzenden auswählen, zusammen.

---

[330] Oben, Dritter Teil II., S. 138.

Moderne Schiedsverfahrensrechte sehen für den Fall, dass eine Partei es versäumt, an der Bestellung des Schiedsgerichts durch Ernennung „ihres" Schiedsrichters mitzuwirken, dessen Ersatzbestellung durch das staatliche Gericht vor; vgl. Art. 11 Abs. 3–5 UNCITRAL-Modellgesetz, § 1035 Abs. 3–5 ZPO. In den Schiedsregeln der Institutionen wird diese Kompetenz in aller Regel auf die jeweilige Schiedsinstitution verlagert, was wegen des Vorrangs von Parteivereinbarungen zulässig und wirksam ist (z. B. Art. 12 Schiedsgerichtsordnung der ICC, § 12 DIS-Schiedsgerichtsordnung 1998, Art. 12 DIS-Schiedsgerichtsordnung 2018). In Fällen mit Beteiligung mehrerer Parteien auf Kläger- oder Beklagtenseite stellt sich die Frage nach der Angemessenheit einer solchen Lösung, denn sie führt dazu, dass die aus mehreren Personen zusammengesetzte Parteiseite das Privileg verliert, eine Persönlichkeit ihres Vertrauens zum Schiedsrichter zu ernennen, während die möglicherweise aus nur einer Person bestehende Gegenseite dieses Privileg behält.

bb) Lösungsmuster im Gefolge der *Dutco*-Entscheidung

Dieses Ungleichgewicht zwischen der monistischen und der plural zusammengesetzten Schiedspartei zu beseitigen, hatte sich die Entscheidung der französischen Cour de cassation in Sachen *Dutco* zum Ziel gesetzt. Der Gerichtshof hielt die Internationale Handelskammer für verpflichtet, in dem Fall, dass die pluralistisch zusammengesetzte Schiedspartei wegen bestehender Interessengegensätze einen Schiedsrichter nicht ernannte, nicht nur den von dieser Partei zu benennenden Schiedsrichter zu bestellen, sondern das aus drei Personen bestehende Schiedsgericht insgesamt.[331] Das Ungleichgewicht wurde also dadurch beseitigt, dass auch der anderen Seite das Recht genommen wurde, eine Person ihres Vertrauens als Schiedsrichter zu benennen. Zur Begründung berief sich der Kassationshof auf den Grundsatz der Gleichheit der Parteien.

---

[331] Cass. civ., 07.01.1992, Rev. Arb. 1992, 470, in Deutsch BB 1992, Beil. 15, 27; Stein/Jonas-*Schlosser*, ZPO, § 1034 Rn. 28.

Wird die Lösung der Cour de cassation strikt in sämtlichen Mehrparteienverfahren angewandt, in denen sich die plural zusammengesetzte Partei nicht auf einen Schiedsrichter einigen kann, sprechen gegen sie dieselben Gründe, die König Salomon in der Urteils-Parabel dazu bewogen haben, die Teilung des Kindes zwischen den Mutter-Prätendentinnen zu vermeiden: Im Ergebnis wird Parität zwischen den Schiedsparteien hergestellt, indem beiden genommen wird, was in der konkreten Situation nur eine von ihnen haben kann, nämlich das effektive Recht zur Bestellung eines Schiedsrichters. Es kommt hinzu, dass eine Mehrparteiensituation nicht von Natur aus gegeben ist, sondern von den Parteien herbeigeführt werden muss. Es ist Sache des Klägers zu entscheiden, ob er ein Schiedsverfahren mit anderen Klägern zusammen anstrengt und/oder die Schiedsklage gegen einen oder mehrere Beklagte richtet. Es ist nicht auszuschließen, dass solche Entscheidungen auch im Hinblick auf die Grundsätze zur Schiedsrichterbestellung in Mehrparteienverfahren erfolgen. Insbesondere könnte eine Mehrparteiensituation herbeigeführt werden, um der anderen Partei das Recht auf Bestellung eines Schiedsrichters aus der Hand zu schlagen.

Angesichts dieser Gemengelage fällt die Regelsetzung in diesem Bereich nicht leicht. Die praktische Bedeutung der Problematik darf nicht überschätzt werden, obwohl die Zahl der Mehrparteienverfahren ständig zunimmt. In der Regel vereinbaren die Parteien institutionelle Schiedsverfahren und die Regelwerke der Schiedsinstitutionen enthalten Bestimmungen über die Bestellung des Schiedsgerichts in Mehrparteienverfahren. Beispielhaft zu nennen ist Art. 12 Abs. 8 der Schiedsgerichtsordnung der ICC. Können sich in einem ICC-Schiedsverfahren mehrere Kläger oder Beklagte nicht auf einen gemeinsamen Schiedsrichter einigen, so „kann der Gerichtshof [ein Gremium der ICC] alle Schiedsrichter ernennen und soll einen von ihnen zum Vorsitzenden bestimmen". Eine Verpflichtung dazu besteht allerdings nicht, d. h. der Gerichtshof der ICC kann sich auch darauf beschränken, den Schiedsrichter nur für die plural zusammengesetzte Partei zu benennen.[332] In diesem Fall behält die Gegenseite das Recht, ih-

---

[332] *Fry/Greenberg/Mazza*, The Secretariat's Guide to ICC Arbitration, Rn. 3-483, 3.485.

ren Schiedsrichter zu benennen. Die Schiedsgerichtsordnung 1998 der DIS enthält in ihrem § 13.2 eine ähnliche Regelung, die jedoch den DIS-Ernennungsausschuss dazu verpflichtet, die beiden Parteischiedsrichter zu ernennen. Art. 20.3 DIS-Schiedsgerichtsordnung 2018 schließt sich der Lösung der ICC-Regeln an und räumt dem Ernennungsausschuss Ermessen ein, entweder nur für die Mehrparteien einen Schiedsrichter zu bestellen oder auch für die Gegenseite einen Schiedsrichter auszuwählen.

Die Cour de cassation hat ihre Entscheidung in Sachen *Dutco* zutreffend auf das Recht der Schiedsparteien auf Gleichbehandlung ausgerichtet. Das Gleichbehandlungsprinzip findet sich auch in Art. 18 UNCITRAL Modellgesetz sowie im deutschen Schiedsverfahrensrecht (§ 1042 Abs. 1 S. 1 ZPO). Anders als das UNCITRAL-Modellgesetz enthält das deutsche Schiedsverfahrensrecht eine Bestimmung, die dem Gericht die Ernennung sämtlicher Schiedsrichter gestattet. Gemäß § 1034 Abs. 2 ZPO kann das Gericht „den oder die Schiedsrichter abweichend von der erfolgten Ernennung oder der vereinbarten Ernennungsregelung bestellen", wenn die Schiedsvereinbarung einer Partei bei der Zusammensetzung des Schiedsgerichts ein Übergewicht gibt. § 1034 Abs. 2 ZPO ist zwar nicht auf den Fall der Mehrparteienschiedsgerichtsbarkeit zugeschnitten, allerdings einer erweiterten Auslegung dahingehend fähig, dass die Kompetenz des Gerichts zur Ernennung sämtlicher Mitglieder des Schiedsgerichts oder zumindest beider Parteischiedsrichter nicht nur dann besteht, wenn bereits der in der Schiedsvereinbarung enthaltene Ernennungsmechanismus als solcher einseitig ausgestaltet ist, sondern auch dann, wenn das in der Schiedsvereinbarung vorgesehene Ernennungsverfahren lediglich im konkreten Einzelfall das Übergewicht einer Partei ergibt.[333]

Tatsächlich erscheint die skizzierte erweiterte Auslegung des § 1034 Abs. 2 ZPO vertretbar und sachlich angemessen. Als Instrument im Wettbewerb der Schiedsplätze ist sie dennoch unzureichend, weil sie

---

[333] KG NJW 2008, 2719, 2720; MünchKommZPO-*Münch*, § 1035 Rn. 70; *Wolff*, SchiedsVZ 2016, 293, 299; aA Musielak-*Voit*, ZPO, § 1034 Rn. 3.

sich lediglich im Wege der Interpretation einer auf eine andere Konstellation zugeschnittenen Bestimmung entnehmen lässt.

cc) Der schweizerische Reformentwurf als Empfehlung für das deutsche Recht

Deshalb sollte der deutsche Gesetzgeber eine eigenständige Regelung zur Schiedsrichterernennung in Mehrparteienverfahren vorsehen. Eine solche Lösung plant gegenwärtig auch die Schweiz für die Reform des Rechts der internationalen Schiedsgerichtsbarkeit. Art. 179 IPRG soll um einen Abs. 2bis mit folgendem Wortlaut ergänzt werden:

> „Im Falle einer Mehrparteienschiedssache kann das staatliche Gericht am Sitz des Schiedsgerichts alle Mitglieder des Schiedsgerichts ernennen."[334]

Das Gericht ist demnach nicht dazu verpflichtet, wohl aber dazu berechtigt, dem *Dutco*-Prinzip zu folgen und sämtliche Schiedsrichter zu ernennen, doch es kann es auch bei der Ernennung nur des Schiedsrichters der plural zusammengesetzten Partei belassen. Leitschnur für die Entscheidung ist das Prinzip der Gleichbehandlung der Parteien (Art. 182 Abs. 3 IPRG).[335]

Der schweizerische Vorentwurf zur Reform des IPRG verdient Zustimmung. Eine solche Regelung ist nötig, damit das Gericht unvermeidbaren Interessenkonflikten auf einer pluralistisch zusammengesetzten Seite Rechnung tragen kann. Inhaltlich ist der vorgeschlagene Art. 179 Abs. 2bis IPRG einer Lösung nach dem Muster des § 13.2 DIS-Schiedsordnung 1998 überlegen, nach dem im Fall der Nichteinigung der plural zusammengesetzten Partei binnen maßgeblicher Frist beide Schiedsrichter von der Institution ernannt werden *müssen*. Übertragen auf den Kontext der ZPO bedeutete dies, dass dem Gericht kein

---

[334] *Eidgenössisches Justiz- und Polizeidepartement*, Vorentwurf Bundesgesetz über das Internationale Privatrecht, AS 2017, S. 2; im Internet unter https://www.ejpd.admin.ch/dam/data/bj/aktuell/news/2017/2017-01-11/vorentw-d.pdf.

[335] *Eidgenössisches Justiz- und Polizeidepartement* (Hrsg.): Erläuternder Bericht zur Änderung des Bundesgesetzes über das Internationale Privatrecht (Internationale Schiedsgerichtsbarkeit), S. 22; im Internet unter https://www.ejpd.admin.ch/dam/data/bj/aktuell/news/2017/2017-01-11/vn-ber-d.pdf.

Ermessen eingeräumt würde, sondern es zwingend die beiden Partei-schiedsrichter oder konsequenterweise das Schiedsgericht insgesamt zu ernennen hätte. Art. 179 Abs. 2bis IPRG wie auch Art. 20 DIS-Schieds-gerichtsordnung 2018 gehen nicht so weit, sondern ermöglichen es, in geeigneten Fällen nur den von der plural zusammengesetzten Partei zu nominierenden Schiedsrichter zu ernennen und den bereits benannten Schiedsrichter der Gegenseite in seinem Amt zu belassen. Durch die Einräumung von Ermessen („kann") ist die Regelung hinreichend flexibel, um der strategischen Ausnutzung der Befugnis zur Ernennung sämtlicher Schiedsrichter entgegen zu wirken. Das Gericht sollte sein Ermessen nur dann zugunsten der Ernennung des gesamten Schieds-gerichts ausüben, wenn zwischen den Personen auf einer Parteiseite Interessenkonflikte bestehen, die die Ernennung eines gemeinsamen Schiedsrichters verhindert haben.[336] Nur dann ist es angemessen, der anderen Partei das Recht zur Ernennung ihres Schiedsrichters aus der Hand zu schlagen bzw. einen bereits benannten Schiedsrichter aus dem Amt zu entlassen. Sind solche Interessenkonflikte nicht er-kennbar, weil die Interessen der Mitglieder einer Parteiseite homogen und parallel sind, ist es ausreichend und angemessen, die Ersatzbenen-nung auf den Schiedsrichter der plural zusammengesetzten Partei zu beschränken. So wird es sich in den zahlreichen Fällen verhalten, in denen auf der einen Seite des Schiedsverfahrens mehrere juristische Personen stehen, die sämtlich zu ein- und demselben Konzern ge-hören. In einer solchen Konstellation bestehen in aller Regel keine Interessengegensätze zwischen den Konzerngesellschaften, sodass die Ersatzbenennung durch das staatliche Gericht auf den Schiedsrichter dieser plural zusammengesetzten Partei beschränkt werden kann.[337]

Ein geeigneter Standort für eine solche Regelung im deutschen Recht wäre § 1035 Abs. 4a ZPO. Die Befugnis des staatlichen Gerichts zur Ersatzbestellung eines Schiedsrichters bei Untätigkeit der für seine Bestellung zuständigen Partei ergibt sich aus § 1035 Abs. 4 ZPO, der

---

[336] So auch Stein/Jonas-*Schlosser*, ZPO, § 1034 Rn. 30 ff.
[337] So auch *Fry/Greenberg/Mazza*, The Secretariat's Guide to ICC Arbitration, Rn. 3-485.

Art. 11 Abs. 4 lit. a), b) UNCITRAL-Modellgesetz entspricht. Im Anschluss daran ist die Befugnis zur Ernennung der Mitglieder des Schiedsgerichts im Mehrparteienverfahren zu regeln.

f) Wiederaufnahmeverfahren

aa) Bestehende Rechtsbehelfe gegen unrichtige Schiedssprüche

Schiedsverfahren kennen typischerweise nur eine Instanz und enden mit dem Erlass des Schiedsspruchs.[338] Dieser kann gemäß Art. 34 UNCITRAL-Modellgesetz, § 1059 ZPO nur aus bestimmten Gründen mit einem Aufhebungsantrag zum staatlichen Gericht angefochten werden, wobei die behauptete materielle Unrichtigkeit des vom Schiedsgericht erzielten Ergebnisses keinen Aufhebungsgrund darstellt. Für den Aufhebungsantrag gilt gemäß Art. 34 Abs. 3 UN-CITRAL-Modellgesetz, § 1059 Abs. 3 ZPO eine Frist von drei Monaten nach Empfang des Schiedsspruchs durch die Partei, die seine Aufhebung geltend machen will. Die Frist läuft unabhängig von der Kenntnis der durch den Schiedsspruch beschwerten Partei von dem Vorliegen eines Aufhebungsgrundes ab. Schließlich gilt der Ausschluss der Aufhebungsklage mit Fristablauf für sämtliche Aufhebungsgründe des § 1059 Abs. 2 ZPO und damit auch für Verstöße gegen den *ordre public* gemäß § 1059 Abs. 2 Nr. 2 b) ZPO. Immerhin bleibt die im Schiedsverfahren unterlegene Partei gemäß § 1060 Abs. 2 S. 1 und 3 ZPO dazu berechtigt, sich gegen die Vollstreckbarerklärung des Schiedsspruchs auch nach Ablauf der Dreimonatsfrist durch Behauptung eines Verstoßes gegen den *ordre public* oder auch mit Hilfe des Einwands mangelnder Schiedsfähigkeit (§ 1059 Abs. 2 Nr. 2 a) ZPO) zu verteidigen.

Die Fristregelung des § 1059 Abs. 3 ZPO, die teilweise auch auf das Exequaturverfahren gemäß § 1060 ZPO übergreift, dient ganz offensichtlich der Rechtssicherheit und dem Interesse an endgültiger

---

[338] Eingehend zum komplexen Zusammenspiel von Rechtskraft, Aufhebbarkeit und Vollstreckbarerklärung von Schiedssprüchen *Wagner*, in: Wagner/Schlosser, Die Vollstreckung von Schiedssprüchen, S. 1, 5 ff.

Streitbeilegung. Nach Ablauf von drei Monaten nach Empfang des Schiedsspruchs durch die Parteien soll feststehen, ob dieser von einer Seite angegriffen werden oder Bestand haben wird. Gäbe es die Frist des § 1059 Abs. 3 ZPO nicht, könnte die im Schiedsverfahren unterlegene Partei sich noch nach Jahr und Tag an das staatliche Gericht wenden, um den Schiedsspruch aus den Angeln zu heben. Damit erfüllt § 1059 Abs. 3 ZPO dieselbe Funktion wie Fristenregelungen für Rechtsmittel gegen Entscheidungen staatlicher Gerichte. Auch diese sind im Interesse der Rechtssicherheit und Effektivität der Streitbeilegung unverzichtbar.

bb) Exorbitante Rechtsbehelfe gegen bestandskräftige Schiedssprüche

Allerdings dürfen die eben genannten Bestandsinteressen auch nicht überbewertet werden. Insbesondere dann, wenn ein Urteil auf betrügerische Weise erschlichen wurde oder nachträglich Tatsachen oder Beweismittel auftauchen, die zu einer anderen als der getroffenen Entscheidung genötigt hätten, ist die Wiederaufnahme eines rechtskräftig abgeschlossenen Zivilprozesses gemäß §§ 578 ff. ZPO zulässig.

Für Schiedssprüche existiert in der ZPO keine vergleichbare Regelung, und sie fehlt auch im UNCITRAL-Modellgesetz. Zwar hat der Schiedsspruch zwischen den Parteien die Wirkung eines rechtskräftigen gerichtlichen Urteils (§ 1055 ZPO), doch das gesetzliche Wiederaufnahmeverfahren findet auf ihn keine Anwendung.[339] Der staatliche Beschluss (§ 1063 Abs. 1 S. 1 ZPO), mit dem ein Aufhebungsantrag gemäß § 1059 ZPO zurückgewiesen oder die Vollstreckbarkeit des Schiedsspruchs gemäß § 1060 ZPO hergestellt wird, kann zwar im Wege des Wiederaufnahmeverfahrens angegriffen werden, doch für den Erfolg eines solchen Angriffs müssen Aufhebungsgründe vorliegen, die das Aufhebungs- oder Exequaturverfahren vor dem staatlichen Gericht betreffen. Die unlautere Beeinflussung des Schiedsgerichts oder das Auffinden neuer Tatsachen oder Beweismittel, die eine andere Entscheidung des Schiedsgerichts gerechtfertigt hätten, ist zur

---

[339] MünchKommZPO-*Münch*, § 1055 Rn. 30.

Motivierung einer Wiederaufnahmeklage gegen Aufhebungs- und Exequaturentscheidungen ungeeignet.[340] Die deutsche Praxis behilft sich in Fällen betrügerisch erschlichener Schiedssprüche oder aus sonstigen Gründen krass unrichtiger Schiedssprüche mit dem Rechtsbehelf des § 826 BGB, mit dem auch Entscheidungen staatlicher Gerichte jenseits des Wiederaufnahmeverfahrens korrigiert werden können.[341] Dabei können sie sich auf den Gesetzgeber des Schiedsverfahrens-Neuregelungsgesetzes von 1997 berufen, der die Quasi-Restitutionsklage nach § 826 BGB ausdrücklich offen halten wollte.[342]

cc) Das Bedürfnis für eine explizite gesetzliche Regelung

Im Ergebnis begegnet das deutsche Recht den Problemen betrügerischer Erschleichung von Schiedssprüchen und der nachträglichen Entdeckung von entscheidungserheblichen Tatsachen und Beweismitteln also durch eine Kombination aus befristeten Aufhebungs- und Exequaturversagungsgründen und einer unbefristeten, auf Schadensersatz gerichteten Quasi-Restitutionsklage auf der Grundlage von § 826 BGB. Damit lässt sich in der Praxis auskommen, doch im Wettbewerb der Schiedsstandorte reicht dies nicht aus. Das eben herausgearbeitete Menü von Rechtsbehelfen ist nur Spezialisten des Schiedsverfahrensrechts geläufig und dem geschriebenen Recht nicht eindeutig zu entnehmen. Damit fällt es bei der Wahl zwischen konkurrierenden Schiedsorten unter den Tisch.

Darüber hinaus ist zu berücksichtigen, dass in der Öffentlichkeit immer wieder Kritik an der mangelnden Transparenz von Schiedsverfahren geübt wird. Daran ist jedenfalls im Bereich der Handelsschiedsgerichtsbarkeit kaum etwas zu ändern. Allerdings sollte der Gesetzgeber alles dafür tun, um die Integrität der in Deutschland

---

[340] MünchKommZPO-*Münch*, § 1059 Rn. 83.

[341] BGHZ 145, 376, 381 ff. = NJW 2001, 373; LG Frankfurt/Main, SchiedsVZ 2017, 206, 211; eingehend *Wagner*, in: Wagner/Schlosser, Die Vollstreckung von Schiedssprüchen, S. 1, 32 ff. *Schlosser*, FS Gaul, S. 678 ff.; Stein/Jonas-*Schlosser*, ZPO, § 1058 Rn. 4 ff.

[342] BT-Drucks. 13/5274, S. 60: beim Vorliegen von Restitutionsgründen biete „das Schadensersatzrecht eine angemessene Lösung".

stattfindenden Schiedsverfahren zu stärken. Es kommt durchaus vor, dass Schiedsverfahren von einzelnen Parteien zum Nachteil der Gegenpartei manipuliert werden. Für den Fall, dass solche Machenschaften später als drei Monate nach Empfang des Schiedsspruchs ans Licht kommen, sollte das Schiedsverfahrensrecht selbst einen klar konturierten Rechtsbehelf bereit halten.

dd) Die Lösung im schweizerischen Reformentwurf

Vor diesem Hintergrund wird verständlich, dass in der Schweiz eine Kodifikation des Wiederaufnahmeverfahrens gegen Schiedssprüche, die in internationalen Schiedsverfahren mit Sitz in der Schweiz ergangen sind, geplant wird. In einem neuen Art. 190a IPRG soll die „Revision" von „Entscheiden" internationaler Schiedssprüche geregelt werden, was in deutscher prozessrechtlicher Terminologie der Wiederaufnahme eines durch einen unangreifbaren Schiedsspruch abgeschlossenen Schiedsverfahrens entspricht.[343] Der Rechtsbehelf wäre zulässig, wenn die Schiedspartei entweder nachträglich erhebliche Tatsachen erfährt oder Beweismittel findet, die bereits vor dem Schiedsspruch bestanden, im Schiedsverfahren aber nicht geltend gemacht werden konnten (Art. 190a Abs. 1 lit. a) IPRG-Entwurf) oder wenn ein Strafverfahren ergeben hat, dass durch ein Verbrechen oder Vergehen zum Nachteil der betreffenden Partei auf den Schiedsspruch eingewirkt wurde (Art. 190a Abs. 1 lit. b) IPRG-Entwurf). In diesem Fall ist die rechtskräftige Verurteilung durch ein Strafgericht – anders als gemäß § 581 Abs. 1 ZPO – keine notwendige Voraussetzung für die Wiederaufnahme. Das Revisionsgesuch ist nach dem Entwurf innerhalb von 90 Tagen seit Entdeckung des Revisionsgrundes anzubringen (Art. 190a Abs. 2 IPRG-Entwurf).

---

[343] *Eidgenössisches Justiz- und Polizeidepartement*, Vorentwurf Bundesgesetz über das Internationale Privatrecht, AS 2017, S. 4; im Internet unter https://www.ejpd.admin.ch/dam/data/bj/aktuell/news/2017/2017-01-11/vorentw-d.pdf. Zur Begründung vgl. *Eidgenössisches Justiz- und Polizeidepartement* (Hrsg.): Erläuternder Bericht zur Änderung des Bundesgesetzes über das Internationale Privatrecht (Internationale Schiedsgerichtsbarkeit), S. 28; im Internet unter https://www.ejpd.admin.ch/dam/data/bj/aktuell/news/2017/2017-01-11/vn-ber-d.pdf.

Im praktischen Ergebnis bedeutete Art. 190a IPRG-Entwurf nichts Neues, denn die Zulässigkeit dieses Rechtsbehelfs gegen bestandskräftige Schiedssprüche entsprach bereits der Rechtsprechung des Bundesgerichts.[344] Für die interne Schiedsgerichtsbarkeit ist die Revision zudem bereits in Art. 396 schwZPO gesetzlich geregelt.[345] Auch in der Schweiz hat sich offenbar die Auffassung durchgesetzt, dass die Möglichkeit zur Korrektur auf korrupte Weise erwirkter oder sonst evident unrichtiger Schiedssprüche für die internationale Schiedsgerichtsbarkeit bedeutsam genug ist, um in dem einschlägigen Gesetz selbst geregelt zu werden.

ee) Empfehlungen für das deutsche Recht

Eine dem Art. 190a IPRG-Entwurf ähnliche Regelung ist auch für das deutsche Schiedsverfahrensrecht zu empfehlen.[346] Der schweizerische Gesetzgeber hat die Bedingungen, unter denen ein bestandskräftiger Schiedsspruch annulliert werden kann, treffend umschrieben. Der deutsche Gesetzgeber sollte ebenfalls eine eigenständige Regelung treffen und nicht auf das Wiederaufnahmerecht der §§ 578 ff. ZPO verweisen. Letzteres hat sich nämlich in Bezug auf Urteile und andere Entscheidungen staatlicher Gerichte als zu eng erwiesen, insbesondere wegen des Erfordernisses vorheriger strafgerichtlicher Verurteilung gemäß § 581 Abs. 1 ZPO. Davon legt die Karriere des § 826 BGB als ultima ratio-Rechtsbehelf gegen Entscheidungen staatlicher Gerichte eindrucksvoll Zeugnis ab.

Schließlich ist der Entwurf des reformierten IPRG auch insofern nachahmenswert, als er die Wiederaufnahme des Schiedsverfahrens der Sache nach der Aufhebungsklage zum staatlichen Gericht nachgebildet hat. Gemäß Art. 191 ist die einzige Revisionsinstanz das Bundesgericht, das erst- und letztinstanzlich bereits für Aufhebungsbegehren

---

[344] BGE 142 III, 521, E.2.1; BGE 134 III 286, E.2; BGE 129 III 727, E.1.; BGE 118 II 199 E.2., 3.

[345] Eingehend *Berger/Kellerhals*, International and Domestic Arbitration in Switzerland, Rn. 1919 ff.

[346] Im Ergebnis genauso *Schlosser*, FS Prütting (im Erscheinen).

gegen Schiedssprüche („Beschwerde") zuständig ist. Alternativ dazu kommt die Wiedereröffnung des Schiedsverfahrens in Betracht, die von der durch den unrichtigen Schiedsspruch benachteiligten Partei initiiert werden müsste. Diese Alternative hat die dogmatische Reinheit und systematische Konsequenz auf ihrer Seite, denn für das deutsche Wiederaufnahmeverfahren ist es kennzeichnend, dass das ursprüngliche Gericht, dessen rechtskräftige Entscheidung angefochten wird, über das Gesuch entscheidet (§ 584 ZPO).

Für einen entsprechenden Rechtsbehelf gegen bestandskräftige Schiedssprüche ist das Regelungsmuster des deutschen Wiederaufnahmerechts hingegen ungeeignet.[347] Die Wiedereröffnung des Schiedsverfahrens würde die beschwerte Partei vor einen Reigen praktischer Hürden stellen. Sie müsste zunächst die Schiedsrichter zusammenrufen, deren Amt bereits beendet war und die keinen finanziellen Leistungsanreiz mehr haben, wenn die Verfahrenskosten nicht erneut anfallen sollen. Sodann müsste sie diejenige Entscheidungsinstanz, deren rechtswidrige Beeinflussung sie behauptet oder deren Entscheidung sie aufgrund neu aufgefundener Tatsachen oder Beweismittel infrage stellen will, von der Berechtigung dieses Ansinnens überzeugen. Gelänge die Wiederaufnahme und würde in der Sache zugunsten der benachteiligten Partei entschieden, könnte die Gegenpartei gegen den neuerlichen Schiedsspruch das Aufhebungsverfahren gemäß § 1059 ZPO betreiben. Dieser zeit- und kostenintensive Spießrutenlauf sollte einer Partei, die schwerwiegende Mängel des ursprünglichen Schiedsverfahrens behauptet, erspart werden.

Eine im Schiedsverfahren unterlegene Partei, die eine strafrechtlich relevante Manipulation des Schiedsgerichts oder das Auffinden neuer Tatsachen oder Beweismittel behauptet, sollte sich folglich direkt an das staatliche Gericht wenden und dieses um die Aufhebung des bestandskräftigen Schiedsspruchs, ggf. einschließlich des gerichtlichen Exequaturbeschlusses ersuchen können. Nur dieser Rechtsbehelf verspricht die gebotene kompetente und effektive Erledigung derart

---

[347] *Schlosser*, FS Gaul, S. 678, 685 ff.; *ders.*, FS Prütting (im Erscheinen), unter II. 2.

gravierender Vorwürfe.[348] Zuständig sollte dasjenige Gericht sein, das auch für die Aufhebungs- und Exequaturverfahren der §§ 1059, 1060 ZPO zuständig ist, nach gegenwärtiger Rechtslage also das OLG (§ 1062 Abs. 1 Nr. 4 ZPO) und nicht, wie bei der Klage nach § 826 BGB, ein LG. Es ist selbstverständlich, dass das Schiedsgericht selbst seine eigene Entscheidung korrigieren kann und muss, wenn es sich bei dieser um einen Zwischen- oder Teilschiedsspruch handelt und das Restitutionsbegehren von der beschwerten Partei noch vor Beendigung des Schiedsverfahrens erhoben wird.[349] In der Sache ist für die Aufhebung eines bestandskräftigen Schiedsspruchs wegen betrügerischer Manipulation des Schiedsverfahrens entgegen § 581 Abs. 1 ZPO keine vorherige strafgerichtliche Verurteilung zu verlangen.[350] Dieses Erfordernis ist einer der Gründe dafür, dass die Mobilisierung des § 826 BGB als Rechtsbehelf gegen rechtskräftige Urteile überhaupt erforderlich war, denn in der Praxis führt es zum Leerlauf der Restitutionsklage. Eine Inkorporation des § 581 Abs. 1 ZPO in das Restitutionsrecht für Schiedssprüche ist daher zu vermeiden, und aus demselben Grund kommt auch eine Verweisung der neu zu schaffenden Vorschrift auf die §§ 578 ff. ZPO nicht in Betracht.

Es bedarf somit einer eigenständigen Regelung für ein Verfahren zur Aufhebung grob fehlerhafter, aber gemäß § 1059 Abs. 3 ZPO bestandskräftiger Schiedssprüche. Als Standort für eine entsprechende Bestimmung bietet sich ein neuer § 1060a ZPO an.

---

[348] In den treffenden Worten des schweizerischen Bundesgerichts, BGE 142 III 521, E.2.1.: „Toute loi de procédure prévoit un moment à partir duquel les décisions de justice sont définitives, qu'elles émanent de tribunaux étatiques ou de tribunaux privés. Effectivement, il arrive toujours un moment où la vérité matérielle, si tant est qu'elle puisse être établie, doit s'effacer devant la vérité judiciaire, quelque imparfaite qu'elle soit, sous peine de mettre en péril la sécurité du droit. Il est cependant des situations extrêmes où le sentiment de la justice et de l'équité requiert impérativement qu'une décision en force ne puisse pas prévaloir, parce qu'elle est fondée sur des prémisses viciées. C'est précisément le rôle de la révision que de permettre d'y remédier [Nachweise]".

[349] Zu diesen (sehr seltenen) Fällen eingehend *Schlosser*, FS Gaul, S. 678, 685 ff.; *ders.*, FS Prütting (im Erscheinen), unter II. 1. a).

[350] Übereinstimmend *Schlosser*, FS Prütting (im Erscheinen), unter II. 3.

g) Einheitliche Gerichtszuständigkeit

Gegen Schiedssprüche in internationalen Schiedsverfahren mit Schiedsort in der Schweiz gibt es nur ein einziges Rechtsmittel zu einem einzigen Gericht, nämlich die Anfechtung vor dem Bundesgericht gemäß Art. 190, 191 IPRG. Daran soll auch in Zukunft nichts geändert werden.[351] Auch die Kommission zur Neuordnung des deutschen Schiedsverfahrensrechts, die das Schiedsverfahrens-Neuregelungsgesetz des Jahres 1997 vorbereitet hat, war der Auffassung, dass eine Konzentration der für Schiedsverfahren relevanten Entscheidungen wünschenswert sei.[352] Allerdings endete der Konzentrationswille bei den Oberlandesgerichten, denn diese sind gemäß § 1062 Abs. 1 ZPO zur Entscheidung über Aufhebungs- und Exequaturanträge sowie für sonstige wichtige Entscheidungen in Bezug auf Schiedsverfahren berufen.

Vorzugswürdig wäre die Eingangs- und Letztzuständigkeit des BGH für sämtliche Schiedssachen nach § 1062 Abs. 1 ZPO, wie sie Österreich (§ 615 öZPO) im Jahr 2013 verwirklicht hat. Seither ist der OGH erst- und letztinstanzlich für alle Schiedssachen zuständig.[353] Grund und Anlass für diese Reform können nicht überraschen, nämlich die Stärkung von Wien im Wettbewerb der Schiedsstandorte. In der Begründung zu dem einschlägigen Gesetzentwurf heißt es:

„Nach Angaben aus der schiedsverfahrensrechtlichen Praxis bilde der geltende Rechtszug über drei Instanzen für das Verfahren über die Aufhebungsklage gegen einen Schiedsspruch einen erheblichen Nachteil im Wettbewerb der Schiedsorte. Ungeachtet des Umstandes, dass Österreich, was die rasche Abwicklung zivilgerichtlicher Verfahren betreffe,

---

[351] *Eidgenössisches Justiz- und Polizeidepartement* (Hrsg.): Erläuternder Bericht zur Änderung des Bundesgesetzes über das Internationale Privatrecht (Internationale Schiedsgerichtsbarkeit), S. 15 f.; im Internet unter https://www.ejpd. admin.ch/dam/data/bj/aktuell/news/2017/2017-01-11/vn-ber-d.pdf.

[352] *Bundesministerium der Justiz* (Hrsg.), Kommission zur Neuordnung des Schiedsverfahrensrechts, Bericht, 1994, S. 212 f.

[353] Dazu eingehend *Oberhammer/Koller*, ZZPInt 2012, 75, 84 ff., die anschaulich schildern, wie überrascht die österreichischen Proponenten einer stärkeren Zuständigkeitskonzentration in Österreich waren, dass der Gesetzgeber den Mut zur Maximallösung aufbrachte.

im Spitzenfeld vergleichbarer Rechtsordnungen liege, habe die bloße Existenz dreier Instanzen abschreckende Wirkung auf das Zielpublikum des Schiedsrechts – den an einer raschen und endgültigen Erledigung interessierten Parteien. […] Nach dem Vorbild anderer europäischer Rechtsordnungen soll daher der Instanzenzug für das Verfahren über die Aufhebungsklage gegen einen Schiedsspruch verkürzt werden. Dabei wird die Konzentration der Aufhebungsverfahren vor dem Obersten Gerichtshof als die attraktivste Lösung vorgeschlagen. Einen bloß eine Instanz umfassenden Rechtszug weist die Schweiz auf, während in anderen vergleichbaren Schiedsplätzen ein Rechtszug über (zumindest) zwei Instanzen besteht. Mit einer Verkürzung des Instanzenzugs kann sich Österreich im Wettbewerb der Schiedsorte einen wichtigen Vorteil verschaffen."[354]

Die für das Verfahren vor dem OGH fälligen Gerichtsgebühren hat der österreichische Gesetzgeber gleichzeitig so (hoch) festgesetzt, dass die Zuständigkeitskonzentration den Steuerzahler nichts kostet.[355]

In der Schweiz ist das Bundesgericht seit jeher die einzige Instanz zur Kontrolle von Schiedssprüchen im Rahmen von Aufhebungsverfahren (Art. 77 Abs. 1 lit. a) schwBGG). Diese Lösung ist mit der schweizerischen Bundes-ZPO auch für die Binnenschiedsgerichtsbarkeit eingeführt worden (Art. 389 Abs. 1 schwZPO, Art. 77 Abs. 1 lit. b) schwBGG).[356] Für die übrigen schiedsbezogenen Streitigkeiten, insbesondere die Ernennung und Abberufung von Schiedsrichtern sowie die Unterstützung des Schiedsgerichts bei Verfahrenshandlungen ist gemäß Art. 356 schwZPO das oberste Gericht des Kantons zuständig, in dem der Schiedsort belegen ist.

Die Kompetenz des BGH für sämtliche Schiedssachen nach österreichischem Vorbild wäre ein klarer und mutiger Schritt, der international viel Beachtung fände. Der Nachteil dieser Lösung besteht offensichtlich darin, dass der BGH mit einer Vielzahl von Kleinverfahren geringer Bedeutung überschwemmt werden könnte. Immerhin sollten

---

[354] ErläutRV 2322 BlgNr. 24 (SchiedsRÄG 2013), S. 3; im Internet unter https://www.parlament.gv.at/PAKT/VHG/XXIV/I/I_02322/fname_303831.pdf.
[355] ErläutRV 2322 BlgNr. 24 GP 1 (SchiedsRÄG 2013), S. 3; im Internet unter https://www.parlament.gv.at/PAKT/VHG/XXIV/I/I_02322/fname_303831. pdf.; dazu *Oberhammer/Koller*, ZZPInt 2012, 75, 86.
[356] Vgl. dazu *Dasser*, in: Oberhammer/Domej/Haas, ZPO, Art. 389 Rn. 1 ff.

zumindest die Aufhebungs- und Exequaturverfahren bei inländischen Schiedssprüchen gemäß §§ 1059, 1060 ZPO sowie die Entscheidungen über die Zulässigkeit des schiedsrichterlichen Verfahrens gemäß §§ 1032 Abs. 2, 1040 Abs. 3 ZPO beim BGH als erster und letzter Instanz gebündelt werden. Die übrigen schiedsbezogenen Materien des § 1062 Abs. 1 Nr. 1, 3 ZPO, also Entscheidungen über die Bestellung und Befangenheit von Schiedsrichtern und die Beendigung des Schiedsrichteramts sowie über die Vollziehung einstweiliger Maßnahmen könnten ggf. in der Zuständigkeit der Oberlandesgerichte verbleiben.

Als zweitbeste Lösung kommt die Zuständigkeitskonzentration für sämtliche Schiedssachen, einschließlich der Aufhebungs- und Exequaturverfahren, bei einem einzigen Oberlandesgericht im Bundesgebiet in Betracht. Ein solcher Reformschritt hätte den großen Vorteil, dass ein einziger Spruchkörper Erfahrung und Routine im Umgang mit den Problemen des Schiedsverfahrensrechts entwickeln und auf dieser Grundlage eine detailliere und konsistente Judikatur kreieren könnte. Der Austausch mit dem zuständigen Senat des BGH in den dann verbleibenden Rechtsmittelverfahren käme hinzu.

Die Vorteile einer solchen Zuständigkeitskonzentration lägen nicht in den Bereichen der Zugänglichkeit des Gerichts und der Justizverwaltung. Es geht nicht um Einsparungen in den Justizetats, sondern um die Qualität des Schiedsverfahrensrechts, von der – wie gesehen[357] – die Parteien die Wahl der einen oder anderen Jurisdiktion als Standort für ihr Schiedsverfahren abhängig machen. Die Regeln des gesetzlichen Schiedsverfahrensrechts setzen nur einen sehr lockeren Rahmen, der der Ausfüllung durch die Rechtsprechung bedarf. Bei der Wahl des Schiedsorts setzen die Parteien ihr Vertrauen nicht nur in das geschriebene Recht, sondern vor allem auch in die dazu ergangenen Gerichtsentscheidungen sowie – in die Zukunft blickend – in die Fachkompetenz, Erfahrung und Loyalität der für ihre Sache zuständigen Gerichte.[358]

---

[357] Oben, Dritter Teil IV. 1., S. 142.
[358] Oben, Dritter Teil IV. 1., S. 143, mit Fn. 297 f.

Es ist offensichtlich, dass die Konzentration der Schiedssachen im Sinne des § 1062 Abs. 1 ZPO bei einem einzigen Oberlandesgericht im Rahmen einer bundesstaatlichen Ordnung eine große Herausforderung darstellt. Trotz aller bundesstaatlichen Bedenken wäre ein solcher Schritt jedoch von einer kaum zu unterschätzenden Signalwirkung für die Nutzer der internationalen Schiedsgerichtsbarkeit. Schließlich darf nicht vergessen werden, dass die Zuständigkeitskonzentration bei einem Oberlandesgericht keinerlei Mehrkosten verursachen, sondern die Haushalte möglicherweise sogar entlasten würde. Dies sollte Grund genug dafür sein, das Thema ernsthaft anzugehen.

h) Englisch als Gerichtssprache

Viele Schiedsverfahren mit Schiedsort in Deutschland, werden nicht in deutscher, sondern in englischer Sprache geführt. Dabei handelt es sich keineswegs immer um Verfahren mit Beteiligung (mindestens) einer ausländischen Partei. Auch bei Streitigkeiten zwischen in Deutschland domizilierten Parteien kann es sinnvoll sein, das Verfahren in Englisch zu führen, etwa weil die einschlägigen Dokumente in dieser Sprache abgefasst oder die anzuhörenden Zeugen und/oder Sachverständigen des Deutschen nicht mächtig sind oder weil ausländische Investoren hinter einem in Deutschland ansässigen Unternehmen stehen und diese Investoren den Gang des Verfahrens mitverfolgen und nachvollziehen möchten. Die DIS-Statistik weist für das Jahr 2015 27 Schiedsverfahren mit Beteiligung mindestens einer ausländischen Partei aus; sieben dieser Schiedsverfahren fanden allein zwischen ausländischen Parteien statt.[359] Demgegenüber wurde in 19 Verfahren Englisch als Verfahrenssprache gewählt. Dies entspricht einem Anteil von 16 %.[360]

Im Vergleich dazu betrafen nur elf der von den schweizerischen Handelskammern betreuten 100 Schiedsverfahren interne Fälle, während die übrigen 89 Verfahren internationalen Charakter hatten,[361] also

---

[359] DIS-Statistik 2015, S. 4.
[360] DIS-Statistik 2015, S. 5.
[361] Swiss Chambers' Arbitration Institution, Arbitration Statistics 2015, S. 2.

mindestens eine Partei ihren Wohnsitz oder gewöhnlichen Aufenthalt außerhalb der Schweiz hatte (Art. 176 Abs. 1 IPRG). In 67 von 100 Verfahren war Englisch Verfahrenssprache, nur in elf Verfahren Deutsch.[362]

Die Schweiz ist demnach äußerst erfolgreich darin, internationale Schiedsverfahren anzuziehen. Der schweizerische Gesetzgeber will auf diese Situation dadurch reagieren, dass er in dem Verfahren vor dem Bundesgericht, das gemäß Art. 191 IPRG für die Anfechtung von Schiedssprüchen ausschließlich und letztinstanzlich zuständig ist, englische Schriftsätze zulässt. Das Bundesgesetz über das Bundesgericht soll in der Bestimmung über die Zulässigkeit der Anfechtung von Schiedssprüchen (Beschwerde gegen Schiedsentscheide) um den lapidaren Satz ergänzt werden: „Rechtsschriften können in englischer Sprache abgefasst werden."[363] Diesen Schritt begründet der Bundesrat mit folgenden Erwägungen:

„Englisch ist heute die vorherrschende Sprache in Schiedsverfahren. Angesichts der Bedeutung der englischen Sprache als *lingua franca* der Schiedsgerichtsbarkeit verfolgt das Bundesgericht bereits heute eine großzügige Praxis und verlangt in Beschwerdeverfahren gegen Schiedssprüche in Schiedsverfahren regelmäßig keine Übersetzungen für Dokumente und Beilagen, die in englischer Sprache eingereicht werden. Der Vorentwurf geht hier noch einen Schritt weiter und ergänzt Artikel 77 BGG um einen neuen Absatz 2bis, welcher es den Parteien in Beschwerde- und Revisionsverfahren in der Schiedsgerichtsbarkeit vor dem Bundesgericht erlaubt, die Rechtsschriften ebenfalls in englischer Sprache abzufassen und einzureichen. Die Neuerung, dass zukünftig auch die Rechtsschriften in englischer Sprache eingereicht werden können, soll den Übersetzungsaufwand bei den Parteien verringern und die möglichst durchgängige Verwendung der englischen Sprache für Schiedsverfahren in der Schweiz und allfällige Annexverfahren vor dem Bundesgericht ermöglichen. Die Bestimmung soll zudem für die internationale wie auch die interne Schiedsgerichtsbarkeit gelten. Ohne Einfluss ist diese Anpas-

---

[362] Swiss Chambers' Arbitration Institution, Arbitration Statistics 2015, S. 2.
[363] Art. 77 Abs. 2bis des Bundesgesetzes vom 17.06.2005 über das Bundesgericht in der Fassung des Vorentwurfs; vgl. Eidgenössisches Justiz- und Polizeidepartement, Vorentwurf Bundesgesetz über das Internationale Privatrecht, AS 2017, S. 6; im Internet unter https://www.ejpd.admin.ch/dam/data/bj/aktuell/news/2017/2017-01-11/vorentw-d.pdf.

sung auf die Verfahrenssprache, welche sich auch in diesen Fällen weiterhin nach der allgemeinen Bestimmung von Artikel 54 BGG richtet."[364]

Die Argumente des schweizerischen Bundesrats gelten ohne Abstriche auch für internationale Schiedsverfahren, die in Deutschland stattfinden; auch für diese ist Englisch die *lingua franca*, und auch hierzulande fallen hohe Kosten und Zeitverluste an, wenn in Aufhebungs- und Exequaturverfahren sämtliche Unterlagen ins Deutsche übersetzt und die Schriftsätze in Deutsch abgefasst werden müssen. Wie die in der Schweiz angestrebte Lösung zeigt, ist es auch keineswegs notwendig, das gesamte Gerichtsverfahren in Englisch zu führen. Dem Parteiinteresse ist Genüge getan, wenn der Schriftverkehr in dieser Sprache erfolgen kann und Dokumente nicht übersetzt werden müssen.

In Deutschland ist die schriftliche Kommunikation mit dem Gericht gemäß § 184 GVG nur in deutscher Sprache möglich, wenn man von den sorbischen Gebieten einmal absieht. In Englisch oder einer anderen Fremdsprache abgegebene Prozesshandlungen und Schriftsätze gelten als nicht geschrieben, wenn ihnen keine Übersetzung beigefügt ist.[365] Werden fremdsprachige Urkunden als Beweismittel vorgelegt, ist ebenfalls eine Übersetzung erforderlich. Auf die von einigen Bundesländern verfolgten Pläne, Englisch als Gerichtssprache vor Kammern für internationale Handelssachen zuzulassen, wird im Zusammenhang noch einzugehen sein.[366] An dieser Stelle ist allein relevant, dass auch jene Pläne den Regelungsgegenstand des schweizerischen Reformentwurfs, nämlich Aufhebungsverfahren gegen Schiedssprüche, die in englischer Sprache abgefasst sind und denen ein in Englisch geführtes Schiedsverfahren vorausging, *nicht* einbeziehen. Genau dies wäre zur Verbesserung der Wettbewerbsfähigkeit des Schiedsorts Deutschlands indessen geboten, und zwar insbesondere dann, wenn es darum gehen

---

[364] *Eidgenössisches Justiz- und Polizeidepartement* (Hrsg.): Erläuternder Bericht zur Änderung des Bundesgesetzes über das Internationale Privatrecht (Internationale Schiedsgerichtsbarkeit), S. 30 f.; im Internet unter https://www.ejpd.admin.ch/dam/data/bj/aktuell/news/2017/2017-01-11/vn-ber-d.pdf.

[365] BGHSt 30, 182 = NJW 1982, 532, 533; Stein/Jonas-*Jacobs*, 22. Aufl., § 184 GVG Rn. 16.

[366] Unten, Vierter Teil VII., S. 212.

soll, auch internationale Schiedsverfahren anzuziehen.[367] Mit der Einführung von Kammern für internationale Handelssachen hat dieses Petitum im Grunde nichts zu tun; es lässt sich und sollte unabhängig davon verwirklicht werden.

Was den Anwendungsbereich der Wahlmöglichkeit zugunsten von Englisch anlangt, so muss sie jedenfalls für das Verfahren zur Aufhebung von Schiedssprüchen gelten. So sieht es auch der schweizerische Reformentwurf vor. Bei den übrigen Materien des § 1062 Abs. 1 ZPO wäre im Einzelfall zu prüfen, ob eine Einbeziehung sinnvoll ist. Ein dringendes Bedürfnis ist insoweit nicht erkennbar. Insbesondere ist es zur Verbesserung der Wettbewerbsfähigkeit des Schiedsorts Deutschland nicht geboten, Englisch als Gerichtssprache auch dann zuzulassen, wenn der Antragsteller die Vollstreckbarerklärung eines im Ausland ergangenen Schiedsspruchs nach Maßgabe des § 1061 ZPO i.V.m. dem New Yorker Übereinkommen begehrt. Durch eine solche Maßnahme würde der einheimische Schiedsort keinen Deut attraktiver. Möglicherweise ist dies der Grund, warum der schweizerische Reformentwurf davon absieht, diese Neuerung auf Exequaturverfahren nach dem New Yorker Übereinkommen zu erstrecken.

3. Reform des materiellen Rechts: Einschränkung der AGB-Kontrolle im Unternehmensverkehr

Die verfügbaren Studien über die Präferenzen der Parteien zeigen, dass anwendbares Recht und Streitbeilegungsmechanismus im Paket gewählt werden.[368] Die Attraktivität des deutschen Rechts insgesamt und des Vertragsrechts im Besonderen determiniert damit die Attraktivität des Schiedsorts Deutschland. Den Zusammenhang zwischen der Rechtswahl und der Wahl des Orts für die Austragung von Rechtsstreitigkeiten hat auch die Rechtspolitik erkannt. In dem

---

[367] So bereits mit dem gebotenen Nachdruck *Illmer*, ZRP 2011, 170.
[368] Oben, Dritter Teil V. 1., S. 147.

Gesetzentwurf des Bundesrates zur Einführung von Kammern für internationale Handelssachen heißt es:

„Die Attraktivität des Gerichtsstandortes hat Auswirkungen auch auf die Frage der Rechtswahl. In vielen Verträgen des internationalen Wirtschaftsverkehrs wird vereinbart, welches Recht auf das Vertragsverhältnis anwendbar sein soll. Dabei ist die Deckungsgleichheit von gewähltem Recht und vereinbartem Gerichtsstand von großer Bedeutung. Die Anwendbarkeit des deutschen Rechts wird trotz seiner Vorzüge kaum gewählt werden, wenn als Gerichtsstand z. B. ein Gericht in England vereinbart ist."[369]

Der Bundesrat geht also davon aus, dass die Wahl des Gerichtsstands die Wahl des anwendbaren Rechts bestimmt. Für die Wahl des Schiedsorts gilt Entsprechendes. Allerdings besteht die Abhängigkeit in die andere Richtung: die Wahl des materiellen Rechts determiniert die Wahl des Gerichts- oder Schiedsorts. Die oben zitierte Studie zum Entscheidungsverhalten von Unternehmenssyndizi hat ergeben, dass sie die Wahl des anwendbaren Rechts an die erste Stelle setzen und daraus Konsequenzen für die Wahl des Schiedsorts ziehen, nicht umgekehrt.[370] Diese Priorisierung erscheint auch plausibel, denn die Parteien treffen die Entscheidungen über Rechtswahl und Schiedsort nicht isoliert, sondern gerade in Bezug auf einen bestimmten materiell-rechtlichen Vertrag. Dabei sind die Parteien an einer möglichst akkuraten Durchsetzung der vertraglich begründeten Rechte und der übernommenen Pflichten interessiert.[371] Das materielle Recht, und nicht das Schiedsverfahrensrecht, ist die entscheidende Determinante für die Durchsetzung der vertraglichen Rechte und Pflichten.

Es gehört zur Folklore der internationalen Diskussion, dass die Vertreter des Common Law die Überlegenheit des eigenen Rechts gegenüber den Rechtsordnungen des Civil Law behaupten.[372] In den Umfragen zu den Präferenzen von Unternehmensjuristen und in den Statistiken der Schiedsorganisationen schlägt sich diese Überlegenheit nicht

---

[369] BT- Drucks. 17/2163, S. 7.
[370] Oben, Dritter Teil IV., S. 144, Fn. 299.
[371] Oben, Erster Teil IV. 3. a), S. 46, b), S. 50.
[372] Dazu treffend *Kötz*, AnwBl. 2010, 1, 2 ff.

nieder. In den Mitteilungen der ICC heißt es zwar, das englische und das US-amerikanische Recht würden am häufigsten gewählt, doch ihr Anteil machte lediglich ein Viertel der streitbefangenen Verträge aus.[373] Auf den Plätzen folgen die kontinentaleuropäischen Rechtsordnungen der Schweiz, Frankreichs und Deutschlands.

Das deutsche Recht besteht aus einer Vielzahl komplexer Teilrechtsordnungen, die im vorliegenden Kontext nicht im Einzelnen analysiert und auf ihre Wettbewerbsfähigkeit im Vergleich zu anderen Rechtssystemen hin geprüft werden können. Eines umfassenden Vergleichs bedarf es auch gar nicht, denn die Freiheit der Rechtswahl ist in vielen Bereichen, wie etwa im Steuerrecht oder im Kartellrecht, nicht gegeben. Das anwendbare Vertragsrecht dürfen die Parteien jedoch sowohl nach Art. 3 Abs. 1 der Rom I-VO als auch nach der umfassenderen Regelung des Art. 28 Abs. 1 UNCITRAL-Modellgesetz, § 1051 Abs. 1 ZPO frei wählen.[374] Gerade in diesem Bereich scheint das deutsche Recht nicht gut aufgestellt, denn es wird nach anekdotischen Berichten sogar von deutsche Vertragsparteien gemieden, die ihr Heimwärtsstreben überwinden, um sich für das schweizerische Recht zu entscheiden.[375] Umfragen unter Unternehmensjuristen haben diese Berichte eindrucksvoll bestätigt.[376] Als Hauptgrund für diese Tendenz wird in großer Einmütigkeit die Kontrolle vorformulierter Vertragsklauseln in Verträgen zwischen Unternehmen genannt.[377]

---

[373] ICC, 2015 ICC Dispute Resolution Statistics, S. 11.

[374] Zu der Frage, ob die Rechtswahlfreiheit gemäß § 1051 Abs. 1 ZPO durch die Rom I-Verordnung und das übrige Kollisionsrecht eingeschränkt wird, vgl. nur *Kondrig*, ZIP 2017, 706

[375] Dazu *Hobeck*, SchiedsVZ 2005, 111; *Pfeiffer*, NJW 2012, 1169; *ders.*, FS Graf von Westphalen, 555 ff.; *Vogenauer*, ERPL 21 (2013), 13, 36 f.

[376] Oben, Dritter Teil IV. 3., S. 146, mit Fn. 308.

[377] Vgl. nur *Hobeck,* SchiedsVZ 2005, 112; *Berger*, ZIP 2006, 2149; *ders.*; NJW 2010, 465; *Lischeck/Mahnken*, ZIP 2007, 158; *Miethaner*, NJW 2010, 3121, 3127; *Jansen*, ZEuP 2010, 69, 93 ff.; *Drygala*, JZ 2012, 983; *Maier-Reimer*, NJW 2017, 1; *Pfeiffer*, NJW 2017, 913, 917; *Wagner*, Materialisierung des Schuldrechts unter dem Einfluss von Verfassungsrecht und Europarecht – Was bleibt von der Privatautonomie?, in: Blaurock/Hager, Obligationenrecht im 21. Jahrhundert, S. 13, 36 f.; Staudinger-*Schlosser*, § 305 Rn. 36a.

Ein erfahrener Beobachter hat die Konsequenzen des einschlägigen deutschen Rechts auf den Punkt gebracht:

> „Im Geschäftsverkehr B2B ist das AGB-Recht ein entscheidendes, wenn nicht das entscheidende Hindernis für die Wahl des deutschen Rechts und damit praktisch auch eines deutschen Gerichtsstands, wenn man einmal von den – jedenfalls für Streitigkeiten mit hohem Streitwert überschätzten – Nachteilen absieht, die sich daraus ergeben, dass Verfahren vor den staatlichen Gerichten bislang in deutscher Sprache geführt werden müssen."[378]

Auch im Verkehr zwischen Unternehmen ist es üblich, vorformulierte Vertragsbedingungen einzusetzen, denn nur so lässt sich Rechtssicherheit und Vorhersehbarkeit in Auslegung und Anwendung von Vertragsklauseln gewährleisten. Folglich ist der Anwendungsbereich der §§ 305 ff. BGB auch bei Verträgen zwischen Unternehmen in der Regel eröffnet. Die Kritik richtet sich nicht dagegen, sondern gegen die enge Auslegung des § 305 Abs. 1 S. 3 BGB durch den BGH. Nach dem Wortlaut des Gesetzes liegen allgemeine Geschäftsbedingungen nicht vor, „soweit die Vertragsbedingungen zwischen den Parteien im Einzelnen ausgehandelt sind". Wird im Zuge der Vertragsanbahnung nur ein Teil der Bestimmungen eines langen und komplexen Entwurfs von den Parteien verhandelt, ist nach der Judikatur nur dieser Teil der Inhaltskontrolle entzogen.[379] Wurden also von einem Vertragswerk mit insgesamt 100 Bestimmungen 30 von den Parteien verhandelt, bleiben die übrigen 70 Bestimmungen der Inhaltskontrolle unterworfen. Der pointilistische Ansatz des BGH führt dazu, dass selbst Verträge mit einem Gegenstandswert im Umfang zwei- oder dreistelliger oder noch höherer Millionenbeträge, die unter Beteiligung von Anwaltsteams über Wochen hinweg verhandelt werden, zu großen Teilen am Maßstab des § 307 BGB gemessen werden, obwohl überhaupt kein Zweifel daran bestehen kann, dass beide Parteien genau wussten, worauf sie sich einließen.

---

[378] *Maier-Reimer,* NJW 2017, 1.
[379] BGHZ 93, 252, 254 ff.; BGHZ 97, 212, 215; BGHZ 153, 311, 322 ff.; BGHZ 200, 326 Rn. 27.

Eine restriktive Auslegung des § 305 Abs. 1 S. 3 BGB im Sinne des pointilistischen Konzepts des BGH mag durch den Wortlaut suggeriert werden, zwingend ist sie nicht.[380] Zu Sinn und Zweck der Inhaltskontrolle steht sie im Widerspruch.[381] Die Inhaltskontrolle allgemeiner Geschäftsbedingungen ist erforderlich, weil der Vertragspartner vom Inhalt vorformulierter Vertragsbedingungen keine Kenntnis nimmt und ihre Qualität deshalb bei seiner Vertragsabschlussentscheidung nicht berücksichtigt. Ohne die Intervention des Gesetzgebers und der Gerichte entwickelte sich ein *race to the bottom*-Wettbewerb, weil die Anbieter einen starken Anreiz zur Verwendung nachteiliger Klauseln hätten, die ihnen wirtschaftliche Vorteile bringen, deren Einsatz die Kunden aber nicht zur Abwanderung veranlassen würde, weil sie vom Inhalt der Klauseln keine Kenntnis nehmen.[382] Diese Dynamik beruht im Kern auf einer zwischen dem Anbieter und dem Kunden bestehenden Informationsasymmetrie, die wegen der rationalen Apathie des Kunden nicht überwunden wird und den Ausfall des Wettbewerbsmechanismus zur Folge hat. Eine solche Informationsasymmetrie besteht aber nicht, wenn eine kundige und von Rechtsanwälten beratene Partei einen ihr vorgelegten Vertragsentwurf analysiert, die dort enthaltenen Regeln in ihrer Bedeutung und Tragweite erfasst und dann einen strategischen Entschluss fasst, einige dieser Klauseln in den Vertragsverhandlungen zu thematisieren – und die übrigen einfach hinzunehmen. Eine solche Strategie ist in Vertragsverhandlungen der Normalfall, denn es ist weder sinnvoll noch erfolgversprechend, Alles und Jedes in Frage stellen, und stets ist zu bedenken, dass für jede Änderung zu eigenen Gunsten an anderer Stelle eine Gegenleistung in Form eines Zugeständnisses erbracht werden muss.

---

[380] So auch *Kötz*, AnwBl. 2010, 1, 5; MünchKommBGB-*Basedow*, § 305 Rn. 41, § 310 Rn. 16; Palandt-*Grüneberg*, § 305 Rn. 20, 22; Staudinger-*Schlosser*, § 305 Rn. 44; *Pfeiffer*, in: Wolff/Lindacher/Pfeiffer, AGB-Recht, § 305 Rn. 39.

[381] Treffend *Kieninger*, AnwBl. 2012, 301.

[382] *Kötz*, JuS 2003, 209, 211 ff.; *Leyens/Schäfer*, AcP 210 (2010), 771, 782 ff.; *Adams*, in: Neumann (Hrsg.), Ansprüche, Eigentums- und Verfügungsrechte, S. 655, 660 ff., unter Bezugnahme auf *Akerlof*, 84 Quart. J. Econ. 488 (1970); vgl. auch *Wagner*, Prozessverträge, S. 126 ff.; *ders.*, in: Blaurock/Hager (Hrsg.), Obligationenrecht im 21. Jahrhundert, S. 34 ff.

Sofern also ein geschäftsgewandter Vertragspartner wie ein Unternehmen Inhalt und Tragweite der ihm gestellten Klauseln voll erfasst hat, bevor er dem Vertrag zustimmt, ist es weder geboten noch gerechtfertigt, die Klauseln inhaltlich auf ihre Angemessenheit zu überprüfen und dabei das dispositive Gesetzesrecht als Maßstab zu nehmen (§ 307 Abs. 2 Nr. 1 BGB). Sinn und Zweck der Inhaltskontrolle allgemeiner Geschäftsbedingungen entspricht es vielmehr, sämtliche Klauseln auszunehmen, denen ein Unternehmen in voller Kenntnis des Regelungsinhalts zugestimmt hat – mag es sich auch ihm günstigere Regelungen gewünscht haben.

Wird die Rechtsprechung des BGH zum Erfordernis des Aushandelns insgesamt in den Blick genommen, so steht sie einer teleologisch informierten Auslegung des § 305 Abs. 1 S. 3 BGB nicht entgegen.[383] In einem Urteil aus dem Jahr 1992 hat der XII. Zivilsenat ausdrücklich klargestellt, Aushandeln erfordere nicht zwingend die Abänderung der vorformulierten Klausel, und im kaufmännischen Verkehr könne ein Aushandeln selbst dann vorliegen, wenn der Verwender eine Klausel für „unabdingbar" erklärt habe.[384] Vor diesem Hintergrund setzt ein Teil der Literatur auf die Selbstheilungskräfte der Rechtsprechung.[385]

Soll allerdings den Unternehmen Rechtssicherheit geboten und die Wettbewerbsfähigkeit des deutschen Rechts auf dem internationalen Markt gestärkt werden, ist gesetzgeberisches Handeln geboten.[386] Von einem Gesetz, das die Kontrolle allgemeiner Geschäftsbedingungen im Unternehmensverkehr einschränkte, ginge eine erhebliche Signalwirkung aus, die dem Schiedsort Deutschland ebenso zugute kommen würde wie auch dem deutschen Gerichtsplatz. Mit einem solchen Schritt würde sich der deutsche Gesetzgeber dem französischen und dem schweizerischen Recht annähern, die die Inhaltskontrolle vorformulierter Klauseln im Unternehmensverkehr gar nicht kennen

---

[383] So auch die oben in Fn. 380 genannten Autoren.
[384] BGH, NJW 1992, 2283, 2285; zu dieser Entscheidung auch *Pfeiffer*, in: Wolff/Lindacher/Pfeiffer, AGB-Recht, § 305 Rn. 39.
[385] Oben, Fn. 380.
[386] Ebenso *Berger*, NJW 2010, 465, 466.

oder zurückhaltender handhaben.[387] Der Schritt ist nicht zuletzt vom Deutschen Juristentag empfohlen worden.[388] Der Vorschlag, von der Inhaltskontrolle jedenfalls Verträge mit einem Gegenstandswert von über einer Million Euro auszunehmen und überdies summenmäßige Haftungsbeschränkungen zuzulassen, liegt bereits auf dem Tisch.[389] Seine Umsetzung durch den Gesetzgeber ist wünschenswert.

---

[387] Zu Frankreich *Leuschner,* ZEuP 2017, 335, 345 ff.; zur Schweiz *Ehle/Brunschweiler,* RIW 2012, 262, 263; *Leuschner,* ZEuP 2017, 335, 365 ff. mwNachw. Art. 8 schweizerisches UWG ist auf Verbraucherverträge begrenzt.

[388] Verhandlungen des 69. Deutschen Juristentages 2012, Band II/1, S. 90; Bd. II/2, 218; Verhandlungen des 71. Deutschen Juristentages 2016, Bd. II/2, Resolution A-26.

[389] *Leuschner,* ZIP 2015, 1045; *ders.,* ZIP 2015, 1326. Die Vorschläge gehen zurück auf eine Studie, die *Leuschner* im Auftrag des Bundesministeriums für Justiz und Verbraucherschutz durchgeführt hat.

VIERTER TEIL

WETTBEWERB DER JUSTIZSYSTEME

Nach den oben angestellten Überlegungen stehen auch die staatlichen Gerichte in einem internationalen Wettbewerb.[390] Dieser ist zwar längst nicht so stark ausgeprägt, wie im Bereich der Schiedsgerichtsbarkeit und der übrigen privaten Streitbeilegungsmechanismen, doch in moderater Form gibt es ihn durchaus. Das Projekt „Law – Made in Germany" ist Ausdruck dieser Erkenntnis, beschränkt sich jedoch darauf, für den Rechtsstandort Deutschland zu werben.[391] Darüber hinaus gilt es, ihn zu verbessern.

---

[390] Oben, Erster Teil II., S. 23, III., S. 29.
[391] Oben, Erster Teil IV. 4. b), S. 58.

I. WETTBEWERBSPARAMETER

Was genau die Parameter sind, die im Wettbewerb der Justizsysteme den Ausschlag für die Wertschätzung der konkurrierenden Anbieter durch die Parteien als Nachfrager geben, ist nicht auf Anhieb klar. Angesichts der mitunter hohen Kosten von Gerichtsverfahren mag es naheliegen, den besten Anbieter dort zu vermuten, wo die Justizdienstleistungen zu den niedrigsten Kosten angeboten werden. Die oben angestellten theoretischen Überlegungen zu den Präferenzen der Parteien bei der Wahl unter verschiedenen Gerichtsständen legen hingegen die Schlussfolgerung nahe, dass es vor allem auf die Qualität des Gerichtsverfahrens bzw. der an seinem Ende stehenden Entscheidung ankommt.[392] Die Parteien legen Wert auf die akkurate Durchsetzung der von ihnen vertraglich begründeten Rechte und Pflichten. Akkurate Durchsetzung des Vertrags ist aber nicht kostenlos zu haben, sondern hat ihren Preis. Genauso wenig wie die Parteien bereit sind, unendliche Ressourcen in die Streitentscheidung zu investieren, genauso wenig liegt es in ihrem Interesse, den Aufwand möglichst niedrig zu halten. Wäre dies anders, würden diejenigen Gerichte gewählt, die besonders kurzen Prozess machen und sich auf eine summarische oder gar formale Prüfung beschränken. Unter diesen Bedingungen hätten weder die schweizerischen noch die englischen Gerichte im internationalen Wettbewerb eine Chance. Den Parteien geht es um die Optimierung des Saldos aus dem Nutzen des von ihnen gewählten

---

[392] Oben, Erster Teil IV. 3. a), S. 46.

Gerichtsverfahrens in Gestalt akkurater Rechtsdurchsetzung einerseits und den dafür aufzuwendenden Kosten andererseits.[393]

[393] Genauer oben, Erster Teil IV. 3., S. 46.

II. DIE DEUTSCHE JUSTIZ IM EUROPÄISCHEN VERGLEICH

In Deutschland herrscht die Auffassung vor, die einheimischen Gerichte seien im internationalen Vergleich hervorragend aufgestellt. In der Tat ist es richtig, dass Deutschland über ein funktionierendes, auf rechtsstaatlichen Prinzipien gegründetes und berechenbares Justizsystem verfügt, das rechtskonforme Entscheidungen produziert. Allerdings sind die Gerichtsgebühren in Deutschland verglichen mit anderen Ländern sehr hoch.[394] In Frankreich beispielsweise ist die Inanspruchnahme der staatlichen Justiz grundsätzlich kostenlos.[395] Die Fokussierung auf die Gerichtsgebühren ist jedoch von vornherein verfehlt, weil die Gerichtsgebühren im Vergleich zu den Anwaltskosten nicht wesentlich ins Gewicht fallen.[396] Selbst in Verfahren der internationalen Schiedsgerichtsbarkeit, bei denen die Honorare und Auslagen der Schiedsrichter und die übrigen Verfahrenskosten in vollem Umfang von den Parteien getragen werden müssen, machen diese nur einen Bruchteil der Anwaltskosten aus.[397] Im Wettbewerb spielen die Gerichtsgebühren daher nicht die zentrale Rolle. Überdies kann

---

[394] *Reimann*, in: ders., Cost and Fee Allocation in Civil Procedure, S. 24.

[395] *Cayrol*, in: Reimann (Hrsg.), Cost and Fee Allocation in Civil Procedure, S. 137, 138 f. Rn. 4.

[396] *Hodges/Vogenauer/Tulibacka*, Costs and Funding of Civil Litigation, S. 69; *Reimann*, in ders. (Hrsg.), Cost and Fee Allocation in Civil Procedure, S. 25 ff., 31.

[397] ICC, Techniques, for Controlling Time and Costs in Arbitration, S. 2; *Karrer*, SchiedsVZ 2006, 113, 115; *Risse*, SchiedsVZ 2012, 5 mit Fn. 1.

Deutschland bei den Gesamtkosten der Zivilrechtsstreite punkten, denn im internationalen Vergleich ist die Prozessführung hierzulande relativ günstig.[398]

Diese Vorzüge dürfen jedoch nicht darüber hinwegtäuschen, dass der internationale Wettbewerb nicht denjenigen Anbieter belohnt, der ein ordentliches Produkt anbieten kann, sondern denjenigen, der das beste Produkt offeriert. Eine empirische Studie der Universität Oxford, die auf einer Umfrage unter 100 europäischen Unternehmen beruht, zeigt, dass die deutschen Gerichte im Vergleich zu denjenigen europäischer Nachbarländer nicht als besonders attraktiv gelten. Die erhobenen Daten bestätigen zum einen die oben begründete theoretische Überlegung, dass Parteien eine starke Präferenz für die Wahl ihrer Heimatgerichtsbarkeit haben.[399] Nur deshalb werden die italienischen Gerichte von nicht weniger als 12 % der Befragten präferiert, obwohl sie im europäischen Vergleich besonders schlecht abschneiden.[400] Die deutschen Gerichte bringen es demgegenüber auf eine Anhängerschaft von lediglich 10 %. Aussagekräftiger sind indessen die Umfrageergebnisse, wenn die jeweilige Heimatjurisdiktion aus dem Menü der wählbaren Optionen eliminiert wird. Prompt sinkt der Anteil der italienischen Gerichte auf 1 %, während der Anteil der deutschen Gerichte mit 10 % stabil bleibt.[401] In diesem Szenario werden allerdings die schweizerischen Gerichte von 19 % der Befragten präferiert und diejenigen Englands von 14 % . Auch die französischen und die US-amerikanischen Gerichte erzielen bessere Ergebnisse, wenn die Heimatjurisdiktion nicht gewählt werden kann, als im umgekehrten Fall.

Was lässt sich aus diesen Zahlen ableiten? Die deutschen Gerichte verfügen offenbar über eine treue Anhängerschaft unter den deutschen Juristen, die ihnen auch die Stange halten, wenn Alternativen

---

[398] *Hodges/Vogenauer/Tulibacka*, Costs and Funding of Civil Litigation, S. 92; speziell zu großvolumigen Unternehmensstreitigkeiten vgl. auch S. 57 ff.
[399] Vgl. oben, Erster Teil IV. 6. a), S. 77.
[400] *Vogenauer/Hodges*, Civil Justice Systems, S. 26.
[401] *Vogenauer/Hodges*, Civil Justice Systems, S. 26.

in anderen Staaten zur Verfügung stehen. Die deutschen Gerichte sind aber nicht dazu in der Lage, ausländische Parteien in nennenswerter Zahl anzulocken. Hier sind die schweizerischen Gerichte deutlich im Vorteil.

Die Gründe für das relativ enttäuschende Abschneiden der deutschen Gerichte sind nicht leicht auszumachen. Die Autoren der bereits zitierten Studie haben nach den Parametern gefragt, an denen die Unternehmen ihre Wahl zwischen verschiedenen Gerichtssystemen ausrichten. Ganz oben auf der Liste stehen folgende Punkte: Erstens die Qualität der Gerichte und der Richter, zweitens die Fairness des Verfahrensergebnisses, drittens Korruption bzw. deren Vermeidung, viertens die Vorhersehbarkeit des Verfahrensausgangs, fünftens die Schnelligkeit, sechstens die Qualität des Vertragsrechts.[402] Diese Kriterien passen sehr gut mit den theoretischen Überlegungen zum Entscheidungskalkül der Parteien bei der Wahl von Gerichten zusammen.[403] Überdies werden sie durch die empirischen Studien zur Wahl des Schiedsorts bestätigt, die ebenfalls ergeben haben, dass die Qualität des materiellen Vertragsrechts ein große Rolle spielt.[404]

Wie die deutschen Gerichte im Hinblick auf die genannten Parameter von den Unternehmen bewertet werden, darüber lässt sich mangels belastbarer Daten nur spekulieren. Vermutlich schneiden sie in den Punkten Korruption, Vorhersehbarkeit und Schnelligkeit sehr gut oder zumindest gut ab. Das Kriterium der „Fairness des Verfahrensergebnisses" wird in der Praxis nur schwer messbar sein und maßgeblich davon abhängen, ob die befragte Partei den Rechtsstreit gewonnen oder verloren hat. Über das Kriterium der „Qualität des Vertragsrechts" ist oben schon das Nötige gesagt worden; hier besteht Verbesserungsbedarf.[405]

Es bleibt der Gesichtspunkt der Qualität der Gerichte und der Richter, der für die Parteien das wichtigste Kriterium bei der Wahl eines Ge-

---

[402] *Vogenauer/Hodges*, Civil Justice Systems, S. 28.
[403] Oben, unter Erster Teil IV. 3, S. 46.
[404] Vgl. oben, Dritter Teil IV., S. 144, Fn. 299.
[405] Oben, Dritter Teil V. 3., S. 176.

richts ist. Wo die deutschen Gerichte hier im internationalen Vergleich stehen, ist nicht sicher zu beurteilen. Der deutliche Rückgang der Eingangszahlen bei den Kammern für Handelssachen bei gleichzeitigem Anstieg der Zahlen für die Schiedsgerichtsbarkeit lässt allerdings vermuten, dass jedenfalls bei Unternehmensstreitigkeiten Raum für Verbesserungen besteht. Einen Eindruck von dem, was möglich wäre, liefert ein Blick auf Gerichte, die sich im internationalen Wettbewerb um großvolumige Streitigkeiten zwischen Unternehmen besonders erfolgreich hervorgetan haben, nämlich die sog. Business Courts der angelsächsischen Welt.

III. DAS VORBILD DER BUSINESS COURTS

1. Der englische Commercial Court

Der Prototyp des Gerichts, das sich auf Streitigkeiten zwischen Unternehmen spezialisiert und versucht, den Parteien hochklassige Justizdienstleistungen anzubieten, ist der englische Commercial Court. Der Commercial Court ist eine Unterabteilung des High Court innerhalb der Royal Courts of Justice mit speziellem Fokus auf unternehmensrechtlichen Streitigkeiten. Das Fallaufkommen vor dem Commercial Court hat in den vergangenen Jahren zwar geschwankt, doch es gibt keine deutlich nach unten zeigende Entwicklung.[406] Dabei zieht das Gericht gerade Fälle mit hohen Streitwerten an. Im Jahr 2015 hatten mehr als 20 Verfahren vor dem Commercial Court einen Streitwert von mehr als GBP 100 Millionen. Ungefähr die Hälfte aller Verfahren vor dem Commercial Court betrifft reine Auslandsfälle, in denen keine Partei irgendeine Beziehung zum Vereinigten Königreich hat.[407]

Die englische Justizverwaltung ist sich der Attraktivität des Commercial Court bewusst und um deren Erhaltung und Förderung bemüht. Eine am 2. März 2017 gehaltenen Rede des amtierenden Chefrichters von England und Wales, Lord *Cwmgiedd*, vor dem Grand Court of the Cayman Islands steht bezeichnenderweise unter der Überschrift „Gi-

---

[406] Vgl. oben, Zweiter Teil III. 2., S. 108, Fn. 211.
[407] *Vogenauer*, ERPL 21 (2013), 13, 59.

ving Business what it Wants".[408] Der Redner ließ keinen Zweifel daran, dass der Commercial Court im internationalen Wettbewerb steht, den er nur durch konsequente Orientierung an den „needs of business" gewinnen kann.[409] Man müsse in engem Kontakt und Austausch mit den Nutzern des Gerichts bleiben, um sich deren ständig wandelnden Bedürfnissen anpassen zu können. In prozessualer Hinsicht gehe es immer wieder darum, die Verfahren zu beschleunigen und die Kosten zu begrenzen.[410] Aber damit sei es nicht genug, das Gericht müsse auch in materiell-rechtlicher Hinsicht, in der Auslegung und Anwendung des geltenden Rechts und der Verträge der Parteien überzeugen. „Getting the law right" sei mindestens so wichtig wie der prozessuale Rahmen. Es erfordere Richter mit besonderem Verständnis für die Belange und Interessen der Unternehmen: „A judge who understood business and its needs".[411] Solche Richterpersönlichkeiten müssten adäquat entlohnt werden und über moderne Ressourcen verfügen, insbesondere in den Bereichen IT und Personal. In geeigneten Fällen müssten ihnen Assistenten zugeordnet werden, die den Richter bei der Organisation des Verfahrens entlasten und die Entscheidung durch Analyse und Aufbereitung des Sachverhalts sowie durch juristische Recherche des einschlägigen Fallmaterials vorbereiten könnten.

2. Die Commercial Division in New York

Auf der anderen Seite des Atlantik haben die Parteien die Wahl zwischen den Gerichten von mehr als 50 Bundesstaaten. Unter den Bundesstaaten der US-amerikanischen Union steht der Chancery Court des Bundesstaats Delaware wie kein anderer für den Erfolg eines

---

[408] The Right Honourable The Lord *Thomas of Cwmgiedd*, Giving Business what it Wants – A well Run Court for Commercial and Business Disputes, 02.03.2017.
[409] The Right Honourable The Lord *Thomas of Cwmgiedd* (Fn. 408), Rn. 5 ff.
[410] The Right Honourable The Lord *Thomas of Cwmgiedd* (Fn. 408), Rn. 11 ff.
[411] The Right Honourable The Lord *Thomas of Cwmgiedd* (Fn. 408), Rn. 14 ff.

Gerichts im Wettbewerb.[412] Der Schwerpunkt des Chancery Court liegt allerdings im Gesellschaftsrecht und hängt eng zusammen mit der Dominanz von Delaware im Wettbewerb um die Inkorporation von Handelsgesellschaften.[413] Wenn eine Handelsgesellschaft ihren Satzungssitz im Staate Delaware loziert, was über 50 % der großen amerikanischen Unternehmen getan haben, müssen sich die Beteiligten, also die Gesellschaft selbst, die Anteilseigner und das Management, der Jurisdiktion des Chancery Court unterwerfen.[414] Dieser hat sich einen exzellenten Ruf bei der Anwendung und Fortbildung des US-amerikanischen Gesellschaftsrechts erworben.

Bei den handelsrechtlichen Streitigkeiten zwischen Unternehmen ragt indessen ein anderes Gericht heraus, nämlich der Supreme Court des Staates New York mit seiner Commercial Division. Anders als in anderen Bundesstaaten ist der Supreme Court in New York nicht das höchste Gericht des Landes, sondern die erste Instanz für zivil- und strafrechtliche Streitigkeiten.[415] Die Commercial Division des New York Supreme Court wurde in den 1990er Jahren auf Druck der lokalen Anwaltschaft mit dem Ziel geschaffen, erfolgreich um Fälle mit hohem Streitwert zu konkurrieren. Die Idee hinter der Initiative war, in New York qualitativ hochwertige juristische Dienstleistungen für die Beilegung handelsrechtlicher Rechtsstreitigkeiten mit hohen Streitwerten anzubieten. Damit sollten mehr Streitigkeiten dieser Art angezogen werden. Genauso wie beim Commercial Court in England verdankt sich auch der Erfolg der New Yorker Commercial Division der engen Abstimmung mit Anwälten und potentiellen Parteien:

„As the foregoing indicates, the Commercial Division has benefitted from extensive communications with the commercial Bar and Bar asso-

---

[412] Vgl. allgemein zum Inkorporationswettbewerb *Romano*, The Genius of American Corporate Law 1993; *dies*, 1 J.L. Econ. & Org. 225 (1985); aber auch *Bebchuk/Cohen/Ferrell*, 90 Calif. L. Rev. 1775 (2002); *Lucian Bebchuk/Allen Ferrell*, 99 Colum. L. Rev. 1168 (1999).

[413] *Kahan/Kamar*, 55 Stan. L. Rev. 679, 708 (2002).

[414] *Kahan/Kamar*, 55 Stan. L. Rev. 679, 714 (2002).

[415] Der oberste Gerichtshof des Bundesstaats New York heißt Court of Appeals.

ciations across the State over the years. In 2006, this process of exchange of ideas saw the completion of an important step with the release of a report by the Commercial Division Focus Group Project. The Office of Court Administration structured the Focus Groups to promote candid dialogue among judges, lawyers and clients to generate new ideas, identify potential areas of improvement and assess application of 'best practices' that have evolved in the Commercial Division to the court system as a whole. Focus Group sessions spanned the State, bringing together lawyers, former and current judges and in-house counsel of major corporations. [...]"[416]

Im Jahr 2014 trat eine Kommission zusammen, um die Commercial Division „fit für die Zukunft" zu machen.[417] Ein wesentlicher Anlass war der Umstand, dass im Jahr 2010 bei dem Chancery Court von Delaware erstmals eine „Complex Commercial Litigation Division" eingerichtet wurde, die den New Yorkern Konkurrenz machen soll.[418] Die Empfehlungen der Reformkommission reichen von der Erhöhung der Zahl der Richter, Verbesserung des Fall-Managements, Maßnahmen zur Effizienzsteigerung bei der *discovery*, Verbesserungen der IT, Stärkung der Mediation, bis hin zur Erhöhung des Mindeststreitwerts für neue Streitigkeiten auf USD 500.000.

Der New Yorker Commercial Division ist es bis heute gelungen, ihre führende Stellung auf dem „Markt für Unternehmensstreitigkeiten" zu behaupten. Sie wirbt dafür in derselben Weise, wie es ein privater Anbieter tun würde:

„The Commercial Division serves as a forum for resolution of complicated commercial disputes. Successful resolution of these disputes requires particular expertise across the broad and complex expanse of commercial law. [...] The caseload of the Division is thus very demanding, requiring of the court scholarship in commercial law, experience in the management of complex cases, and a wealth of energy.

---

[416] http://nycourts.gov/courts/comdiv/history.shtml.
[417] The Chief Judge's Task Force on Commercial Litigation in the 21st Century, Report and Recommendations to the Chief Judge of the State of New York.
[418] The Chief Judge's Task Force on Commercial Litigation in the 21st Century, Report and Recommendations to the Chief Judge of the State of New York, S. 1.

The Commercial Division has actively sought to employ advanced technology to assist in handling its caseload effectively. [...]
The Commercial Division has been a leading force in electronic filing of court documents in New York State. [...]
The Commercial Division also utilized an Alternative Dispute Resolution Program ('ADR') first established in New York County in early 1996. [...]"[419]

Vor diesem Hintergrund ist es nicht überraschend, dass die Commercial Division von der lokalen Anwaltschaft als voller Erfolg gewertet wird.[420] Diese Einschätzung wird durch empirische Studien untermauert. Eine Studie von *Eisenberg* und *Miller* betraf 2,865 Verträge verschiedener Typen mit hohem Gegenstandswert, die von Unternehmen zur Wahrung ihrer Kapitalmarktinformationspflichten bei der US-amerikanischen Wertpapieraufsichtsbehörde Securities Exchange Commission (SEC) eingereicht wurden. Diese Verträge haben *Eisenberg* und *Miller* auf die in ihnen enthaltenen Rechtswahl- und Gerichtsstandsklauseln untersucht.[421] Sie stellten zunächst fest, dass die Korrelation von Rechts- und Gerichtsstandswahl beinahe perfekt war, das heißt in sämtlichen Verträgen, die Rechtswahl- und Gerichtsstandsklauseln enthielten, diese kongruent ausgestaltet waren. Die Wahl des Rechts entsprach also der Wahl des Gerichts.[422] Dabei erwies sich New York als die mit Abstand attraktivste Jurisdiktion, deren Recht in 46 % der Verträge gewählt wurde während die New Yorker Gerichte in 41 % aller Verträge den Vorzug erhielten.[423]

---

[419] http://nycourts.gov/courts/comdiv/history.shtml
[420] *Bach/Applebaum*, 60 Business Lawyer 147, 158 (2004), unter Berufung auf *Loomis*, N.Y.L.J. 20. Juni 2002, 5.
[421] *Eisenberg/Miller*, 30 Cardozo L. Rev. 1478, 1487-1489 (2009).
[422] *Eisenberg/Miller*, 30 Cardozo L. Rev. 1478, 1503 (2009).
[423] *Eisenberg/Miller*, 30 Cardozo L. Rev. 1478, 1504 (2009).

IV. DIE ERRICHTUNG EINES BUSINESS COURTS IN DEN NIEDERLANDEN UND ANDEREN LÄNDERN

Die Errichtung von Business Courts nach englischem oder New Yorker Muster ist kein Privileg, das nur England und den Bundesstaaten der USA offensteht. Vielmehr haben andere Jurisdiktionen begonnen, dieses offenbar erfolgreiche Modell zu kopieren. Zu nennen sind Singapur, die Golfstaaten Dubai, Qatar und Abu Dhabi sowie Indien. Der Internet-Auftritt des Singapore International Commercial Court steht hinter demjenigen einer privaten Schiedsorganisation in nichts zurück, sondern bewirbt im Stile eines Unternehmens die eigenen Dienstleistungen. Damit will Singapur den Aufstieg des eigenen Landes zu einem für den asiatischen Markt wichtigen Schiedsort ergänzen und das Portfolio durch die Hinzunahme richterlicher Streitbeilegung abrunden.[424] Eine ähnliche Strategie verfolgt Qatar mit dem Qatar International Court and Dispute Resolution Centre, wobei sogar ein Teil der Richter aus dem Ausland, insbesondere aus England rekrutiert wurde.[425] Auch eine deutsche Juristin zählt dazu.[426] Bei den Abu Dhabi Global Market Courts sind sogar überwiegend ehemalige englische

---

[424] http://www.sicc.gov.sg/Home.aspx.
[425] http://www.qicdrc.com.qa.
[426] Barbara Dohrmann, QC, http://www.qicdrc.com.qa/the-courts/over view.

Lord-Richter tätig.[427] Die Besetzung der Richterbank erinnert ein wenig an eine im Ausland zusammengekaufte Fußballmannschaft.

Die Institution des Commercial Court ist auch nicht auf die Welt des Common Law beschränkt. Auf dem europäischen Kontinent haben die niederländischen Nachbarn die Bedeutung der Business Courts für den Wettbewerb der Justizsysteme erkannt und planen die Errichtung eines solchen Gerichts in Amsterdam.[428] Der Netherlands Commercial Court wird zum 1. Januar 2018 seine Arbeit aufnehmen. Damit soll die niederländische Justiz den bereits etablierten Standorten London, Dublin, Delaware, Dubai und Singapur ebenso Paroli bieten können wie der privaten Schiedsgerichtsbarkeit.[429] Die Verhandlungssprache beim Netherlands Commercial Court wird Englisch sein, wobei die Parteien einverständlich für die niederländische Sprache optieren können.[430] Die niederländische Justiz hält die Zulassung von Englisch als Gerichtssprache für erforderlich; dadurch könnten die Parteien Zeit und Kosten sparen, und die Kommunikation mit im Ausland belegenen Unternehmenszentralen und ausländischen Anwälten werde erleichtert.[431] Das Verfahren, das den Parteien geboten wird, soll sowohl aufwendiger als auch flexibler sein als der normale Zivilprozess vor niederländischen Gerichten; es geht um eine maßgeschneiderte und transparente Verfahrensgestaltung.[432] Die technische Ausstattung des Handelsgerichtshofs wird hervorragend sein und auch die übrigen Fazilitäten sollen „Glanz ausstrahlen" („en allure uitstralen"), also einem gehobenen Niveau entsprechen.[433]

Die beim Netherlands Commercial Court tätigen Richter sollen juristisch besonders qualifiziert und in Streitigkeiten aus dem Handels- und Gesellschaftsrecht, dem Bank- und Kapitalmarktrecht und dem

---

[427] https://www.adgm.com/doing-business/adgm-courts/judges/.

[428] *Raad voor de Rechtspraak*, Plan tot oprichting van de Netherlands commercial court.

[429] *Raad voor de Rechtspraak*, Fn. 428, S. 3, 5.

[430] *Raad voor de Rechtspraak*, Fn. 428, S. 3.

[431] *Raad voor de Rechtspraak*, Fn. 428, S. 37.

[432] *Raad voor de Rechtspraak*, Fn. 428, S. 6.

[433] *Raad voor de Rechtspraak*, Fn. 428, S. 14.

Recht des geistigen Eigentums ausgewiesen sein sowie über praktische Erfahrungen mit komplexen Großverfahren verfügen.[434] Sie müssen die englische Sprache beherrschen und sollen auch Kenntnisse im US-amerikanischen und im englischen Prozessrecht sowie aus dem Wirtschaftsleben haben. Die niederländische Justiz ist zuversichtlich, aus ihren Reihen sechs Richter mit solchen Qualifikationen für die Eingangsinstanz und weitere drei für die Berufungsinstanz rekrutieren zu können.[435] Das Verfahren vor dem Hooge Raad bliebe dasselbe und würde von dem zuständigen Senat des Gerichtshofs in niederländischer Sprache geführt.

Der niederländische Handelsgerichtshof wird für Streitigkeiten mit einem Streitwert von mindestens EUR 1 Million zuständig sein.[436] Damit soll er einen Beitrag zur Entlastung der normalen Gerichte leisten, die mit komplexen Großverfahren häufig überfordert sind, weil ihnen die für eine effektive Verfahrensgestaltung nötigen Ressourcen fehlen.[437] Beim Handelsgerichtshof sollen die Gerichtsgebühren so bemessen werden, dass die Parteien die vollen Kosten für seinen Betrieb tragen.[438] Man rechnet mit 100 Rechtsstreitigkeiten pro Jahr.[439]

---

[434] *Raad voor de Rechtspraak*, Fn. 428, S. 13.
[435] *Raad voor de Rechtspraak*, Fn. 428, S. 15.
[436] *Raad voor de Rechtspraak*, Fn. 428, S. 15.
[437] *Raad voor de Rechtspraak*, Fn. 428, S. 7.
[438] *Raad voor de Rechtspraak*, Fn. 428, S. 15 ff.
[439] *Raad voor de Rechtspraak*, Fn. 428, S. 15 f.

V. DER NIEDERGANG DER KAMMER FÜR HANDELSSACHEN

Deutschland hat bisher keine Antwort auf die Commercial Courts angelsächsischer Prägung gefunden. Das vergleichbare Angebot, das künftig im Nachbarland Niederlande zur Verfügung stehen wird, könnte die deutsche Justiz im Bereich der Unternehmensstreitigkeiten weiter unter Druck setzen.

Dem deutschen Justizwesen ist das den Business Courts zugrundeliegende Grundmotiv allerdings keineswegs unbekannt. Die in Deutschland erfundenen Kammern für Handelssachen dienen demselben Anliegen wie die angelsächsischen Business Courts. Hier wie dort geht es darum, der Wirtschaft speziell auf ihre Bedürfnisse zugeschnittene Spruchkörper zur Verfügung zu stellen, die Streitigkeiten zwischen Unternehmen schnell und kompetent entscheiden können. So modern und überzeugend die Zielbeschreibung der Kammer für Handelssachen auch erscheint; die zur Erreichung des Ziels eingesetzten Mittel sind unzureichend und überholt. Die Grundidee der Kammer für Handelssachen besteht offensichtlich darin, durch die Einbeziehung von Laien die Berücksichtigung von wirtschaftlichem Sachverstand und unternehmerischer Erfahrung bei der Sachentscheidung zu gewährleisten. In den Materialien zum GVG wird der Grundgedanke der Kammern für Handelssachen wie folgt formuliert:

> „Gerichte, bei welchen tüchtige und erfahrene Kaufleute mitwirken, werden in Handelssachen ohne Weiteres und mit Sicherheit zu einem

sachgemäßen, die Gestaltung des kaufmännischen Verkehrs richtig würdigenden Urteil gelangen können."[440]

Gemäß § 109 Abs. 1 GVG kommt als ehrenamtlicher Richter bei der Kammer für Handelssachen nur in Betracht, wer mindestens dreißig Jahre alt ist und überdies als Kaufmann, Vorstandsmitglied oder Geschäftsführer einer juristischen Person oder als Prokurist in das Handelsregister oder das Genossenschaftsregister eingetragen ist oder war. An Seeplätzen können ehrenamtliche Richter gemäß § 110 GVG auch aus dem Kreis der Schifffahrtskundigen ernannt werden.

Das Regelungskonzept der Kammer für Handelssachen besteht kurz gesagt darin, durch Beteiligung von Repräsentanten der Wirtschaft wirtschaftlichen Sachverstand in die Spruchkörper einzuspeisen und damit den Interessen der Wirtschaft entgegen zu kommen. Von Kammern für Handelssachen wird erwartet, dass sie „möglichst schnell" und „möglichst gut" entscheiden und „ein offenes Auge und Ohr für die wirtschaftlichen Gegebenheiten" haben.[441] Das Konzept, dass die Kammern für Handelssachen einfach deshalb „schnell und gut" entscheiden, weil Kaufleute als Laienrichter beteiligt sind, hat sich überlebt und wird den heutigen Anforderungen an ein Handelsgericht nicht gerecht.[442] Die Unternehmen als potentielle Nutzer erwarten von einem staatlichen Gericht weniger die Einspeisung alter kaufmännischer Weisheiten und Erfahrungen als vielmehr professionelle Verfahrensgestaltung und Rechtsanwendung. Zwar besteht ein erheblicher Bedarf an konsensualer Streitbeilegung, die sich weniger an rechtlichen Vorgaben und daraus abgeleiteten Rechtspositionen als an wirtschaftlichen Gegebenheiten und kommerziellen Interessen orientiert; um diese Nachfrage zu befriedigen bedarf es aber nicht der Kammer für Handelssachen. Wer rechtsferne, interessenorientierte Streitbeilegung präferiert, kann aus einem breiten Angebot an Me-

---

[440] *Hahn*, Die gesamten Materialien zu den Reichs-Justizgesetzen, Bd. 1, Materialien zum GVG, Abt. 1, S. 111.
[441] *Sommermeyer*, Die Kammer für Handelssachen, S. 75.
[442] Vgl. auch *Hoffmann*, SchiedsVZ 2010, 96, 99 ff.; *ders.* Kammern für internationale Handelssachen, S. 39 ff.

diations- und Schlichtungsleistungen wählen. Parteien, die an einer Entscheidung durch technisch sachverständige oder kommerziell vorgeprägte und erfahrene Richter interessiert sind, können sich Schiedsgutachtern oder Dispute Boards anvertrauen oder ein entsprechend besetztes Schiedsgericht mit der Streitentscheidung betrauen. Vor dem Hintergrund eines breiten Menüs von Streitbeilegungsmechanismen lohnt sich der Gang zum staatlichen Gericht nur dann, wenn die Parteien tatsächlich eine verbindliche Rechtsentscheidung wollen, die in einem formalisierten und fairen Verfahren und nach Feststellung des Sachverhalts aufgrund von Recht und Gesetz getroffen wird. An dieser Nachfrage gehen Institutionen vorbei, die das Verfahren, die Entscheidungsparameter und das Profil der entscheidenden Personen an diejenigen Verfahren, Parameter und Profile heranrücken, die in der außergerichtlichen Streitbeilegung üblich sind. Die Kammern für Handelssachen derzeitigen Zuschnitts tun genau das und verfehlen damit die Interessen derjenigen Parteien, die an einer Rechtsentscheidung durch ein staatliches Gericht interessiert sind.

Diese These ist nicht aus Luft gegriffen, sondern wird durch die Realität bestätigt. Die Zahl der von den Kammern für Handelssachen erledigten Verfahren geht Jahr für Jahr deutlich zurück. In dem Zehnjahreszeitraum von 2005 bis 2015 haben die Kammern für Handelssachen 28.000 Verfahren eingebüßt, was ca. 35 % entspricht.[443] An der derzeit guten Wirtschaftslage kann dieser Rückgang nicht liegen, denn er setzte sich auch in den Jahren der Finanzkrise 2008/2009 ungebremst fort.[444] Auch die Veränderung der Streitkultur scheidet als Erklärung aus,[445] denn im selben Zeitraum nahm die Zahl der Schiedsverfahren deutlich zu, teilweise um mehr als 100 %.[446]

Vor allem aber wird die These, dass die partielle „Entformalisierung" und „Entrechtlichung" der Kammern für Handelssachen an den Bedürfnissen der Wirtschaft vorbeigeht, durch die Praxis dieser Spruch-

---

[443] Vgl. oben, Zweiter Teil I., S. 98, mit Fn. 193.
[444] Vgl. oben, Zweiter Teil I., S. 93.
[445] Dazu vgl. oben, Zweiter Teil IV. 6., S. 124.
[446] Vgl. oben, Zweiter Teil II., S. 100.

körper bestätigt. Selbst glühende Anhänger der Kammer für Handelssachen an dem exponierten Handelsplatz Hamburg räumen ein, dass in 90 % der vor diese Spruchkörper gebrachten Fälle die ehrenamtlichen Richter an der Entscheidung gar nicht beteiligt werden, sondern der Vorsitzende allein entscheidet.[447] In den wenigen verbliebenen Fällen, die vor die Kammer gebracht werden, verzichten die Vorsitzenden häufig darauf, die ehrenamtlichen Mitglieder durch Versendung der kompletten Prozessakten und durch Anfertigung von Voten zur Vorbereitung der mündlichen Verhandlung mit dem Rechtsstreit wirklich vertraut zu machen.[448] Schließlich wird auch von der in § 114 GVG eingeräumten Befugnis der Kammer für Handelssachen, „über Gegenstände, zu deren Beurteilung eine kaufmännische Begutachtung genügt, sowie über das Bestehen von Handelsbräuchen […] aufgrund eigener Sachkunde und Wissenschaft [zu] entscheiden" in der Praxis kein Gebrauch gemacht.[449] Stattdessen wird auch über die Materien eigenen Sachverstands routinemäßig Beweis durch Sachverständigengutachten erhoben. Unter dieser Voraussetzung ist die Beteiligung von wirtschaftlichem Sachverstand nur noch Fassade, wie in der Literatur durchaus bemerkt wurde.[450]

Dieser Zustand ist im Grunde unhaltbar. Er lässt sich nicht dadurch verbessern, dass die Alleinentscheidungskompetenz des Vorsitzenden der Kammer für Handelssachen eingeschränkt wird. Gemäß § 349 Abs. 3 ZPO bedarf der Vorsitzende für seine Alleinentscheidungskompetenz nämlich der Ermächtigung durch die Parteien. Wenn davon nahezu alle Parteien Gebrauch machen, ist das ein überdeut-

---

[447] *Lindloh*, Der Handelsrichter und sein Amt, S. 40; Stein/Jonas-*Jacobs*, 22. Aufl., § 93 GVG Rn. 1; *Schulz*, JuS 2005, 909, 911.

[448] *Lindloh*, Der Handelsrichter und sein Amt, S. 37, 55; vgl. auch *Sommermeyer*, Die Kammer für Handelssachen, S. 135 f.

[449] *Lindloh*, Der Handelsrichter und sein Amt, S. 41 f.

[450] Stein/Jonas-*Jacobs*, ZPO, 22. Aufl., § 93 GVG Rn. 1: „Die Kammern für Handelssachen sind spezielle Spruchkörper am Landgericht. Kammern für Handelssachen werden gebildet, um die Entscheidung durch besondere Sachkunde zu erleichtern. Diesem Normzweck steht es entgegen, dass die Mehrzahl von Entscheidungen der Kammern für Handelssachen gemäß § 349 Abs. 2 und Abs. 3 ZPO durch den Vorsitzenden allein erfolgt."

liches Indiz dafür, dass die Beteiligung ehrenamtlicher Richter von der großen Masse der Nutzer nicht als Vorteil der Kammer für Handelssachen, sondern als Nachteil gesehen wird. Ein Grund dafür mag sein, dass die rechtlichen Anforderungen an die Gesetzlichkeit des Richters es ausschließen, dass im Einzelfall diejenigen Kaufleute zu ehrenamtlichen Richtern berufen werden, die für den Fall besonders sachkundig wären.[451] Jedenfalls hat es keinen Sinn, den Parteien ein Handelsgericht aufzudrängen, das sie gar nicht wollen. Die Parteien präferieren offenbar die Streitentscheidung durch professionelle Juristen, die über einige Erfahrung mit Wirtschaftsstreitigkeiten verfügen. Kurz gesagt wünschen die Parteien eine Professionalisierung der Streitentscheidung – und nicht die Repräsentanz „ehrbarer Kaufleute" im Entscheidungsgremium.

Die Einschätzung wird durch rechtsvergleichende Erkenntnisse bestätigt. Für Frankreich ist kennzeichnend, dass der Geschäftsanfall bei den allgemeinen Zivilgerichten nicht rückläufig ist, während sich bei den Handelsgerichten – also den eigentlichen Tribunaux de commerce und den Chambres de commerce der Tribunaux de grande instance – derselbe Einbruch findet wie bei den deutschen Kammern für Handelssachen.[452] Historisch sind die französischen Tribunaux de commerce und die deutschen Kammern für Handelssachen ohnehin eng miteinander verwandt;[453] nun sind sie auch im Niedergang vereint.[454]

Die Entwicklung der angelsächsischen Business Courts belegt, dass es auch anders geht. Für die Handelsgerichte Englands und New Yorks ist kennzeichnend, dass die Entscheidung ohne Beteiligung ehrenamtlicher Richter, allein durch Berufsrichter getroffen wird. Dies ist umso bemerkenswerter, als dass das angelsächsische Zivilprozessrecht für die Streitentscheidung durch ehrenamtliche Richter sonst durchaus auf-

---

[451] *Lindloh*, Der Handelsrichter und sein Amt, S. 28.

[452] Vgl. oben, Zweiter Teil III. 1., S. 104.

[453] Eingehend *Fleischer/Danninger*, RIW 2017, 549 ff.; *Lindloh*, Der Handelsrichter und sein Amt, S. 7 f.; *Sommermeyer*, Die Kammer für Handelssachen, S. 17 ff.

[454] Zu Reformversuchen in Frankreich sogleich unter Vierter Teil VI., S. 206.

geschlossen ist. In den USA werden Zivilklagen nach Common Law nach wie vor durch eine Jury entschieden. Offenbar geht man in England und New York davon aus, dass sich Unternehmen für ihre handelsrechtlichen Streitigkeiten eine Entscheidungsinstanz wünschen, die gerade *nicht* aus ehrenamtlichen Richtern zusammengesetzt ist. Gewünscht werden vielmehr seniore Berufsrichter, die für ihre Aufgabe besonders qualifiziert und erfahren sind. Nicht weniger, sondern *mehr* juristischer Sachverstand ist offenbar gefragt sowie praktische Erfahrung mit der Handhabung komplexer Großverfahren. Zusätzliche Kenntnisse aus dem Bereich der Wirtschaftswissenschaften können selbstverständlich ebenso wenig schaden wie berufliche Erfahrungen in Unternehmen oder in der Anwaltschaft. Für ein wirklich wettbewerbsfähiges Handelsgericht muss eine Reihe weiterer Maßnahmen hinzukommen, nämlich Befugnisse zur effizienten Organisation des Verfahrens (*case management*), eine exzellente Ausstattung mit Informationstechnologie und Datenverarbeitungssystemen und anderen Fazilitäten sowie – vor allem – ausreichenden Personalressourcen, sodass sich die Richter den ihnen unterbreiteten Fällen auch mit der gebotenen Gründlichkeit und Sorgfalt widmen können.

Im Sinne eines Zwischenergebnisses ist der Schluss unausweichlich: Die Kammer für Handelssachen ist nicht mehr wettbewerbsfähig. Die Grundidee der Kammer für Handelssachen, nämlich die Bereitstellung eines Gerichts, das den Bedürfnissen und Interessen der Wirtschaft besonders entspricht, ist nach wie vor aktuell. Das Mittel zur Erreichung dieses Ziels ist jedoch im Laufe der Zeit untauglich geworden. Unternehmen wünschen sich nicht ein Laiengericht, dessen Mitglieder mit wirtschaftlichem Verständnis gesegnet sind, sondern eine juristisch hochqualifizierte, im Umgang mit komplexen Rechtsstreitigkeiten praktisch erfahrene Entscheidungsinstanz. Diesen Präferenzen wird die Kammer für Handelssachen nicht gerecht. In der vom Gesetzgeber vorgesehenen Form als Spruchkörper mit einem professionellen Richter als Vorsitzenden und zwei ehrenamtlichen Richtern ist sie *de facto* außer Gebrauch gekommen. In der Praxis bedeutet die Wahl der Kammer für Handelssachen die Entscheidung durch einen professionellen Einzelrichter, dessen Zeitbudget ähnlich beschränkt ist wie das aller anderen Kammervorsitzenden. Wie die Fallzahlen zeigen, ist dies für komplexe Wirtschaftsstreitigkeiten zu wenig.

VI. FRANKREICH: (VERGEBLICHE) VERSUCHE ZUR REFORM DER HANDELSGERICHTE

Auch in Frankreich hat sich offenbar die Erkenntnis durchgesetzt, dass sich das auf Laienrichter aus dem „Kaufmannsstand" setzende Modell der tribunaux de commerce überlebt hat. Seit Jahren ist von verschiedenen Regierungen versucht worden, die Handelsgerichte zu reformieren, um sie effizienter und wettbewerbsfähiger zu machen.[455] Wie nicht anders zu erwarten, steht im Mittelpunkt dieser Bemühungen die personelle Besetzung der Handelsgerichte, also die Zusammensetzung der Spruchkörper ausschließlich aus Laienrichtern.[456] Reformziel ist die Einführung der *échevinage*, also einer gemischten Richterbank aus Laien- und Berufsrichtern, an den tribunaux de commerce.

Nachdem ein erster Versuch zur Beteiligung von Berufsrichtern Anfang der 1980er gescheitert war,[457] wurde 1998 von der damaligen Justizministerin *Guigou* unter dem Premierminister *Jospin* ein erneuter Reformversuch unternommen. In einem vorbereitenden Bericht einer parlamentarischen Untersuchungskommission wurde die Leistungs-

---

[455] Vgl. den Überblick bei *Fleischer/Danninger*, RIW 2017, 549.

[456] Siehe oben Zweiter Teil III. 1., S. 104.

[457] Vgl. *Fleischer/Danninger*, RIW 2017, 549, 554; *Roger Perrot*, Institutions judiciaires, Rn. 138. Die Einführung einer gemischten Richterbank wurde im Jahre 1982 vom damaligen Justizminister *Robert Badinter* vorgeschlagen und 1984 offiziell aus Budgetgründen verworfen. Tatsächlich soll die Reform allerdings am Widerstand der Handelsrichter gescheitert sein.

bilanz der Tribunaux de commerce scharf kritisiert.[458] Die Kapitel des Berichts tragen Überschriften wie: „Eine versagende Justiz außer Kontrolle"[459], „Von Nachbarschaft zu Vetternschaft"[460] und „Entstehung und Entwicklung von Korruption in den Handelsgerichten"[461]. Als Ursache identifizierte der Bericht die Besetzung der Handelsgerichte mit Laienrichtern, die nicht über ausreichende Rechtskenntnisse verfügten und deren Unabhängigkeit und Unparteilichkeit häufig zweifelhaft sei.[462] Der daraufhin im Jahr 2000 vorgelegte Gesetzesentwurf sah *mixité* der Richterbank bei den Tribunaux de commerce, also die Beteiligung von Berufsrichtern zumindest in bestimmten Fällen vor.[463] In der Begründung des Entwurfs heißt es, das Konzept einer Justiz von Kaufleuten für Kaufleute werde den Erfordernissen der Rechtsstreitigkeiten, die vor den Tribunaux de commerce verhandelt werden, nicht mehr gerecht.[464] Der Gesetzesentwurf stieß auf großen

---

[458] Assemblée Nationale, Rapport N° 1038 sur l'activité et le fonctionnement des tribunaux de commerce, unter dem Vorsitz von François Colcombet und Arnaud Montebourg, première partie: constatations et diagnostic, abrufbar unter http://www.assemblee-nationale.fr/11/dossiers/Tribunaux-de-commerce. asp; vgl. auch den gemeinsamen Bericht des Finanz- und Justizministeriums: Ministère de l'économie, des finances et de l'industrie, Rapport d'enquête sur l'organisation et le fonctionnement des tribunaux de commerce, n° 98-M-019-01, Juli 1998, abrufbar unter http://www.ladocumentationfrancaise.fr/var/storage/rapports-publics/004000960.pdf .

[459] Assemblée Nationale, Rapport N° 1038, première partie: constatations et diagnostic: „Une justice défaillante et sans contrôle".

[460] Assemblée Nationale, Rapport N° 1038, première partie: constatations et diagnostic: „Des juges trop proches des justiciables: du voisinage au cousinage".

[461] Assemblée Nationale, Rapport N° 1038, première partie: constatations et diagnostic: „L'apparition et le développement de la corruption dans les tribunaux de commerce".

[462] Assemblée Nationale, Rapport N° 1038, première partie: constatations et diagnostic; vgl. auch *Fleischer/Danninger*, RIW 2017, 549, 555.

[463] Projet de loi n° 2545 portant réforme des tribunaux de commerce, 18.07.2000, abrufbar unter http://www.assemblee-nationale.fr/11/projets/pl2545.asp. Vorbereitend vgl. Programme de réforme de la justice commerciale et de l'environnement juridique de l'entreprise, 14.10.1998; vgl. auch *Fleischer/Danninger*, RIW 2017, 549, 554.

[464] Projet de loi n° 2545 portant réforme des tribunaux de commerce, exposé des motifs, S. 3: „Ainsi, le concept même d'une justice rendue par les marchands et pour les marchands ne rend plus compte de la réalité des litiges."

Widerstand unter den Handelsrichtern und führte dazu, dass 700 von insgesamt 3200 Richtern in den Streik traten, obwohl es sich doch um ehrenamtliche tätige Laien handelte.[465] Der Entwurf scheiterte prompt im Senat.[466]

2013 wurden die Reformbemühungen wieder aufgenommen, und zwar durch eine Arbeitsgruppe unter dem Vorsitz von *Didier Marshall*.[467] Der sog. Marshall-Bericht schlug die Einführung der *échevinage* vor und begründete dies mit der essentiellen Bedeutung rechtlicher Kenntnisse und Fertigkeiten für die Streitentscheidung.[468] Zugleich wandte sich der Bericht direkt an die Handelsrichter und rief sie dazu auf, ihre Vorbehalte zu überwinden.[469] Auf dieser Grundlage legte der heutige Präsident der französischen Republik, *Emmanuel Macron,* Ende 2014 als damaliger Wirtschaftsminister einen Gesetzesentwurf zur Einführung der *échevinage* bei den Handelsgerichten vor.[470] Die Handelsrichter reagierten darauf erneut mit einem viertägigen Streik.[471] *Macron* ließ sodann von diesem Vorhaben ab und konzentrierte seine Bemühungen auf die Schaffung einiger weniger, auf Insolvenzsachen spezialisierter Handelsgerichte.[472] Diese sollten für Insolvenz- und

---

[465] *Perrot,* Institutions judiciaires, Rn. 138; *Fleischer/Danninger,* RIW 2017, 549, 554.

[466] Projet de loi portant réforme des tribunaux de commerce, rejeté en 1ère lecture par le Sénat le 14 février 2002, TA n° 68, Sitzungsprotokoll unter http://www.senat.fr/seances/s200202/s20020214/sc20020214037.html.

[467] Bericht unter dem Vorsitz von *Didier Marshall*, Les juridictions du XXI siècle, abrufbar unter http://www.justice.gouv.fr/publication/rapport_Marshall_2013.pdf.

[468] *Marshall*, Les juridictions du XXI siècle, S. 44.

[469] *Marshall*, Les juridictions du XXI siècle, S. 44: „[…] il est essentiel que les juges consulaires surmontent leurs réticences dans le cadre d'une démarche plus progressive."

[470] Le Monde, 9.12.2014, „Loi Macron: six professions juridiques dans la rue", abrufbar unter http://www.lemonde.fr/politique/article/2014/12/08/loi-macron-six-professions-juridiques-dans-la-rue_4536406_823448.html .

[471] Le Monde, 12.12.2014, Les juges des tribunaux de commerce suspendent leur grève, abrufbar unter http://www.lemonde.fr/politique/article/2014/12/11/les-juges-des-tribunaux-de-commerce-suspendent-leur-greve_4539222_823448.html .

[472] Vgl. Le Figaro, 11.05.2015, „Les juges des tribunaux de commerce entament une grève illimitée", abrufbar unter http://www.lefigaro.fr/

Reorganisationsverfahren von Großunternehmen mit mehr als 150 Arbeitnehmern und einem Jahresumsatz von über 20 Millionen Euro oder einem Jahresumsatz von mindestens 40 Millionen Euro zuständig sein.[473] Auch dieses Vorhaben provozierte heftige Kritik und führte zu einem zweiwöchigen Streik der Handelsrichter.[474] Mit Wirkung vom 1. März 2016 wurde ein Stück des *Macron*'schen Reformplans schließlich verwirklicht. Mit Art. L. 721-8 Code de commerce[475] wurden 18 statt der ursprünglich geplanten neun auf Insolvenzsachen spezialisierten Handelsgerichte (*jurisdictions spécialisées*) errichtet, die seither für Liquidations- und Reorganisationsverfahren von Großunternehmen zuständig sind.[476] In dem *exposé des motifs* des Gesetzes wird die Einführung der spezialisierten Handelsgerichte wie folgt begründet:

> „Die Attraktivität von Frankreich [als Wirtschaftsstandort] und die Stärkung der Wettbewerbsfähigkeit setzen eine Steigerung der Effizienz der Handelsgerichtsbarkeit voraus. Die Handelsgerichtsbarkeit spielt eine wesentliche Rolle bei der Sicherung der Handelsbeziehungen, der Sicherung von Unternehmen in Schwierigkeiten und bei der Sicherung von Arbeitsplätzen. Sie steht damit im Mittelpunkt des nationalen Wirtschaftslebens. Um jedoch den Herausforderungen der immer komplexer werdenden Gesetze, der Internationalisierung des Wirtschaftslebens und

---

conjoncture/2015/05/05/20002-20150505ARTFIG00402-tribunaux-de-commerce-les-juges-bientot-en-greve.php.

[473] Vgl. Le Figaro, 11.05.2015.

[474] Vgl. Le Figaro, 11.05.2015; So soll *Yves Lelièvre*, ehemaliger Präsident des Handelsgerichts von Nanterre und Präsident der Conférence générale des juges consulaires de France gesagt haben: „Les membres du cabinet d'Emmanuel Macron sont des voyous. Ils ont refusé de nous recevoir et ne nous ont jamais consultés. Ils pensent tout connaître des entreprises, alors qu'ils n'y ont jamais mis les pieds."

[475] Eingeführt durch Art. 231 des Loi n° 2015-990 pour la croissance, l'activité et l'égalité des chances économiques vom 6.8.2015.

[476] Vgl. Art. L721-8 1° a); b); für einen Überblick siehe *Lécuyer*, JCP 2015, Beilage zu Nr. 44, 31. Neben den genannten Fällen zählt Art. L721-8 noch weitere Fälle auf, in denen die Tribunaux de commerce spécialisées zuständig sind. *Lécuyer* merkt an, dass es jedenfalls die wichtigen Fälle seien, die vor die spezialisierten Gerichte kommen: „Seules certaines procédures sont confiées à la compétence exclusive des juridictions consulaires spécialisées. C'est l'importance de l'affaire qui justifie son attribution à ces dernières." Die 18 Standorte wurden in dem Décret n° 2016-217 vom 26.02.2016 festgelegt, abrufbar unter https://www.legifrance.gouv.fr/eli/decret/2016/2/26/JUSB1605698D/jo/texte .

der Wirtschaftskrise gerecht zu werden, muss die Handelsgerichtsbarkeit modernisiert werden. Nur so können besonders komplexe und schwierige Fälle leichter bearbeitet werden. Daher ist die Spezialisierung der Handelsgerichtsbarkeit notwendig."[477]

In der Begründung des Gesetzes wird weiter ausgeführt, die Spezialisierung verschiedener Gerichtsbarkeiten sei ein allgemeiner Trend. Spezialisierte Gerichte erleichterten die Vorhersehbarkeit richterlicher Entscheidungen und erhöhten die Rechtssicherheit.[478] Schließlich verbessere sich auch die Urteilsqualität.[479] Die Kritiker des Reformvorhabens hielten dem entgegen, man habe eine Handelsgerichtsbarkeit *a deux vitesses* geschaffen, bei der die wichtigen Fälle vor spezialisierte Gerichte kommen, die weniger wichtigen vor den gewöhnlichen Tribunaux de commerce verhandelt werden.[480] Auf den hier anklingen-

---

[477] Exposé des motifs, Loi n° 2015-990 vom 6.8.2015, Chapitre 5, Section 1, „Spécialisation de certains tribunaux de commerce", hier noch Art. 65 bis 68 (später Art. 231 ff.), abrufbar unter https://www.legifrance.gouv.fr/affichLoiPubliee.do;jsessionid=9AC1B6A9C40C92AB845D5D6D4402CB11. tpdila11v_1?idDocument=JORFDOLE000029883713&type=expose&typeLoi=&legislature=14 : „L'attractivité du territoire français et le renforcement de la compétitivité supposent d'accroître l'efficacité de la justice commerciale. Les juridictions commerciales jouent un rôle essentiel pour la sécurisation des relations commerciales, la pérennisation de l'activité des entreprises en difficulté et la sauvegarde de l'emploi. Elles sont ainsi au cœur de la vie économique nationale. Toutefois, pour faire face aux défis soulevés par la complexification du droit, l'internationalisation de la vie des affaires et la crise économique, l'organisation de la justice commerciale doit encore être modernisée afin de traiter plus facilement les dossiers particulièrement complexes ou présentant des enjeux sociaux ou économiques majeurs. C'est pourquoi, il apparaît nécessaire de renforcer la spécialisation juridictionnelle."

[478] Exposé des motifs, Loi n° 2015-990 vom 6.8.2015, Chapitre 5, Section 1, hier noch Art. 65 bis 68 (später Art. 231 ff.). Genau das sind die zuvor identifizierten Merkmale, die einen Rechtsstandort wettbewerbsfähig machen – bei einer bilateralen Gerichtswahl entspricht das Vorhandensein dieser Kriterien dem „Kalkül der Parteien", die letztendlich hauptsächlich wollen, dass ein Gericht vorhersehbar akkurate Entscheidungen fällt, siehe oben Erster Teil IV. 3. a), S. 46. Auch laut der Initiative „Law – Made in Germany" sind es genau die Merkmale der Rechtssicherheit, Rechtsklarheit und Vorhersehbarkeit, die den Rechtsstandort Deutschland wettbewerbsfähig machen, siehe oben, Fn. 98.

[479] Exposé des motifs, Loi n° 2015-990 vom 6.8.2015, Chapitre 5, Section 1, hier noch Art. 65 bis 68 (später Art. 231 ff.).

[480] *Lécuyer*, JCP 2015, Beilage zu Nr. 44, 31, 32.

den Vorwurf einer Zwei-Klassen-Justiz wird noch zurückzukommen sein.[481]

Als Zwischenergebnis bleibt festzuhalten: Die Krise der französischen Handelsgerichte ist noch viel tiefergehend als diejenige der deutschen Kammern für Handelssachen. Während das Defizit hierzulande vor allem in mangelnder Professionalisierung zu sehen ist, kommt in Frankreich Korruption hinzu. Wie schwerwiegend dieses Problem sein muss, wird durch die vehemente Opposition der Handelsrichter gegen jedwede Reform eindrucksvoll belegt. Wenn Inhaber eines Ehrenamts in den Streik treten, weil ihnen professionelle Berufsträger an die Seite gestellt werden sollen, dann sagt dies viel darüber aus, wie einträglich das Ehrenamt offenbar ist, obwohl doch nur der tatsächlich entstandene Aufwand entschädigt werden dürfte.

Auch wenn es in Deutschland keine Anhaltspunkte für Korruption unter den Handelsrichtern gibt, ist die Ursache für den Niedergang der Handelsgerichtsbarkeit in beiden Ländern identisch; sie liegt in der Überantwortung der Rechtsprechungsaufgabe an juristische Laien. Die französischen Reformbemühungen gehen folglich in Richtung Spezialisierung und Professionalisierung. Dieser Weg sollte auch in Deutschland beschritten werden.

---

[481] Zum Vorwurf einer „Zwei-Klassen-Justiz" siehe unten, Vierter Teil IX., S. 236.

VII. DEUTSCHLAND: KAMMERN FÜR INTERNATIONALE HANDELS-SACHEN?

Die Einsicht, dass die Kammern für Handelssachen der Reform bedürfen, wird offenbar von einigen Bundesländern geteilt. Wie bereits erwähnt, haben Nordrhein-Westfalen, Hessen, Niedersachsen und Hamburg bereits im Jahr 2010 über den Bundesrat einen Gesetzentwurf eingebracht, der den Kammern für Handelssachen eine Schwester an die Seite stellen wollte, nämlich die Kammern für internationale Handelssachen.[482] Im Unterschied zu den herkömmlichen Kammern für Handelssachen soll vor den internationalen Kammern in englischer Sprache verhandelt werden können (§ 184 Abs. 2 GVG-E). Die Begründung des Gesetzentwurfs liest sich wie ein Bekenntnis zum Wettbewerb der Gerichtsorte:

> „Der Gerichtsstandort Deutschland wird durch die Einführung von Englisch als Gerichtssprache in hohem Maße an Attraktivität gewinnen. Deutsche Kammern für internationale Handelssachen werden bedeutende wirtschaftliche Streitigkeiten anziehen, die bisher entweder vor Schiedsgerichten oder im englischsprachigen Ausland verhandelt werden. Die zunehmende Vereinbarung des Gerichtsstandorts Deutschland wird auch die vermehrte Wahl des deutschen Rechts als auf internationale Vertragsverhältnisse anwendbares Recht nach sich ziehen. Das ihnen vertraute Rechtssystem bietet deutschen Unternehmen dabei den wertvollen Vorteil der erhöhten Rechtssicherheit im internationalen Wirtschaftsverkehr."[483]

---

[482] BT-Drucks. 17/2163; dazu oben, Erster Teil IV. 4. b), S. 58.
[483] BT-Drucks. 17/2163.

Der Entwurf ist seinerzeit der Diskontinuität zum Opfer gefallen. In der 18. Legislaturperiode ist er im Jahr 2014 vom Bundesrat in unveränderter Form erneut beschlossen worden.[484] Auch dieser Entwurf hat dasselbe Schicksal der Diskontinuität ereilt wie sein Vorgänger.

Bei den Entwürfen zu den Kammern für internationale Handelssachen, vor denen in englischer Sprache prozessiert werden könnte, geht es weniger darum, Parteien anzulocken, die der deutschen Sprache nicht mächtig sind. Englisch hat sich im internationalen Wirtschaftsleben als Verkehrssprache durchgesetzt, und die Vertragspraxis in Deutschland ist dem gefolgt. Verträge über Unternehmenskäufe und Anlagenbauprojekte, über Zusammenarbeit in Forschung und Entwicklung oder über die Lizensierung der Nutzung von Rechten geistigen Eigentums werden heute überwiegend in englischer Sprache geschlossen. Dies gilt selbst dann, wenn ausschließlich deutsche Unternehmen daran beteiligt sind. Erwächst aus einem solchen Vertrag ein Rechtsstreit, ist es einfacher, billiger und juristisch präziser, den Streit in englischer Sprache auszutragen. Die zeitraubende und kostenaufwendige Übersetzung einer Vielzahl von Dokumenten, etwa aus der Verhandlungsgeschichte des Vertrags, ist dann überflüssig. Bei der Interpretation der getroffenen Vereinbarungen können die Parteien und das Gericht in derjenigen Sprache argumentieren, in der der umstrittene Vertrag selbst geschrieben wurde. Ein willkommener Nebeneffekt einer solchen Verfahrensweise liegt darin, dass das Verfahren vor dem deutschen Gericht auch für ausländische Akteure, die des Deutschen nicht mächtig sind, aber an dem Ausgang des Rechtsstreits ein Interesse haben – etwa weil sie einen wesentlichen Anteil an einer korporativ verfassten Partei des Rechtsstreits halten – transparent und nachvollziehbar wird. Langfristig würden die von Kammern für internationale Handelssachen erlassenen Urteile schließlich internationalen Unternehmen einen Eindruck vom deutschen Recht und der Qualität der für seine Interpretation und Anwendung zuständigen deutschen Gerichte verschaffen.

---

[484] BT-Drucks. 18/1287.

Gegen diese Überlegungen lässt sich einwenden, dass die in den Oberlandesgerichtsbezirken Köln und Düsseldorf unternommenen Modellversuche mit Kammern für internationale Handelssachen bisher kaum auf Nachfrage gestoßen sind.[485] Ein durchgreifendes Argument gegen die Zulassung von Englisch als Gerichtssprache ist dies nicht. Die Verbesserung der Position der deutschen Gerichte im internationalen Wettbewerb kann nicht von heute auf morgen gelingen, sondern erfordert einen langen Atem. Die aktuellen Pläne in den Niederlanden, einen Handelsgerichtshof zu etablieren, der im Normalfall – wenn nicht Niederländisch gewählt wird – in englischer Sprache verhandeln und entscheiden wird, bestätigt, dass der Bedarf nach englischsprachigen Verfahren auch andernorts gesehen wird.[486] Für die neu errichteten Commercial Courts in den Golfstaaten gilt dies ohnehin.[487]

Die bisher enttäuschend geringe Nachfrage nach Englisch als Gerichtssprache in den Oberlandesgerichtsbezirken Köln und Düsseldorf legt allerdings den Schluss nahe, dass es allein mit dieser Maßnahme nicht getan ist. Durch die Zulassung von Englisch als Gerichtssprache werden die Kammern für Handelssachen nicht zu einem Commercial Court angelsächsischer Prägung. Vielmehr sehen gerade Jurisdiktionen wie England und Wales sowie New York, in denen Englisch sowieso Gerichtssprache ist, einen Bedarf für spezialisierte Handelsgerichte, deren Professionalisierungsgrad höher und deren Ausstattung besser ist, als dies bei gewöhnlichen Zivilgerichten der Fall sein kann. Diese Einschätzung wird offenbar in den Niederlanden geteilt, denn der im Amsterdam geplante Handelsgerichtshof steht für den Versuch, die wesentlichen Vorzüge des englischen Commercial Court und der New Yorker Commercial Division in ein kontinentaleuropäisches Justizsystem zu integrieren.

Sollen auch die deutschen Gerichte an dem internationalen Wettbewerb um die Entscheidung großvolumiger Wirtschaftsstreitigkeiten teilnehmen, bedarf es mehr als der Zulassung von Englisch als Ge

---

[485] *Hau*, FS Schurig, S. 49, 59.
[486] Vgl. oben, Vierter Teil IV., S. 197, Fn. 430.
[487] Vgl. oben, Vierter Teil IV., S. 196, Fn. 425 ff.

richtssprache. Der Aufwand für die Schaffung wettbewerbsfähiger Business Courts in Deutschland darf nicht unterschätzt werden. In der Bundestagsdebatte über die Gesetzesinitiative einiger Länder zur Einführung von Kammern für internationale Handelssachen hat der Abgeordnete *Lischka* (SPD) mit Recht ausgeführt:

> „Aber unterstellt, es wäre für unsere Unternehmen ein Vorteil, wenn sich internationale Vertragspartner in Zukunft vermehrt auf deutsches Recht oder zumindest auf den Gerichtsstandort Deutschland verständigen würden – was wäre der Preis dafür, dass uns das überhaupt gelingen könnte? Ich sage, das wird teuer. Wer eine echte Konkurrenz zur privaten Schiedsgerichtsbarkeit aufbauen will, der muss dies konsequent, exzellent, langfristig und verlässlich tun. Das ist harte Arbeit."[488]

Im Folgenden soll skizziert werden, was ein entsprechender Ansatz in Deutschland erfordern würde.

---

[488] Deutscher Bundestag, Plenarprotokoll 17/130, 15379 (B).

VIII. VON DER KAMMER FÜR HANDELS-SACHEN ZU EINEM ECHTEN HANDELSGERICHT

Der Vorschlag, die neu zu schaffenden „Kammern für internationale Handelssachen" einem dem internationalen Wettbewerb gewachsenen Handelsgericht anzunähern, ist in der Literatur bereits erhoben worden.[489] Die folgenden Überlegungen greifen diesen Vorschlag auf und entwickeln ihn fort.

1. Die Interessen der Parteien

Ausgangspunkt für die Ausgestaltung eines deutschen Handelsgerichts müssen die Interessen der Parteien sein, die sich einem solchen Gericht anvertrauen sollen. Wie oben bereits ausgeführt, sind die Parteien nicht an der Minimierung der Verfahrenskosten interessiert.[490] Wer einen Streit zu möglichst geringen Kosten beilegen will, dem steht dafür das gesamte Menü der alternativen Streitbeilegung zur Verfügung. Wer gleichwohl zugunsten eines staatlichen Gerichts optiert, der erwartet eine Rechtsentscheidung. Betrifft die Rechtsentscheidung

---

[489] *Calliess/Hoffmann*, AnwBl. 2009, 52 f; *Hoffmann*, DRiZ 2009, 329, 331; ausführlich *ders.*, Kammern für internationale Handelssachen, S. 175 ff.; *Kötz*, AnwBl. 2010, 1, 7.

[490] Vgl. oben, Erster Teil IV. 3. c), S. 51.

einen hohen Streitwert, wie dies in den vor ein Handelsgericht zu bringenden Streitigkeiten der Fall wäre, geht es nicht in erster Linie um Kostenbegrenzung. Es ist selbstverständlich, dass die Entscheidung eines Streits um EUR 10 Millionen mehr kosten darf als EUR 20.000. Die Präferenzen der Parteien gehen wie immer dahin, die optimale Balance aus Nutzen und Kosten zu treffen.[491]

Die Verantwortlichen für die erfolgreichen Business Courts sind sich dieser Präferenzen wohl bewusst. Lord *Thomas Cwmgiedd* geht in seiner bereits erwähnten Rede von der Prämisse aus, dass die Parteien eine Begrenzung der Kosten, die Beschleunigung der Verfahren und die Vermeidung von *procedural complexity*, also keine zeitintensiven und kostspieligen Auseinandersetzungen um prozessuale Nebenkriegsschauplätze wünschen.[492] Diese Negativliste stimmt mit den oben angestellten theoretischen Überlegungen zum Entscheidungskalkül rationaler Prozessparteien vollkommen überein.[493] Aber was wollen die Parteien positiv? Lord *Thomas* ist der Auffassung, die Parteien präferierten ein faires, auf den konkreten Einzelfall zugeschnittenes Verfahren zur Aufklärung des Sachverhaltes – „getting the procedure right" – und dies unter konsequenter Nutzung moderner Informationstechnologie.[494] Darüber hinaus müsse das Gericht, wie erwähnt, um „richtige", auf die Bedürfnisse der Wirtschaft zugeschnittene Anwendung des materiellen Rechts bemüht sein – „getting the law right".[495] Die von ihm ebenfalls angemahnte konsequente Orientierung auch der Rechtsanwendung an *business needs* scheint auf den ersten Blick parteiisch und daher einem dem Rechtsstaat verpflichteten Gericht weder möglich noch adäquat zu sein. Doch gilt es im Auge zu behalten, dass es Commercial Courts ohnehin nur mit Fällen zu tun bekommen, an denen ausschließlich Unternehmen beteiligt sind. Die Konstellation „Unternehmen gegen Verbraucher"

---

[491] Oben, Erster Teil IV. 3., S. 46.

[492] The Right Honourable The Lord *Thomas of Cwmgiedd*, Giving Business what it Wants – A well Run Court for Commercial and Business Disputes, 02.03.2017, Rn. 18 ff.; vgl. dazu bereits oben, Vierter Teil III. 2., S. 192.

[493] Vgl. oben, Erster Teil IV. 3., S. 46.

[494] The Right Honourable The Lord *Thomas of Cwmgiedd* (Fn. 492), Rn. 38 ff.

[495] The Right Honourable The Lord *Thomas of Cwmgiedd* (Fn. 492), Rn. 48 ff.

kann es an diesen Gerichten nicht geben. Im Rechtsverkehr zwischen Unternehmen ist eine an deren Interessen orientierte Rechtsanwendung hingegen unbedenklich. Dies gilt sicher für den Bereich des dispositiven Zivil- und Handelsrechts, darüber hinaus aber auch für zwingendes Recht. Die Parteien sind nämlich in aller Regel dazu berechtigt, im Rahmen eines Rechtsstreits auch über zwingende Normen zu disponieren und sich beispielsweise über durch zwingendes Recht geregelte Ansprüche zu vergleichen.[496] Normen nach Art des § 9b Abs. 1 GmbHG, wonach ein Verzicht oder Vergleich über die in § 9a GmbHG geregelten Ersatzansprüche gegen Geschäftsführer und Gesellschafter bei fehlerhafter Gründung unzulässig ist, sind die seltene Ausnahme. In dem verbleibenden, breiten Bereich der Dispositionsfreiheit ist ein Gericht nicht daran gehindert, sich an den Interessen der Parteien zu orientieren.

2. Personalauswahl und Arbeitsbelastung

Die Parteien erwarten von einem Handelsgericht vor allem anderen eine effiziente Gestaltung des Verfahrens und eine kompetente Entscheidung ihres Rechtsstreits. Für beides ist die personelle Ausstattung des Gerichts von zentraler Bedeutung.[497] Folglich legen die Niederlande bei der Errichtung ihres Commercial Court in Amsterdam größten Wert auf die Qualifikation und Erfahrung der zu berufenden Richter.[498] Es geht um die Gewinnung von Persönlichkeiten, die sowohl über herausragende juristische Qualifikationen als auch über große praktische Erfahrung mit der Handhabung komplexerer Verfahren verfügen. Überdies muss die Fähigkeit vorhanden sein, ein Verfahren in englischer Sprache zu führen und eine Entscheidung in dieser Sprache abzufassen. Mit solchen Anforderungen dürfte zugleich gewährleistet sein, dass die Richter über rechtsvergleichende Kenntnisse

---

[496] Ausführlich dazu *Wagner*, Prozessverträge, S. 106 ff. mwNachw.

[497] Übereinstimmend *Hoffmann*, Kammern für internationale Handelssachen, S. 177; programmatisch *Gibbons*, 61 Brooklyn L. Rev. 45 (1995).

[498] Vgl. oben, Vierter Teil IV., S. 198, Fn. 434 f.

im Bereich des Zivil- und Zivilprozessrechts und über Erfahrungen in der Kommunikation mit ausländischen Juristen verfügen. Persönlichkeiten, die diesem Anforderungsprofil genügen, sind nicht nur in der niederländischen Justiz, sondern auch in der deutschen ordentlichen Gerichtsbarkeit zu finden. Dabei ist daran zu erinnern, dass es nicht um Massen von Fällen geht. Der europäische „Marktführer" in diesem Segment, der englische Commercial Court, erledigt pro Jahr ca. 1.000 Fälle.[499] Die niederländische Justiz erwartet für ihr neu geschaffenes Handelsgericht 100 Fälle pro Jahr.[500]

Mindestens ebenso wichtig wie die Auswahl der Richter ist die Steuerung ihrer Arbeitsbelastung. In dem gegenwärtigen System, in dem die Arbeitsbelastung der Richter nach der Zahl der erledigten Fälle bemessen wird, ist die sachgerechte Behandlung von Großverfahren praktisch unmöglich. Nach heutiger Praxis der Justizbehörden ergibt sich der Aufwand, den ein einzelner Richter für einen Rechtsstreit treiben soll, aus den Zeitansätzen eines Personalbedarfsberechnungssystems namens PEBB§Y.[501] Legt dieses Programm einen Zeitansatz von 600 Minuten zugrunde, hat der Richter im Grunde zehn Stunden Zeit, um einen Rechtsstreit zu verhandeln und zu entscheiden. Nach einem Gutachten von PricewaterhouseCoopers, das der PEBB§Y-Fortschreibung 2014 zugrunde liegt, gilt für allgemeine Zivilsachen vor dem Landgericht als erste Instanz eine Basiszahl von 569.[502] Dies bedeutet, dass ein Richter einen Zivilrechtsstreit im Durchschnitt innerhalb von 569 Minuten erledigt haben muss, soll das Pensum eingehalten werden. Mehr als 9,48 Stunden sind für die Verhandlung und Entscheidung einer „normalen Zivilsache" also nicht vorgesehen. Ein Richter am Landgericht, der ausschließlich allgemeine Zivilsachen be-

---

[499] Vgl. oben, Zweiter Teil III., S. 108, Fn. 211.

[500] Vgl. oben, Vierter Teil IV., S. 198, mit Fn. 439.

[501] PricewaterhouseCoopers, PEBB§Y Fortschreibung 2014; im Internet unter http://www.drb.de/fileadmin/docs_public/PEBB__Y/PEBBSY_2015-04-10_Hauptband.pdf.

[502] PricewaterhouseCoopers, PEBB§Y Fortschreibung 2014, S. 24 ff., 140; im Internet unter http://www.drb.de/fileadmin/docs_public/PEBB__Y/PEBBSY_2015-04-10_Hauptband.pdf.

arbeitet, hat im Jahr 180 Fälle zu erledigen.[503] Für Arzthaftungs-, Bau- und Architektensachen, Personenhaftungs- und Honorarforderungen, die Auseinandersetzung von Gesellschaften und schließlich Kartellsachen gilt eine Basiszahl von 1.193.[504] Die Erledigung einer Streitigkeit aus diesen Rechtsbereichen darf den Richter also im Durchschnitt 20 Stunden kosten; das Jahresdeputat umfasst 86 Fälle.[505]

Es liegt auf der Hand, dass bei dieser Arbeitsbelastung die angemessene Begleitung und Gestaltung eines komplexen Großverfahrens schlechterdings nicht möglich ist. Der Aufwand an Zeit und Energie, den es erfordert, um einen tatsächlich und rechtlich schwierigen Rechtsstreit nach Haftungsgrund und Haftungsausfüllung zu führen und zu entscheiden, kann im deutschen System nur von einem Richter aufgebracht werden, der über herkulische Fähigkeiten und starke altruistische Neigungen verfügt. Ein Einzelrichter am Landgericht, der pro Jahr 150 Fälle erledigen muss, kann sich nicht monatelang einem Großverfahren widmen oder ein bis zwei Wochen für eine kontinuierliche mündliche Verhandlung reservieren. Selbst für komplexe Zivilverfahren aus dem Arzthaftungs-, Gesellschafts- oder Kartellrecht stehen nur 20 Stunden, also 2,5 Arbeitstage zur Verfügung! Dem mit einem solchen Deputat belasteten Richter bleibt im Sinne einer Art dienstlicher Notwehr nichts anderes übrig, als auf einen Vergleich hinzuarbeiten und damit den Parteien genau das anzudienen, was sie gerade nicht wollen. Konflikterfahrene und -gewandte Wirtschaftsunternehmen wenden sich an die Zivilgerichte daher erst dann, wenn sie Möglichkeiten für eine einverständliche Streitbeilegung ausgeschöpft oder ausgeschlossen haben. Dass nach Durchführung wesentlicher Verfahrensschritte und umfassendem Informationsaustausch

---

[503] Dieser Wert ergibt sich bei Zugrundelegung einer Jahresarbeitszeit von ca. 102.420 Minuten. Tatsächlich variiert die Jahresarbeitszeit der Richter von Bundesland zu Bundesland und liegt in den meisten Bundesländern unter 102.420 Minuten; vgl. dazu PricewaterhouseCoopers, PEBB§Y Fortschreibung 2014, Anlagenband, S. 473; im Internet unter http://www.drb.de/fileadmin/docs_public/PEBB__Y/PEBBSY_2015-04-10_Anlagenband.pdf.

[504] PricewaterhouseCoopers, PEBB§Y Fortschreibung 2014, S. 140.

[505] Vgl. Fn. 503.

zwischen den Parteien dann doch noch häufig ein Vergleich zustande kommt, steht auf einem anderen Blatt.

Das Deputat der Handelsrichter wäre dementsprechend so zu reduzieren, dass ihnen die für die sachgerechte Betreuung und Erledigung der eingehenden Fälle notwendige Zeit zur Verfügung steht. Wie genau die Arbeitsbelastung der Richter bemessen und gesteuert wird, sollte der Praxis überlassen bleiben. Maßstab für die Bemessung der Arbeitsbelastung sollten jedoch die Anforderungen an die sachgerechte Erledigung der anhängigen Rechtsstreitigkeiten sein – und nicht die vom jeweiligen Finanzministerium vorgegebenen Budgetzwänge der Justiz. Andernfalls ist ein fairer Leistungswettbewerb mit privaten Schiedsgerichten, die unter keinen vergleichbaren Budgetzwängen leiden, gar nicht möglich. Der Justiz sollten durch die Abkoppelung des richterlichen Deputats vom Budget der jeweiligen Justizbehörde indessen keine zusätzlichen Kosten entstehen. Die für die Bewältigung komplexer Großverfahren anfallenden Mehrkosten sind vielmehr über die Gerichtsgebühren an die Parteien weiterzugeben.[506]

3. Sachliche Ausstattung

Auch die sachliche Ausstattung der deutschen Justiz lässt zu wünschen übrig. Die Sparpolitik der vergangenen Jahre hat tiefe Spuren hinterlassen, während auf der anderen Seite die Informationstechnologie geradezu explodiert ist. Eine moderne Ausstattung mit Informationstechnologie ist für große Anwaltskanzleien heute Standard. In der Schiedsverfahrenspraxis ist es üblich, dass Schriftsätze und Anlagen primär auf elektronischem Wege übersandt werden. Für mündliche Verhandlungen müssen Räumlichkeiten zur Verfügung stehen, die mehrköpfige Teams von Anwälten und Vertretern der Parteien beherbergen können. Solche Räume müssen auch über einen Zeitraum von mehr als einer Woche hinweg genutzt werden können.

---

[506] Dazu unten, Vierter Teil VIII. 10., S. 234.

All diesen Anforderungen wird die aktuelle Ausstattung der Instanzgerichte bei weitem nicht gerecht. Es fehlt an moderner Informationstechnologie und an großen Verhandlungssälen, die über Wochen hinweg für Zivilsachen zur Verfügung stehen würden. An dieser Stelle wären also Investitionen in Infrastruktur notwendig. Die niederländischen Nachbarn haben sich vorgenommen, diese Investitionen auszuführen, und zwar so, dass auch noch ein wenig Glanz verbreitet wird – *en allure uitstralen*. Dies stünde auch einem oder mehreren deutschen Handelsgerichten gut an.

4. Verfahrensgestaltung und Instanzenzug

Die ZPO bietet grundsätzlich einen adäquaten und bewährten prozessualen Rahmen, der auch die sachgerechte und effiziente Führung von Großverfahren erlaubt. Das geschriebene Zivilprozessrecht bietet dem bei solchen Streitigkeiten erforderlichen *case management* zwar wenig Hilfestellung, steht ihm aber auch nicht entgegen. Der Grundgedanke der mit der Vereinfachungsnovelle von 1976 eingefügten §§ 272–276 ZPO besteht schließlich darin, dem Gericht ein Instrumentarium für die passgenaue und effiziente Gestaltung des jeweiligen Rechtsstreits an die Hand zu geben.[507] Dieser prozessuale Rahmen ist ausreichend, um komplexen Großverfahren hinreichend Rechnung zu tragen. Von der Entwicklung und Einführung konkreter legislatorischer Vorgaben für das *case management* eines Handelsgerichts ist deshalb abzuraten. Die insoweit adäquaten Regelungen sollten von den mit komplexen Großverfahren befassten Richtern anhand einschlägiger Erfahrungen und in einem iterativen Prozess von *trial and error* erarbeitet und nicht am grünen Tisch entworfen werden. Sollten sich dabei bestimmte Fixpunkte herausbilden, können diese zu einem geeigneten Zeitpunkt kodifiziert werden.

---

[507] Vgl. die Gesetzesbegründung, BT-Drucks. 7/2729, S. 34 ff.; in der damaligen Terminologie wurde die „rationelle" Erledigung der Zivilprozesse angestrebt.

Allerdings müsste der Gesetzgeber die Art und Weise der Protokollierung ändern. Die in Deutschland übliche Protokollierung der Aussagen von Zeugen und Sachverständigen durch Zusammenfassungen des Richters entspricht nicht mehr international akzeptierten Gepflogenheiten. In der Welt des anglo-amerikanischen Zivilprozesses wäre eine solche Art der Protokollierung undenkbar. Hier wird das Wortprotokoll, das die Aussagen der Beweispersonen wortwörtlich dokumentiert, als für die Wahrheitsfindung unverzichtbar angesehen. In der Schiedsgerichtsbarkeit, auch der deutschen, ist die wörtliche Protokollierung der Aussagen durch einen darauf spezialisierten Sekretär ebenfalls Standard.[508] Demgegenüber dürfte das Festhalten der deutschen Justiz am richterlichen Protokoll nicht der Überzeugung geschuldet sein, es handle sich bei diesem um eine überlegene Form der Dokumentation der getroffenen Aussagen.[509]

Der deutsche Weg der Protokollierung von Zeugen- und Sachverständigenaussagen beruht nicht auf besserer Einsicht, sondern ganz einfach auf der stets gegebenen Mittelknappheit. Ein Wortprotokoll ist viel aufwendiger als ein vom Richter diktiertes Protokoll, weil ein hochqualifizierter Sekretär der mündlichen Verhandlung beizuwohnen hat. Wie schon bei der personellen und sachlichen Ausstattung dürfen Budgetzwänge für ein Handelsgericht kein Hindernis darstellen, wenn es erfolgreich im Wettbewerb bestehen soll. In den Augen der Parteien sind die Kosten für ein Wortprotokoll wegen des dadurch bedingten Gewinns für die Aufklärung des Sachverhalts gerechtfertigt. Dies gilt jedenfalls für Streitigkeiten zwischen Wirtschaftsunternehmen um hohe Streitwerte, denn andernfalls hätte sich das Wortprotokoll in der Schiedsgerichtsbarkeit nicht durchgesetzt.

---

[508] *Schütze*, in: Wieczoreck/Schütze, ZPO, § 1047 Rn. 26.
[509] Vgl. aber Stein/Jonas-*Roth*, ZPO, § 160a Rn. 3: Das Festhalten der Zeugenaussagen auf Tonträger sei „wegen der Weitschweifigkeit vieler Zeugen" sowie wegen „der schwierigen Identifizierung der Personen, die Zwischenfragen gestellt oder beantwortet haben, eher untunlich". Diese Probleme lassen sich durch aktive Gestaltung und Strukturierung der Zeugenvernehmung durch das Gericht leicht ausräumen.

Der Zusammenhang zwischen dem für ein Sitzungsprotokoll zu treibenden Aufwand und der Komplexität der Streitsache ist in der ZPO selbst anerkannt, denn § 159 ZPO stellt die Protokollierung durch den Richter oder durch den Urkundsbeamten der Geschäftsstelle zur Wahl. Allerdings wird § 159 Abs. 1 S. 2 ZPO so ausgelegt, dass es selbst bei Zuziehung eines Urkundsbeamten vom Ermessen des Vorsitzenden gedeckt ist, diesem das Protokoll in eigenen Worten zu diktieren.[510] Gleiches gilt, wenn auf der Grundlage von § 160a ZPO eine Aufzeichnung auf einem Tonträger erfolgt.[511] Allerdings stehen die §§ 159, 160a ZPO der Ausübung des richterlichen Ermessens dahingehend, dass die Protokollierung einem Urkundsbeamten anvertraut und von diesem ein Wortprotokoll angefertigt wird, nicht entgegen. Nach dem Wortlaut des § 159 Abs. 1 S. 2 ZPO kann für die Protokollführung ein Urkundsbeamter der Geschäftsstelle zugezogen werden, „wenn dies auf Grund des zu erwartenden Umfangs des Protokolls, in Anbetracht der besonderen Schwierigkeit der Sache oder aus einem sonstigen wichtigen Grund erforderlich ist". In den Fällen, die vor das Handelsgericht zu bringen sind, wäre diese Voraussetzung stets erfüllt.

5. Englisch als Gerichtssprache

Auf die Zulassung von Englisch als Gerichtssprache ist im Zusammenhang mit der Reform der zur Schiedsgerichtsbarkeit akzessorischen Gerichtsverfahren und der Kammern für internationale Handelssachen bereits eingegangen worden.[512] An dem praktischen Bedürfnis für einen solchen Schritt besteht kein Zweifel, wie auch das Vorgehen der niederländischen Nachbarn zeigt, die für ihren Netherlands Commercial Court Englisch sogar als reguläre Gerichtssprache vorsehen

---

[510] Stein/Jonas-*Roth*, ZPO, § 159 Rn. 12
[511] Stein/Jonas-*Roth*, ZPO, § 160a Rn. 3.
[512] Vgl. oben, Dritter Teil V. 2. h), S. 173; Vierter Teil IV., S. 196.

wollen, mit der Möglichkeit der Parteien, einverständlich für das Niederländische zu optieren.[513]

Gleichwohl hat das Thema „Englisch als Gerichtssprache" Anlass zu leidenschaftlichen Diskussionen um den Stellenwert der deutschen Sprache und die Selbstbehauptung der deutschen Kultur in einer vom Englischen und den angelsächsischen Ländern dominierten Welt gegeben. Skeptiker des Vorschlags sind so weit gegangen, verfassungsrechtliche Bedenken dagegen zu erheben.[514] Die Zulassung von Englisch als Gerichtssprache soll gegen den verfassungsrechtlich garantierten Grundsatz der Öffentlichkeit von Verfahren verstoßen. Demgegenüber ist daran zu erinnern, dass die Beteiligung der Öffentlichkeit an Gerichtsverfahren in aller Regel über die Medien vermittelt wird.[515] Journalisten, die dazu imstande sind, einer englischsprachigen Verhandlung zu folgen und darüber anschließend dem Publikum in deutscher Sprache zu berichten, stehen jedoch zur Verfügung. Es ist nicht ernsthaft zu erwarten, dass die Information der Öffentlichkeit über Zivilverfahren leiden würde, wenn diese in englischer Sprache geführt würden.[516]

Stünde Englisch als Gerichtssprache zur Verfügung, würde aller Voraussicht nach von der Möglichkeit, das Verfahren insgesamt auf Englisch zu führen, kein enthusiastischer Gebrauch gemacht werden. Die im niedrigen einstelligen Bereich liegenden Eingangszahlen bei den probeweise eingerichteten Kammern für internationale Handelssachen im Bezirk des Oberlandesgerichts Köln belegen diese Einschätzung.[517]

---

[513] Vgl. oben, Vierter Teil IV., S. 197, Fn. 430.

[514] *Flessner*, NJW 2011, 3544 und NJOZ 2011, 1913; *Handschell*, DRiZ 2010, 395, 398; *Hirtz*, AnwBl 2011, 41; wohl auch Stein/Jonas-*Jacobs*, 22. Aufl., Vor § 184 GVG Rn. 4.

[515] BVerfGE 103, 44, 76 f. = NJW 2001, 1633, 1636; *Prütting*, AnwBl. 2010, 113, 114; *Armbrüster*, ZRP 2011, 102, 104; Kissel-*Mayer*, GVG, § 169 Rn. 85: „Die Berichterstattung der Medien (Presse, Rundfunk, Fernsehen) ist zudem von entscheidender Bedeutung für die Erreichung der Ziele, denen die Öffentlichkeit der Verhandlung dienen soll.".

[516] *Ewer*, NJW 2010, 1323, 1324 f.; *Armbrüster*, ZRP 2011, 102, 103 f.; *Hoffmann*, Kammern für internationale Handelssachen, S. 183 ff.

[517] *Hau*, FS Schurig, 49, 59.

Ein praktisches Bedürfnis ist offenbar nicht gegeben, denn die deutschen Gerichte werden ohnehin nur in denjenigen Fällen gewählt werden, in denen das deutsche Recht zur Anwendung berufen ist. Dann aber spricht einiges dafür, schriftsätzliche Ausführungen zum deutschen Recht auch in deutscher Sprache zu verfassen. Immerhin bestünde aber die Möglichkeit, englischsprachige Dokumente im Original ohne Übersetzung vorzulegen sowie Zeugen und Sachverständige, die des Deutschen nicht mächtig sind, ohne Zuziehung eines Dolmetschers in Englisch aussagen zu lassen. Wie man aus Köln und Düsseldorf hört, werden vor den dortigen Kammern für internationale Handelssachen diese Möglichkeiten eines „Hybridverfahrens" durchaus genutzt. Sie bestehen allerdings bereits im Rahmen des geltenden Rechts der §§ 184, 185 Abs. 2 GVG.[518]

Trotzdem sollte darauf verzichtet werden, Englisch als Gerichtssprache nur halbherzig zu akzeptieren, also auf die Vorlage von Urkunden und die Vernehmung von Zeugen und Sachverständigen zu beschränken. Verträge über großvolumige Transaktionen oder Projekte werden zunehmend auch dann in englischer Sprache verhandelt und abgeschlossen, wenn deutsches Recht gewählt wird. In diesen Fällen haben die Parteien die notwendige Arbeit, deutsche Rechtsbegriffe ins Englische zu übersetzen, bereits erbracht. Es mag daher naheliegen, auch den Prozess um einen solchen Vertrag in der Vertragssprache, also in Englisch zu führen. Diese Option sollte den Parteien nicht ohne Not genommen werden.

6. Ausschluss der Öffentlichkeit

Ein wesentliches Motiv für die Wahl der privaten Schiedsgerichtsbarkeit ist die Vertraulichkeit des Verfahrens.[519] Demgegenüber sind Verhandlungen vor den deutschen Gerichten gemäß § 169 GVG öffentlich. Die Öffentlichkeit kann bei Vorliegen besonderer Grün-

---

[518] Statt aller Kissel/*Mayer*, GVG, § 184 Rn. 8, § 185 Rn. 9.
[519] Oben, Fn. 277 f.

de ausgeschlossen werden, insbesondere, wenn Umstände aus dem persönlichen Lebensbereich einer Partei oder eines Zeugen (§ 171b GVG) oder ein wichtiges Geschäfts-, Betriebs-, Erfindungs- oder Steuergeheimnis zur Sprache kommen (§ 172 Nr. 2 GVG). Die Entscheidung über den Ausschluss der Öffentlichkeit trifft das Gericht. Diese Möglichkeiten reichen offenbar in manchen Fällen nicht aus, um das Vertraulichkeitsinteresse der Parteien zu befriedigen, denn sonst würde die Schiedsgerichtsbarkeit nicht aus diesem Motiv heraus gewählt.[520] In der Tat erlauben die §§ 171b, 172 Nr. 2 GVG lediglich den Ausschluss der Öffentlichkeit von der mündlichen Verhandlung. In dem – wiederum öffentlich zu machenden – Urteil des Gerichts sind die unter Ausschluss der Öffentlichkeit mitgeteilten Tatsachen zu benennen, soweit dies für die Begründung der Entscheidung erforderlich ist.

In der Literatur wird die Auffassung vertreten, der Öffentlichkeitsgrundsatz des § 169 GVG sei dispositiv, könne von den Parteien also einverständlich abbedungen werden.[521] Wäre dies richtig, könnten die Parteien im Zusammenhang mit einer Gerichtsstandsklausel zugunsten eines Handelsgerichts vereinbaren, dieses solle stets unter Ausschluss der Öffentlichkeit verhandeln. Damit wäre die Gefahr, dass Wettbewerber der Parteien oder sonst interessierte Personen Kenntnisse von Geschäftsgeheimnissen erhalten, gebannt, wenn auch nur für die mündliche Verhandlung.

Demgegenüber ist die Disponibilität des Öffentlichkeitsgrundsatzes im Hinblick auf seinen Zweck, die Kontrolle der Gerichte durch die Allgemeinheit zu gewährleisten,[522] skeptisch zu sehen.[523] Das BVerfG sieht in der Gerichtsöffentlichkeit eine „Rechtsposition des Volkes", die den grundgesetzlichen Schutz des Demokratie- und des Rechtsstaatsprinzips genieße und auf europäischer Ebene in Art. 6 Abs. 1

---

[520] Vgl. oben, Dritter Teil I. 3., S. 135, Fn. 277.

[521] *Ewer*, NJW 2010, 1323, 1324.

[522] BVerfGE 103, 44, 76 f. = NJW 2001, 1633, 1635; Kissel/*Mayer*, GVG, § 169 Rn. 3.

[523] Kissel/*Mayer*, GVG, § 169 Rn. 19, 58.

EMRK anerkannt sei.[524] Inhalt und Funktion der Gerichtsöffentlichkeit bestünden darin,:

> „von den Geschehnissen im Verlauf einer Gerichtsverhandlung Kenntnis zu nehmen und die durch die Gerichte handelnde Staatsgewalt einer Kontrolle in Gestalt des Einblicks der Öffentlichkeit zu unterziehen."[525]

Die Funktion des Öffentlichkeitsgrundsatzes, eine Kontrolle der Gerichte durch eine kritische Öffentlichkeit zu gewährleisten, spricht dagegen, ihn mit Blick auf Verfahren vor einem reformierten Handelsgericht pauschal zurückzudrängen. Die Errichtung moderner Handelsgerichte wäre als Versuch zu verstehen, ein attraktives Angebot an die Parteien komplexer und großvolumiger Rechtsstreitigkeiten zu machen, damit diese wieder vermehrt von der deutschen Justiz unter den Augen der Öffentlichkeit verhandelt und entschieden werden. Dieser Zweck würde verfehlt, wenn sich die staatlichen Gerichte wie ein Schiedsgericht gerieren und unter Ausschluss der Öffentlichkeit prozedieren würden.

Schließlich bleibt auch der Nutzen eines solchen Opfers zweifelhaft, denn die staatliche Justiz kann bei der Vertraulichkeit ohnehin nicht so weit gehen wie die private Schiedsgerichtsbarkeit und Verschwiegenheit auch über das Verfahren als solches und über den Urteilsspruch wahren. Anders lässt sich der berechtigten Kritik, die Abwanderung ganzer Bereiche von Rechtsstreitigkeiten in die private Schiedsgerichtsbarkeit unterminiere das öffentliche Interesse an der Konkretisierung und Fortbildung des Rechts,[526] gar nicht Rechnung tragen.

7. Instanzenzug

Wie bei allen Gerichten stellt sich auch bei einem deutschen Handelsgericht die Frage nach dem Instanzenzug. Sie ist schwierig zu

---

[524] BVerfGE 103, 44, 76 f. = NJW 2001, 1633, 1635.
[525] BVerfGE 103, 44, 76 f. = NJW 2001, 1633, 1635.
[526] *Duve/Keller*, SchiedsVZ 2005, 169.

beantworten. Auf der einen Seite ist es ein Vorteil des staatlichen Justizsystems, dass es über einen Instanzenzug verfügt. Die Gliederung der Justiz in mehrere Ebenen, die von den Parteien differenziert angesteuert werden können, dient dem Ziel, die Qualität der Entscheidungen unter Knappheitsbedingungen, das heißt bei einem beschränkten Budget, zu maximieren.[527] Würden alle Ressourcen auf eine Instanz konzentriert, erhielten auch diejenigen Fälle die höchste Aufmerksamkeit und den maximalen Aufwand, die dessen gar nicht bedürfen. Ein Instanzenzug mit einem gestuften Rechtsmittelsystem erlaubt es demgegenüber, in der Eingangsinstanz eine Vielzahl von Fällen mit relativ geringem Aufwand zu entscheiden, um dann denjenigen Streitigkeiten mehr Aufmerksamkeit und Aufwand zu schenken, bei denen mindestens eine Partei mit dem erstinstanzlichen Urteil nicht zufrieden ist. So ist es möglich, die knappen Justizressourcen auf diejenigen Fälle zu konzentrieren, die nach dem Willen der Parteien und nach den Wertungen des Gesetzgebers, der die Voraussetzungen von Rechtsmitteln definiert, größere Aufmerksamkeit verdienen.

Der offensichtliche Nachteil eines Rechtsmittelsystems mit Instanzenzug ist der höhere Aufwand an Zeit und Kosten im Einzelfall. In der Situation *ex ante*, vor der Entstehung eines Streits, müssen die eine Streitbeilegungsklausel verhandelnden Parteien die Entscheidung treffen, ob ihnen der Ertrag in Gestalt einer „besseren" Entscheidung bzw. die Chance auf eine Korrektur von Fehlern der ersten Instanz den erhöhten Aufwand an Zeit und Geld für ein Rechtsmittelsystem wert ist. Diejenigen Parteien, die sich für die Schiedsgerichtsbarkeit entscheiden, sind offenbar der Auffassung, dass sich dieser Aufwand nicht lohnt. Diese Entscheidung lässt sich aber nicht ohne weiteres auf ein staatliches Handelsgericht übertragen, das schließlich eine Alternative zur Schiedsgerichtsbarkeit sein will und sein muss. Folglich ist der englische Commercial Court in den normalen Instanzenzug der englischen Zivilgerichtsbarkeit, der zum Court of Appeal und von dort zum UK Supreme Court führt, eingebettet. Nach diesem Muster ist

---

[527] Eingehend dazu *Wagner*, in: Bork/Eger/Schäfer, Ökonomische Analyse des Verfahrensrechts, S. 157 ff.

auch der niederländische Commercial Court konzipiert, gegen dessen Urteile die Berufung zum Gerechtshof Amsterdam und von dort das Rechtsmittel zum Hooge Raad zulässig sein werden.[528]

Vor dem Hintergrund der gegebenen Gerichtslandschaft in Deutschland spricht viel dafür, das Handelsgericht auf der Ebene der Oberlandesgerichte anzusiedeln. Dann stünde den Parteien nur eine Tatsacheninstanz zur Verfügung, an die sich dann ein Rechtsmittel anschlösse, nämlich die Revision zum Bundesgerichtshof. Die Revision ist auf die Entscheidung von Rechtsfragen beschränkt (§ 545 Abs. 1 ZPO). Der Verzicht auf die Berufungsinstanz ist in komplexen Großverfahren angemessen. Der für die Feststellung des Sachverhalts zu treibende zeitliche und finanzielle Aufwand ist typischerweise sehr groß. Er sollte besser auf eine Instanz konzentriert werden, anstatt ihn auf zwei Instanzen zu verteilen. Diese Überlegung scheint sich selbst im „normalen" Zivilprozess Bahn zu brechen, denn die Berufung hat mit der ZPO-Reform 2002 ihre Funktion als zweite Tatsacheninstanz ohnehin in weitem Umfang eingebüßt.[529] Gemäß § 513 Abs. 1 ZPO kann die Berufung nur noch auf eine Rechtsverletzung sowie darauf gestützt werden, dass das Eingangsgericht den entscheidungserheblichen Sachverhalt unrichtig festgestellt hat oder neue und nicht präkludierte Tatsachen oder Beweismittel vorgebracht werden (§ 529 ZPO). Auf eine in dieser Weise eingeschränkte Tatsachenkontrolle in einer Mittelinstanz sollte bei komplexen Großverfahren verzichtet werden, zumal die Voraussetzungen für die Intervention des Berufungsberichts in hohem Maße streitanfällig sind. Die §§ 513 Abs. 1, 529 ZPO geben Anlass zu genau der Art von *satellite litigation*, die vernünftige Parteien in der Situation *ex ante* – vor Entstehung des Streits – zu vermeiden trachten.

Die Begründung einer erstinstanzlichen Zuständigkeit eines Spruchkörpers auf der Ebene der Oberlandesgerichte ist ungewöhnlich, aber keineswegs ausgeschlossen. Eine erstinstanzliche Zuständigkeit der Oberlandesgerichte existiert heute schon für die schiedsverfahrens-

---

[528] Vgl. oben, Vierter Teil IV., S. 198, Fn. 435.
[529] Statt Vieler *Unberath*, ZZP 120 (2007), 323 ff.

rechtlichen Materien des § 1062 Abs. 1 ZPO sowie für die aktien- und umwandlungsrechtlichen Freigabeverfahren gemäß §§ 246a Abs. 1 S. 3, 319 Abs. 6 S. 7 AktG, 16 Abs. 3 S. 7 UmwG. Die Zuweisung dieser Sachen an das Oberlandesgericht trägt der Komplexität der Streitigkeiten und dem Gewicht der auf dem Spiel stehenden Interessen angemessen Rechnung. Diese Wertung ist über die bisher anerkannten Fälle der §§ 1062 Abs. 1 ZPO, 246a, 319 Abs. 6 AktG, 16 Abs. 3 UmwG hinaus auf komplexe Handelsstreitigkeiten zu erstrecken.

8. Institutionelle Verankerung

Dem Vorbild der Commercial Courts in England, New York und künftig in den Niederlanden würde es entsprechen, *ein* Zentralgericht an einem Gerichtsort innerhalb der Bundesrepublik Deutschland zu errichten. Diese Lösung widerspricht allerdings der deutschen Justiztradition, die auf dezentrale Gerichte in der Verantwortung der einzelnen Bundesländer setzt. Nach der föderalen Gewaltenteilung des GG wäre der Bund zudem daran gehindert, ein zentrales Handelsgericht als Bundesgericht zu errichten. Als Bundesgerichte nennt Art. 95 GG nur die obersten Gerichtshöfe der ordentlichen Gerichtsbarkeit sowie der Arbeits-, Sozial-, Verwaltungs- und Finanzgerichtsbarkeit. Instanzgerichte des Bundes darf es gemäß Art. 96 GG nur im Bereich des gewerblichen Rechtsschutzes sowie in Form von Wehrstraf- und Dienstgerichten geben. Außerhalb dieser Materien fehlt dem Bund die Kompetenz zur Errichtung eines erstinstanzlichen Gerichts. Daran ließe sich nur durch eine Verfassungsänderung, die den Katalog des Art. 96 GG erweiterte, etwas ändern.

Unterhalb dieser Schwelle bleibt die Möglichkeit, die Länder zur Errichtung von Handelsgerichten zu ermächtigen. Dies könnte durch eine gesetzlich zu verankernde Öffnungsklausel im GVG geschehen. Bei der Ausgestaltung einer solchen Öffnungsklausel ist darauf zu achten, dass ein Handelsgericht der hier skizzierten Art nur erfolgreich sein kann, wenn es mit einer ausreichenden Zahl von Fällen versorgt wird und mit einer spezialisierten Anwaltschaft zusammenwirken kann. Diese Voraussetzungen sind nur an wenigen Orten in der Bundesrepublik gegeben. Es ist weder möglich noch sinnvoll, bei jedem Oberlandesgericht ein „Handelsgericht" zu errichten. Das Interesse der Parteien an gut ausgestatteten Gerichten und juristisch versierten Richtern, die zudem über erhebliche praktische Erfahrung im Management komplexer Großverfahren verfügen, lässt sich *per definitionem* nicht in der Fläche befriedigen. Dafür sind die Fallzahlen einfach zu niedrig. Die Konzentration auf einige wenige Gerichtsorte ist daher zwingend.

Echte Handelsgerichte, die den Commercial Courts der Nachbarn ernsthaft Konkurrenz machen könnten, sind somit nur als Zentralgerichte der Länder denkbar. Die ins GVG einzustellende Öffnungsklausel müsste die Länder dazu ermächtigen, in ihrem Territorium jeweils ein Handelsgericht zu errichten. Eine Verpflichtung hierzu sollte nicht vorgesehen werden, denn es ist nicht sinnvoll, in jedem Bundesland ein Handelsgericht vorzuhalten. Eine Nachfrage für 16 Handelsgerichte im Bundesgebiet ist nicht vorhanden. Die Wettbewerbschancen deutscher Handelsgerichte wären am größten, wenn sich eine möglichst geringe Zahl interner Wettbewerber ergäbe.

9. Zuständigkeit und Wahl durch Gerichtsstands- vereinbarung

Gemäß § 96 GVG kann der Kläger in seiner Klageschrift beantragen, dass der Rechtsstreit vor der Kammer für Handelssachen verhandelt wird. Das gleiche Recht steht dem Beklagten zu, wenn vor der Zivilkammer eine vor die Kammer für Handelssachen gehörige Klage erhoben wird (§ 98 Abs. 1 GVG). In beiden Fällen ist die Zustimmung der Gegenpartei nicht erforderlich. Allerdings bestehen die Optionen zugunsten der Kammer für Handelssachen nur, wenn es sich um eine Handelssache handelt. Was eine Handelssache ist, wird in § 95 GVG in Gestalt eines Katalogs definiert. Die wichtigste Bestimmung ist

§ 95 Abs. 1 Nr. 1 GVG, der Forderungen aus beiderseitigen Handelsgeschäften erfasst.

Die Anknüpfung der Zuständigkeit eines Handelsgerichts an beiderseitige Handelsgeschäfte und damit an den implizit in Bezug genommenen Kaufmannsbegriff des HGB ist nicht sachgerecht. Vorzugswürdig wäre es, die Zuständigkeit des Handelsgerichts für sämtliche Streitigkeiten zwischen Unternehmen iSd § 14 BGB zu öffnen, die ihres Umfangs und ihrer Komplexität wegen einen erhöhten richterlichen Aufwand erfordern und rechtfertigen. Die Selektion dieser Streitigkeiten aus dem Kreis sämtlicher Konflikte zwischen Unternehmen kann auf verschiedene Weise erfolgen. Denkbar wäre, dass das Handelsgericht die besondere Komplexität der Sache überprüft, um im Fall der Verneinung die Klage vor eine allgemeine Zivilkammer zu verweisen. Alternativ ließe sich an eine Streitwertgrenze nach niederländischem Vorbild denken,[530] denn Umfang und Komplexität des Parteivortrags wachsen erfahrungsgemäß proportional zum Streitwert an. Schließlich könnte auf jede Regelung verzichtet und stattdessen auf die Steuerung des Zugangs zum Handelsgericht durch erhöhte Gerichtsgebühren gesetzt werden. Wenn die Gebühren so festgesetzt werden, dass die Handelsgerichte kostendeckend arbeiten, entfällt der Anreiz, einfache Fälle vor diese *fora* zu bringen. Umgekehrt sollte den Parteien ein aufwendiges – und kostspieliges – Verfahren vor dem Handelsgericht nicht aufgezwungen werden. Ein entsprechendes Angebot reicht völlig aus.

Gleich, mit welchem Instrument der Zugang zum Handelsgericht geregelt wird, müssen die Parteien dazu in der Lage sein, dessen Zuständigkeit *ex ante*, bei Abschluss eines Vertrages, rechtssicher zu vereinbaren. Eine entsprechende Befugnis ergibt sich im Grunde bereits aus § 38 ZPO, Art. 25 Brüssel I-VO. Allerdings könnte je nach institutioneller Verankerung des Handelsgerichts gegen die Wirksamkeit einer Zuständigkeitsvereinbarung eingewandt werden, Vereinbarungen über die Geschäftsverteilung seien nicht zulässig. Dieser

---

[530] Vgl. oben, Vierter Teil IV., S. 198, Fn. 436.

Einwand überzeugt zwar nicht,[531] doch wäre eine Regelung durch den Gesetzgeber gleichwohl wünschenswert. Es empfiehlt sich eine gesetzliche Klarstellung, dass die Zuständigkeit des Handelsgerichts durch Vereinbarung der Parteien wirksam begründet werden kann. Auf den Sitz der Parteien darf es dabei nicht ankommen, sodass auch internationale Fälle, bei denen beide Parteien ihren Sitz im Ausland haben, vor dem Gericht verhandelt und entschieden werden könnten. Schließlich sollte gesetzlich geregelt werden, dass dem Handelsgericht auch die Schiedssachen des § 1062 Abs. 1 ZPO zuzuweisen sind. Wegen der Verankerung des Handelsgerichts auf der Ebene der Oberlandesgerichte ist eine solche Zusammenführung der Schiedssachen mit den Handelssachen ohne Weiteres möglich. Sie ist sinnvoll und geboten, weil Schiedssachen und Handelssachen thematisch eng miteinander verwandt sind. Ihre Vereinigung in der Hand ein- und desselben Gerichts böte den dort tätigen Richtern die Chance, breitere praktische Erfahrungen zu sammeln, was angesichts der beschränkten Zahl von handelsrechtlichen Streitigkeiten dringend erwünscht ist.

10. Finanzierung

Der niederländische Raad voor de Rechtspraak legt großen Wert darauf, dass der in Amsterdam neu zu errichtende Commercial Court of the Netherlands den Steuerzahler nichts kostet.[532] Dies soll durch die Erhebung kostendeckender Gerichtsgebühren erreicht werden. Genauso sollte man auch in Deutschland verfahren. Es gibt keinen vernünftigen Grund, die justizielle Beilegung großvolumiger Handelsstreitigkeiten von staatlicher Seite zu subventionieren. Die Parteien solcher Streitigkeiten sind willens und in der Lage, die Streitbeilegung im Rahmen eines privaten Schiedsverfahrens in vollem Umfang zu fi-

---

[531] *Wagner*, Prozessverträge, S. 564; für die Zulässigkeit von Dispositionen über die Geschäftsverteilung auch *Lüke*, FS Baumgärtel, 1990, 349, 361; *Hoffmann* Kammern für internationale Handelssachen, S. 193 ff.
[532] Vgl. oben, Vierter Teil IV., S. 198, Fn. 438.

nanzieren, d. h. einschließlich des Mietzinses für Verhandlungsräume, der Bezahlung von Protokollführern und des Honorars der Schiedsrichter. Eine entsprechende Bereitschaft könnte auch die staatliche Justiz voraussetzen – wenn sie denn ein Angebot machte, das in qualitativer Hinsicht sein Geld wert wäre.

IX. ZWEI-KLASSEN-JUSTIZ?

Gegen den Vorschlag, die Kammern für Handelssachen zu echten Handelsgerichten fortzuentwickeln, diese bei den Oberlandesgerichten anzusiedeln und in personeller wie sachlicher Hinsicht exzellent auszustatten, könnte der Vorwurf der „Zwei-Klassen-Justiz" erhoben werden. Der Normalbürger werde mit schlecht ausgestatteten Zivilgerichten abgespeist, während Reiche in den Genuss einer *justice de Luxe* kämen.

Dieser Einwand lässt sich entkräften. Zum einen geht es nicht um die Unterscheidung zwischen Reich und Arm, sondern darum, den in Deutschland ansässigen Unternehmen, aber auch interessierten Unternehmen aus dem Ausland eine ihren Interessen gemäße Justizdienstleistung zur Verfügung zu stellen. Diese beiden Kategorien sind nicht miteinander identisch. Unternehmen, die um hohe Streitwerte kämpfen, gehören in der Regel nicht einigen wenigen Reichen, sondern einer Vielzahl von Kleinanlegern aus dem In- und Ausland. In wirtschaftlicher Hinsicht stehen in solchen Verfahren die Interessen dieser Anleger auf dem Spiel. Darüber hinaus erfüllen Unternehmen wichtige volkswirtschaftliche Funktionen, indem sie Menschen Arbeitsplätze bieten, Jugendliche ausbilden, den Staat durch Steuerzahlungen mitfinanzieren und anderes mehr. Reiche und Unternehmen dürfen also nicht miteinander gleichgesetzt werden. Hinzu kommt, dass die Höhe des Streitwerts kein Indiz für den Wohlstand der Parteien ist. Ein Bauunternehmen, das an der Schwelle zur Insolvenz steht, weil eine Millionenforderung nicht bezahlt wurde, ist nicht „reich" im Sinne dieses Wortes.

Abgesehen davon soll die Finanzierung des Handelsgerichts in einer Weise ausgestaltet werden, dass es einer Subventionierung aus öffentlichen Kassen nicht bedarf. Dabei ist zu berücksichtigen, dass Deutschland heute schon Gebühren für die Inanspruchnahme seiner Gerichte in einer Höhe verlangt, die im internationalen Vergleich im oberen Bereich liegt.[533] Im Nachbarland Frankreich gilt der Grundsatz der *gratuité de justice*, d. h. die Anrufung der staatlichen Gerichte ist für die Parteien kostenlos.[534] In den USA fallen *filing fees* in lediglich nomineller Höhe an, die zudem vom Streitwert unabhängig ist. Von einer Subventionierung von Großverfahren aus Steuermitteln kann deshalb schon unter dem geltenden deutschen Gebührenregime überhaupt keine Rede sein, vielmehr werden umgekehrt Kleinverfahren durch die bereits jetzt sehr hohen Gebühren für Großverfahren quersubventioniert.

Schließlich ist zu erwarten, dass die Einrichtung von Handelsgerichten bei ausgewählten Oberlandesgerichten auch der „normalen" Ziviljustiz einen Schub geben könnte. Die Ausstattung wenigstens eines Spruchkörpers mit zeitgemäßer Informationstechnologie und entsprechenden Fazilitäten würde einen Markstein für die übrige Justiz setzen. Verbesserungen lassen sich erfahrungsgemäß leichter realisieren, wenn ein Vorbild dafür existiert. Es wäre daher zu erwarten, dass sich die bei den Handelsgerichten verwirklichten Verbesserungen mittel- bis langfristig auch bei den übrigen Zivilsenaten des jeweiligen Oberlandesgerichts und darüber hinaus in der Ziviljustiz insgesamt durchsetzten, soweit die stets knappen Finanzmittel dies zuließen. Darüber hinaus würde für die bei den Zivilgerichten beschäftigten Richter ein Anreiz geschaffen, sich beruflich zu profilieren und weiterzuentwickeln, um an die mit interessanten und vielbeachteten Fällen beschäftigten Handelsgerichte berufen zu werden.

---

[533] *Reimann*, in ders., Cost and Fee Allocation in Civil Procedure, S. 24.
[534] *Cayrol*, in: Reimann (Hrsg.), Cost and Fee Allocation in Civil Procedure, S. 137, 138 f. Rn. 4.

Die Bereitstellung eines besonders leistungsfähigen Gerichts für komplexe Verfahren mit hohem Streitwert kann somit nicht als „Reichenjustiz" denunziert werden.

FAZIT

TEILNAHME AM WETTBEWERB LOHNT SICH

Sämtlichen der hier unterbreiteten Vorschläge für eine Stärkung des Schieds- und Gerichtsplatzes Deutschland im Wettbewerb der Jurisdiktionen lässt sich entgegenhalten, derartige Verbesserungen hätten keinen Sinn, weil die zugunsten der etablierten Bewerber wirkenden Beharrungskräfte zu stark seien. Tatsächlich liegt auf der Hand, dass die eingangs genannten unabänderlichen Determinanten – Geschichte, Kultur, Sprache, bis hin zum Wetter – eine Rolle spielen und nicht verschwinden, wenn das deutsche Recht der allgemeinen Geschäftsbedingungen für den Unternehmensverkehr reformiert, das Schiedsverfahrensrecht modernisiert und die deutsche Justiz um leistungsfähige Handelsgerichte bereichert wird. Die aus Netzwerkeffekten resultierenden Beharrungskräfte zugunsten der besser etablierten Wettbewerber werden ein Übriges tun, um die Rolle Deutschlands als Ort für Gerichts- und Schiedsverfahren auch in der näheren Zukunft zu beschränken.[535] Hinzu kommt, dass mit der Einführung leistungsfähiger Handelsgerichte und mit der Modernisierung des Schiedsverfahrensrechts nicht sämtliche Schwächen des deutschen Zivil- und

---

[535] Oben, Erster Teil IV. 6. b), S. 81.

Zivilprozessrechts sowie des anwaltlichen Berufsrechts ausgeräumt sind.[536] Es ließen sich ausgreifendere Reformen denken, die insbesondere die Art und Weise der Sachverhaltsfeststellung im Zivilprozess einbeziehen könnten.

So richtig die genannten Bedenken sind; sie sollten kein Grund dafür sein, die Hände in den Schoß zu legen und den Versuch, am fairen Leistungswettbewerb der Rechtsstandorte im Bereich von Justiz, Schiedsgerichtsbarkeit und sonstigen Streitbeilegungsformen teilzunehmen, gar nicht erst zu unternehmen. Langfristig sind durchaus Vorteile zu erhoffen, beispielsweise bei Streitigkeiten mit Unternehmen aus Osteuropa. Abgesehen davon kommt ein verbessertes Angebot an Streitbeilegungsleistungen nicht nur den einheimischen Rechtsdienstleistern, sondern auch der Wirtschaft zugute. Leistungsfähige und qualitativ anspruchsvolle Institutionen sind Teil der (rechtlichen) Infrastruktur, deren Bedeutung für den Erfolg einer Volkswirtschaft nicht unterschätzt werden sollte.

Ein zweiter Einwand gegen die Stärkung jedenfalls des Gerichtsplatzes Deutschland lautet, der deutsche Staat habe bei Lichte besehen kein begründbares Interesse am „Export" von Justizdienstleistungen.[537] Auf einen solchen Export zielten aber Maßnahmen ab, mit denen die Gerichte für ausländische Parteien attraktiver gemacht werden sollen, damit mehr internationale Fälle angezogen werden. Tatsächlich ließe sich eine einseitig auf den Export von Justizdienstleistungen fixierte Rechtspolitik in Frage stellen, wenn auch nur unter der Annahme, dass die Zivilgerichte vom Steuerzahler subventioniert werden. Wäre dies der Fall, käme die Stärkung der Ziviljustiz im internationalen Wettbewerb einer Subventionierung ausländischer Parteien gleich, die ihre Streitigkeiten vor die inländischen Gerichte brächten. Tatsächlich dürften die Zivilgerichte jedenfalls im Bereich mittlerer bis hoher Streitwerte kostendeckend oder sogar profitabel arbeiten. Dann aber führt eine verstärkte Anziehung internationaler Streitigkeiten eher zu einer Quersubventionierung von Streitigkeiten mit geringen

---

[536] Eindringlich *Peter*, JZ 2011, 939, 941 ff.
[537] *Vogenauer*, ERPL 21 (2013), 13, 27 ff.

Streitwerten. Ob diese justizpolitisch sogar erwünscht ist, mag dahinstehen, bedenklich ist sie jedenfalls nicht. Auch gegen den mit der Stärkung der einheimischen Gerichte einhergehenden Export von Anwaltsdienstleistungen ist nichts einzuwenden. Die Dienstleistung, die ein Anwalt für einen ausländischen Mandanten erbringt, ist genauso erwünscht wie der grenzüberschreitende Verkauf eines in Deutschland hergestellten Automobils.

Abgesehen davon ist zu wiederholen, dass anspruchsvollen Standards genügende Institutionen der Streitbeilegung nicht allein ein Exportinteresse befriedigen, sondern zu allererst der hiesigen Wirtschaft und Gesellschaft Nutzen bringen.[538] Man muss richterliche und privat erbrachte Streitbeilegungsleistungen nicht unbedingt mit Hilfe ökonomischer Begriffe analysieren, um anzuerkennen, dass eine leistungsfähige Justiz, Schiedsgerichtsbarkeit und übrige Streitbeilegungslandschaft am Ende allen zugute kommt.

---

[538] Oben, Erster Teil IV. 5., S. 76.

STATISTISCHER ANHANG

Die folgenden Zahlen bilden die Rohdaten für die im Zweiten Teil mitgeteilten empirischen Befunde, insbesondere die dort wiedergegebenen Grafiken über Eingangs- und Erledigungszahlen der deutschen Gerichte, verschiedener Schiedsorganisationen und ausländischer Gerichte. Die Materialien, denen die Rohdaten entnommen wurden, sind im anschließenden Materialienverzeichnis genannt.

Amtsgerichte

	2005	2006	2007	2008	2009	2010	2011	2012	2013	2014	2015
Neuzugänge	1400724	1314738	1263012	1272658	1243951	1213093	1199758	1150663	1138419	1107028	1093454
Erledigte Verfahren	1449260	1338573	1276426	1260064	1250582	1217563	1209201	1165234	1138823	1107215	1119504
Bau- und Architektensachen	24449	22566	22118	21056	19394	17639	15862	15625	14463	13800	12283
Verkehrsunfallsachen	129890	126420	126771	128882	127518	128084	131163	130775	129486	131921	133903
Kaufsachen	163719	149702	145485	142965	142519	140049	138749	147411	150534	142584	139929
Arzthaftungssachen	2003	6933	2495	1839	1688	1777	1651	1774	1630	1708	1614
Ansprüche aus Versicherungsverträgen (ohne Verkehrsunfallsachen)	51657	50147	45394	41011	35902	37732	38548	37501	34617	33417	37541
Gesellschaftsrechliche Streitigkeiten		4347	4278	3271	3060	3621	3025	2807	2746	2951	2514

Landgerichte in erster Instanz

	2005	2006	2007	2008	2009	2010	2011	2012	2013	2014	2015
Neuzugänge	424525	381014	373331	366267	368692	372150	372605	355623	358792	332044	330035
Erledigte Verfahren	430236	402298	377779	363132	359525	369089	370603	356445	348651	334499	332085
Bau- und Architektensachen	37372	33555	31059	30632	30370	28744	28770	28577	28828	28406	27943
Verkehrsunfallsachen	18350	17729	18350	19424	19739	20046	20417	20786	21398	21748	22978
Kaufsachen	31441	26312	27409	26887	27697	26626	25493	25060	24523	24024	24074

	2005	2006	2007	2008	2009	2010	2011	2012	2013	2014	2015
Landgerichte in erster Instanz											
Arzthaftungssachen	5857	6675	6787	7375	7445	8150	8876	8540	8803	9116	9432
Auseinandersetzungen von Rechtsgemeinschaften (vor Zivilkammern)	8001	9096	7613	5249	4532	4018	3225	2558	2219	2171	2330
Sonstige gesellschaftsrechtliche Streitigkeiten vor Zivilkammern		1173	2675	2939	2680	2898	2648	2352	2171	1810	1845
Gesellschaftsrechtliche Streitigkeiten insgesamt		10269	10288	8188	7212	6916	5873	4910	4390	3981	4175
Handelskammern	50775	47953	46459	43505	44086	40468	38220	36324	35246	32227	32755
Erste Instanz AG und LG											
Neuzugänge	1825249	1695752	1636343	1638925	1612643	1585243	1572363	1506286	1497211	1439072	1423489
Erledigte Verfahren	1879496	1740871	1654205	1623196	1610107	1586652	1579804	1521679	1487474	1441714	1451589
Bau- und Architektensachen	61821	56121	53177	51688	49764	46383	44632	44202	43291	42206	40226
Verkehrsunfallsachen	148240	144149	145121	148306	147257	148130	151580	151561	150884	153669	156881
Kaufsachen	195160	176014	172894	169852	170216	166675	164242	172471	175057	166608	164003
Arzthaftungssachen	7860	13608	9282	9214	9133	9927	10527	10314	10433	10824	11046
Gesellschaftsrechtliche Streitigkeiten		14616	14566	11459	10272	10537	8898	7717	7136	6932	6689

Schiedsverfahren

	2005	2006	2007	2008	2009	2010	2011	2012	2013	2014	2015
DIS	72	75	100	122	172	155	174	121	121	132	134
ICC	521	593		663				759	767	791	801
LCIA	110	133	137	215	243	246	224	265	290	296	326
Insgesamt	703	801	237	1000	415	401	398	1145	1178	1219	1261

Sonstige ADR-Verfahren

	2005	2006	2007	2008	2009	2010	2011	2012	2013	2014	2015
DIS	6	12			4	1	4	4	11	15	6
ICC		12	12	11	24	13	27	21	32	25	16
Insgesamt					28	14	31	25	43	40	22

Frankreich

	2005	2006	2007	2008	2009	2010	2011	2012	2013	2014	2015
Tribunaux d'instance, Tribunaux de grande instance	1556893	1554078	1533428	1550297	1624012	1658308	1630078	1604268	1663007	1663946	1656512
Tribunaux de commerce, Chambres de commerce	276385		228761	222772	232038	218413	208507	179580	189503	176726	173969

England

	2005	2006	2007	2008	2009	2010	2011	2012	2013	2014	2015
County Courts	1968894	2115491	1944812	1993828	1803221	1550626	1504243	1394230	1445339	1595441	1565927
Queen's Bench Division	15317	18364	18505	18253	18583	16619	13928	14454	13053	13142	12297
Commercial Court	981	926	839	1003	1256	1060	1331	1141	1198	1085	870

USA

	2005	2006	2007	2008	2009	2010	2011	2012	2013	2014	2015
Federal District Court	244068	278272	245427	281705	302808	294336	285260	271950	303820	281608	274552
State Courts of New York	1631752	1846956	1814190	1894348	1863202	1766670	1535214	1470460	1459012	1367076	1319034
State Courts of California	901479	912923	954260	1096959	1227779	1150026	1098548	999281	924149	835737	718321

STATISTISCHE MATERIALIEN

I. Internationale Schiedsgerichtsbarkeit

Queen Mary, University of London/PricewaterhouseCoopers (Hrsg.), International Arbitration: Corporate Attitudes and Practices, 2008, im Internet unter: https://www.pwc.co.uk/assets/pdf/pwc-international-arbitration-2008.pdf

Queen Mary, University of London/White & Case (Hrsg.), 2010 International Arbitration Survey: Choices in International Arbitration; im Internet unter http://www.arbitration.qmul.ac.uk/docs/123290.pdf

Queen Mary, University of London/White & Case (Hrsg.), 2015 International Arbitration Survey: Improvements and Innovations in International Arbitration; im Internet unter http://www.arbitration.qmul.ac.uk/docs/164761.pdf

International Chamber of Commerce, 2005 Statistical Report; idem 2006 Statistical Report .... – 2013 Statistical Report; *idem.*, 2014 ICC Dispute Resolution Statistics; *idem*, 2015 ICC Dispute Resolution Statistics, im Internet http://library.iccwbo.org/dr-statisticalreports.htm

Swiss Chambers' Arbitration Institution, Arbitration Statistics 2015; im Internet unter https://www.swissarbitration.org/Statistics

LCIA, Director General's Reports 2005, 2006, 2007 ... –2011; Registrar's Reports 2012, 2013 ... –2015, im Internet unter http://www.lcia.org/LCIA/reports.aspx

Deutsche Institution für Schiedsgerichtsbarkeit, DIS-Verfahrensstatistiken 2005, 2006, 2007 ... –2015, im Internet unter http://www.disarb.org/de/39/content/statistik-id70.

II. Jurisdiktionen

1. Deutschland

Statistisches Bundesamt, Fachserie 10 Reihe 2.1, Rechtspflege, Zivilgerichte 2001, 2002, 2005; *idem.*, Fachserie 10 Reihe 2.1, Rechtspflege, Zivilgerichte 2015, im Internet unter https://www.destatis.de/DE/Publikationen/Thematisch/Rechtspflege/GerichtePersonal/Zivilgerichte.html

Ombudsmann für Versicherungen, Jahresbericht 2005 und Jahresbericht 2015, abrufbar unter www.versicherungsombudsmann.de

2. Frankreich

Ministère de la Justice, Les chiffres-clés de la justice 2006; *idem*, Les chiffres-clés 2007; …. *idem*, Les chiffres-clés de la Justice 2016; im Internet unter http://www.justice.gouv.fr/statistiques-10054/chiffres-cles-de-la-justice-10303/

3. Vereinigtes Königreich

Department of Constitutional Affairs, Judicial Statistics (Revised) England and Wales for the year 2005, 2006, im Internet unter https://www.gov.uk/government/statistics/judicial-statistics-revised-england-and-wales-for-the-year-2005. Für das Jahr 2006 vgl. Ministry of Justice, Judical and court statistics 2006, 2007, im Internet unter https://www.gov.uk/government/statistics/judicial-and-court-statistics-2006.

Ministry of Justice, Civil Justice Statistics Quaterly, England and Wales, January to March 2016 (Incorporating the Royal Courts of Justice 2015), 2016, iVm the Royal Courts of Justice Tables, 2015, im Internet unter https://www.gov.uk/government/statistics/civil-justice-statistics-quarterly-january-to-march-2016-and-the-royal-courts-of-justice-2015

UK Legal Services 2016 – Legal Excellence, Internationally Renowned, von TheCityUK, im Internet unter https://www.thecityuk.com/assets/2016/Reports-PDF/UK-Legal-services-2016.pdf.

4. Vereinigte Staaten

Federal Judicial Caseload Statistics 2006–2016, US District Courts, Civil Filings, im Internet unter http://www.uscourts.gov/statistics-reports/federal-judicial-caseload-statistics-2016.

The Court Statistics Project, im Internet unter http://www.courtstatistics.org.

Judicial Council of California, 2015 Court Statistics Report, Statewide Caseload Trends; 2016 Court Statistics Report, Statewide Caseload Trends, im Internet unter http://www.courts.ca.gov/13421.htm

State of New York, Twenty-Eigth Annual Report of the Chief Administrator of the Courts for Calendar Year 2005, im Internet unter https://www.nycourts.gov/reports/annual/pdfs/2005annualreport.pdf

New York State, Unified Court System, 2015 Annual Report, im Internet unter http://www.nycourts.gov/reports/annual/pdfs/15_UCS-Annual_Report.pdf.

State of New York, Twenty-Eigth Annual Report of the Chief Administrator of the Courts for Calendar Year 2005, im Internet unter http://www.nycourts.gov/reports/annual/pdfs/2005annualreport.pdf.

LITERATURVERZEICHNIS

Adams, Michael: Ökonomische Analyse des Gesetzes zur Regelung des Rechts der Allgemeinen Geschäftsbedingungen, in: Neumann, Manfred (Hrsg.), Arbeitstagung des Vereins für Socialpolitik, Gesellschaft für Wirtschafts- und Sozialwissenschaften in Basel 1983 Ansprüche, Eigentums- und Verfügungsrechte, Berlin 1984, S. 655 ff.

Akerlof, George A.: The Market for "Lemons": Quality Uncertainty and the Market Mechanism, 84 Quarterly Journal of Economics 488 (1970)

Armbrüster, Christian: Englischsprachige Zivilprozesse vor deutschen Gerichten?, ZRP 2011, 102

Assemblée Nationale: Rapport N° 1038 sur l'activité et le fonctionnement des tribunaux de commerce, unter dem Vorsitz von François Colcombet und Arnaud Montebourg, abrufbar unter http://www.assemblee-nationale.fr/11/dossiers/Tribunaux-de-commerce.asp

Bach, Mitchell L./Applebaum, Lee: A History of the Creation and Jurisdiction of Business Courts in the Last Decade, 60 Business Lawyer 147 (2004)

Basedow, Jürgen: EU-Kollisionsrecht und Haager Konferenz – Ein schwieriges Verhältnis, IPRax 2017, 194

Bebchuck, Lucian: Federalism and the Corporation: The Desirable Limits on State Competition in Corporate Law, 105 Harvard Law Review 1437 (1992)

ders./Cohen, Alma/Ferrell, Allen: Does the Evidence Favor State Competition in Corporate Law?, 90 California Law Review 1775 (2002)

ders./Ferrell, Allen: Federalism and Corporate Law: The Race to Protect Managers from Takeovers, 99 Columbia Law Review 1168 (1999)

Berger, Bernhard/Kellerhals, Franz: International and Domestic Arbitration in Switzerland, 3. Aufl. Wien, München, Oxford 2015

Berger, Klaus Peter: Aufgaben und Grenzen der Parteiautonomie in der internationalen Wirtschaftsschiedsgerichtsbarkeit, RIW 1994, 12

ders.: Abschied von der Privatautonomie im unternehmerischen Geschäftsverkehr? – Zum Differenzierungsgebot im AGB-Recht, ZIP 2006, 2149

ders.: Für eine Reform des AGB-Rechts im Unternehmerverkehr, NJW 2010, 465

Berger/Kellerhals: International and Domestic Arbitration in Switzerland, 3. Auflage, Bern 2015

Bewley, Truman: A Critique of Tiebout's Theory of Local Public Expenditures, 49 Econometrica 713 (1981)

Bitter, Georg: Die Crux mit der obligatorischen Streitschlichtung nach § 15a EGZPO – Zulässige und unzulässige Strategien zur Vermeidung eines Schlichtungsverfahrens, NJW 2005, 1235

Blackaby, Nigel/Partasides, Constantine/Redfern, Alan/Hunter, Martin (Hrsg.): Redfern and Hunter on International Commercial Arbitration, 5. Auflage, New York 2009

Born, Gary B.: International Commercial Arbitration, Vol. 1, 2. Auflage, Austin/Boston/Chicago 2014

Bühler, Micha: Awarding Costs in International Commercial Arbitration: an Overview, ASA Bulletin 2004, 249

Büttner, Hermann: Die Reform der ZPO – eine Wirkungskontrolle. Das neue Revisionsrecht, Verhandlungen des 65. Deutschen Juristentags, Bd. I, München 2004, A 89

Eidgenössisches Justiz- und Polizeidepartement (Hrsg.): Erläuternder Bericht zur Änderung des Bundesgesetzes über das Internationale Privatrecht (Internationale Schiedsgerichtsbarkeit), vom 11.01.2017, im Internet unter https://www.ejpd.admin.ch/dam/data/bj/aktuell/news/2017/2017-01-11/vn-ber-d.pdf

Bundesministerium der Justiz (Hrsg.): Kommission zur Neuordnung des Schiedsverfahrensrechts, Bericht, Bonn 1994

Buntenbroich, David/Kaul, Markus: Transparenz in Investitionsschiedsverfahren – Der Fall Vattenfall und die UNCITRAL-Transparenzregeln, SchiedsVZ 2014, 1

Calliess, Gralf-Peter: Der Richter im Zivilprozess – Sind ZPO und GVG noch zeitgemäß? – Gutachten A zum 70. Deutschen Juristentag, Bd. I, München 2014

ders.: Online Dispute Resolution: Consumer Redress in a Global Market Place, 7 German Law Journal 647 (2006)

ders./Hoffmann/Hermann: Justizstandord Deutschland im globalen Wettbewerb, AnwBl. 2009, 52

Cary, William L.: Federalism and Corporate Law: Reflections upon Delaware, 83 Yale Law Journal 663, 664-666 (1974)

Cayrol, Nicolas: La répartition des frais en procédure civile française, in: Reimann (Hrsg.), Cost and Fee Allocation in Civil Procedure: A Comparative Study, New York 2012, S. 137 ff.

Charny, David: An American Perspective on the "Race to the Bottom" in the European Communities, 32 Harvard Journal of International Law 423 (1991)

Choi, Albert/Tirantis, George: Completing Contracts in the Shadow of Costly Verification, 37 Journal of Legal Studies 503 (2008)

Clermont, Kevin/Eisenberg, Theodore: Do Case Outcomes Really Reveal Anything about the Legal System? Win Rates and Removal Jurisdiction, 83 Cornell Law Review 581 (1998) *dies.:* Exorcising the Evil of Forum-Shopping, 80 Cornell Law Review 1507 (1995)

Cooter, Robert D.: The Objectives of Private and Public Judges, 41 Public Choice 107 (1983)

Cooter, Richard/Ulen, Thomas: Law and Economics, 6. Auflage, Boston 2008

Cremers, Kathrin/Ernicke, Max/Gaessler, Fabian/Harhoff, Dietmar/Helmers, Christian/McDonagh, Luke/Schliessler, Paula/van Zeebroeck, Nicolas: Patent Litigation in Europe, ZEW Discussion Paper No. 13 –072, 2013, abrufbar unter http://ftp.zew.de/pub/zew-docs/dp/dp13072.pdf; ebenfalls veröffentlicht in European Journal of Law and Economics

Lord Thomas of Cwmgiedd: Giving Business what it Wants – A Well Run Court for Commercial and Business Disputes, Grand Gourt of the Gayman Islands guest lecture 2017, 2.3.2017, im Internet unter https://www.judiciary.gov.uk/wp-content/uploads/2017/03/grand-court-of-the-cayman-islands-guest-lecture-march-2017.pdf.

Dannemann, Jens/Hansmann, Henry: Globalizing Commercial Litigation, 94 Cornell Law Review 2 (2008)

Derains, Yves: France as a place for international arbitration, in: The Art of Arbitration: Essays on International Arbitration, Liber Amicorum Pieter Sanders, Deventer 1982, 111

Deutscher Juristentag (Hrsg.): Verhandlungen des 55. Deutschen Juristentages 1984, Bd. II, Sitzungsberichte, Referate und Beschlüsse, München 1984

ders.: Verhandlungen des 66. Deutschen Juristentages 2006, Bd. II/2, Sitzungsberichte – Diskussion und Beschlussfassung, München 2007

ders.: Verhandlungen des 69. Deutschen Juristentages 2012, Bd. II/1, Sitzungsberichte – Referate und Beschlüsse; Bd. II/2, Sitzungsberichte – Diskussion und Beschlussfassung, München 2013

ders.: Verhandlungen des 71. Deutschen Juristentages 2016, Bd. II/2, Sitzungsberichte – Diskussion und Beschlussfassung, München 2017

Deutscher Notarverein: Stellungnahme zum MoMiG, Berlin, 22.09.2006, abrufbar unter http://www.bundesgerichtshof.de/SharedDocs/Downloads/DE/Bibliothek/Gesetzesmaterialien/16_wp/gmbhmomig/stellung_dnotv_sept06.pdf?__blob=publicationFile

Dölling, Birger: Der fliegende Gerichtsstand im Pressrecht – Spielball der Interessen?, NJW 2015, 124

Drahozal, Christopher: "Unfair" Arbitration Clauses, University of Illinois Law Review 694 (2001)

ders.: Regulatory competition and the location of International Arbitration Proceedings, 24 International Review of Law and Economics 371 (2004)

ders./Hylton, Keith: The Economics of Litigation and Arbitration: An Application to Franchise Contracts, 32 Journal of Legal Studies 549 (2003)

Drygala, Tim: Die Reformdebatte zum AGB-Recht im Lichte des Vorschlags für ein einheitliches europäisches Kaufrecht, JZ 2012, 983

Duve, Christian/Keller, Moritz: Privatisierung der Justiz – bleibt die Rechtsfortbildung auf der Strecke? – Ein Beitrag zur Auflösung des Spannungsverhältnisses von Privatautonomie und Rechtsfortbildung in der Schiedsgerichtsbarkeit, SchiedsVZ 2005, 169

Eidenmüller, Horst: Establishing a Legal Framework for Mediation in Europe: The Proposal for an EC Mediation Directive, SchiedsVZ 2005, 124

Eidenmüller, Horst/Engel, Martin: Against False Settlement: Designing Efficient Consumer Rights Enforcement Systems in Europe, 29 The Ohio State Journal on Dispute Resolution 261 (2014)

dies: Die Schlichtungsfalle: Verbraucherrechtsdurchsetzung nach der ADR-Richtlinie und der ODR- Verordnung der EU, ZIP 2013, 1704

Eidenmüller, Horst/Prause, Matthias: Die europäische Mediationsrichtlinie – Perspektiven für eine gesetzliche Regelung der Mediation in Deutschland, NJW 2008, 2737

Eisenberg, Theodore/Miller, Geoffrey P.: The Flight from Arbitration: An Empirical Study of ex ante Arbitration Clauses in the Contracts of Publicly Held Companies, 56 DePaul Law Review 335 (2007)

dies.: The Flight to New York: An Empirical Study of Choice of Law and Choice of Forum Clauses in Publicly-Held Companies' Contracts, 30 Cardozo Law Review 1478 (2009)

Engert, Andreas: Regelungen als Netzgüter, AcP 213 (2013), 321

Ewer, Wolfgang: Das Öffentlichkeitsprinzip – ein Hindernis für die Zulassung von Englisch als konsensual-optionaler Gerichtssprache?, NJW 2010, 1323

Fleischer, Holger/Danninger, Nadja: Handelsgerichte in Frankreich und Deutschland zwischen Tradition und Innovation – Status quo und zukünftige Perspektiven im Rechtsvergleich, RIW 2017, 549

Flessner, Axel: Deutscher Zivilprozess auf Englisch – Der Gesetzentwurf des Bundesrats im Lichte von Staatsrecht, Grundrechten und Europarecht, NJW 2011, 3544 sowie NJOZ 2011, 1913 (zitiert: *Flessner,* NJW 2011, 3544)

Frey, Bruno: Functional, Overlapping, Competing Jurisdictions: Redrawing the Geographic Borders of Administration, 5 European Journal of Law Reform 543 (2005)

ders./Eichenberger, Reiner: The New Democratic Federalism for Europe – Functional, Overlapping and Competing Jurisdictions, Cheltenham 1999

Fry, Jason/Greenberg, Simon/Mazza, Francesca: The Secretariat's Guide to ICC Arbitration, Paris 2012

Gaessler, Fabian/Lefouili, Yassine: What to Buy when Forum Shopping? Analyzing Court Selection in Patent Litigation, Toulouse School of Economics Working Paper Nr. 17-775, 2017, abrufbar unter https://www.tse-fr.eu/sites/default/files/TSE/documents/doc/wp/2017/wp_tse_775.pdf

Gaillard, Emmanuel: France Adopts New Law on Aribtration, New York Law Journal 245 (2011), Nr. 15, abrufbar unter http://www.shearman.com/en/newsinsights/publications/2011/01/france-adopts-new-law-on-arbitration

Gibbons, John: The Quality of Judges is what counts in the End, 61 Brooklyn Law Review 45 (1995)

Gigerenzer, Gerd: Das Einmaleins der Skepsis – Über den richtigen Umgang mit Zahlen und Risiken, 6. Auflage, Berlin 2009

Gilson, Ronald/Mnookin, Robert:, Disputing Through Agents: Cooperation and Conflict Between Lawyers in Litigation, 94 Columbia Law Review 509 (1994)

Gössl, Susanne: Das Gesetz über die alternative Streitbeilegung – Chancen und Risiken, NJW 2016, 837

Goette, Wulf: Gesellschaftsrechtliche Schiedsverfahren: Erfolg zu Lasten der Gerichte? AnwBl. 2012, 33

Graf-Schlicker, Marie Luise: Der Zivilprozess vor dem Aus? Rückgang der Fallzahlen in Zivilprozessen, AnwBl. 2014, 573

Greger, Reinhard/Unberath, Hannes/Steffek, Felix: Recht der Alternativen Konfliktlösung, 2. Auflage, München 2016

Hagel, Ulrich: Effizienzgewinnung durch rationale Auswahl des Streitbeilegungsverfahrens, ZKM 2014, 108

Hahn, Carl/Mugdan, Benno: Die gesamten Materialien zu den Reichs-Justizgesetzen. Auf Veranlassung des Kaiserlichen Reichs-Justizamtes herausgegeben /Materialien zur Strafprozessordnung – Band 1: Materialien zum GVG, Berlin 1883, Abt. 1

Handschell, Tobias: Die Vereinbarkeit von Englisch als Gerichtssprache mit dem Grundgesetz und europäischem Recht, DRiZ 2010, 395

Hattemer, Stephanie B. K.: Mediation bei Störung des Arzt-Patienten-Verhältnisses, Heidelberg, Dordrecht, London 2012

Hau, Wolfgang: Fremdsprachengebrauch durch deutsche Zivilgerichte – vom Schutz legitimer Parteiinteressen zum Wettbewerb der Justizstandorte, in: Michaels, Ralf/Solomon, Dennis (Hrsg.), Liber Amicorum Klaus Schurig, München 2012, 49

Heister-Neumann, Elisabeth: „Große Justizreform" – Der Weg zu einer zukunftsfähigen Justiz, ZRP 2005, 12

Henssler, Martin/Kilian, Matthias: Die Neuregelung des Rechts der Vertretung durch Rechtsanwälte vor den Oberlandesgerichten durch das OLG-Vertretungsänderungsgesetz, NJW 2002, 2817

Herzog, Catharina: Mediation im Gesundheitswesen, Frankfurt/Bern/Brüssel 2016

Hesse, Hannes: Schiedsgerichtsbarkeit in der Investitionsgüterindustrie – eine empirische Untersuchung, Festschrift Böckstiegel, Köln/München u. a. 2001, 277

Hirsch, Günter: Außergerichtliche Beilegung von Verbraucherstreitigkeiten – ein alternativer Zugang zum Recht entsteht, NJW 2013, 2088

ders.: Streit um die außergerichtliche Streitbeilegung: neuer Zugang zum Recht oder Schlichterfalle, in: Wandt/Reiff/Looschelders/Bayer (Hrsg.): Versicherungsrecht, Haftungs- und Schadensrecht: Festschrift für Egon Lorenz, Karlsruhe 2014, S. 159 ff.

Hirtz, Bernd: Englisch sollte nicht zu einer deutschen Rechtssprache werden!, Anwaltsblatt 2011, 41

Hobeck, Paul/Mahnkenm Volker/Koebke, Max: Schiedsgerichtsbarkeit im internationalen Anlagenbau – Ein Auslaufmodell?, SchiedsVZ 2007, 225

Hobeck, Paul: Zum „Aushandeln" einer Vertragsbestimmung in Verträgen zwischen Unternehmen, SchiedsVZ 2005, 111

Hodges, Christopher/Vogenauer, Stefan/Tulibacka, Magdalena: Costs and Funding of Civil Litigation, Oxford/Portland, 2010

Höland, Armin/Meller-Hannich, Caroline: Nichts zu klagen? Der Rückgang der Klageeingangszahlen in der Justiz, 2016

Hoffmann, Herrmann: Kammern für internationale Handelssachen, Baden-Baden 2011

Hollandsworth, Skip: The Lawsuit from Hell, Tex Monthly 24 (Juni 1996), abrufbar unter http://www.texasmonthly.com/articles/the-lawsuit-from-hell/

Hopt, Klaus/Steffek, Felix: Mediation, Tübingen 2008

Hylton, Keith: Agreements to Waive or to Arbitrate Legal Claims: An Economic Analysis, 8 Supreme Court Economic Review 209 (2009)

ICC, International Chamber of Commerce (Hrsg.): Techniques, for Controlling Time and Costs in Arbitration, ICC Publication Nr. 843, Paris 2007

dies.: Bulletin, E-Chapter, 2015 ICC Dispute Resolution Statistics, Paris 2016

Illmer, Martin/Naumann, Ingrid: Yet Another Blow: Anti-Suit Injunctions in Support of Arbitration Agreements within the European Union, 10 International Arbitration Law Review 147 (2007)

Inman, Robert/Rubinfeld, Daniel: Federalism, in: Bouckaert, Boudewijn/de Geest, Gerrit (Hrsg.): Encyclopedia of Law and Economics, Band V, Cheltenham 2000

Jäger, Markus: Reimbursement of Attorney's Fees, The Hague 2010

Jansen, Nicola: Die außergerichtliche obligatorische Streitschlichtung nach § 15a EGZPO, Remscheid 2001

Jansen, Nils: Klauselkontrolle im europäischen Privatrecht Ein Beitrag zur Revision des Verbraucheracquis, ZEuP 2010, 69

Jürgens, Uwe: Abgestürzte Gerichtsstände – Der fliegende Gerichtsstand im Presserecht, NJW 2014, 3061

Kahan, Marcel/Kamar, Ehud: The Myth of State Competition in Corporate Law, 55 Stanford Law Review 679 (2002)

Kaplow, Louis: Private Versus Social Costs in Bringing Suit, 15 Journal of Legal Studies 371 (1986)

ders.: The Value of Accuracy in Adjudication: An Economic Analysis, 23 Journal of Legal Studies 307 (1994)

ders./Shavell, Steven: Accuracy in the Determination of Liability, 37 Journal of Law and Economics 1 (1994)

Karrer, Pierre A.: Naives Sparen birgt Gefahren, SchiedsVZ 2006, 113

Katsh, Ethan/Rifkin, Janet: Online Dispute Resolution: Resolving conflicts in cyberspace, San Francisco 2001

Katzenmeier, Christian: Patientenrechte und Arzthaftung, in: Egon Lorenz (Hrsg.), Karlsruher Forum 2013, Karlsruhe 2014, S. 5 ff.

Kaufmann-Kohler, Gabrielle/Rigozzi, Antonio: International Arbitration – Law and Practice in Switzerland, Oxford 2015

Kaye Judith (Hon. Just.), Lipton, Martin (Co-Chairs) (Hrsg.): The Chief Judge's Task Force on Commercial Litigation in the 21st Century – Report and Recommendations to the Chief Judge of the State of New York, New York 2012

Kessedjian, Catherine: Jurisdiction and Foreign Judgments in Civil and Commercial Matters, Report, Preliminary Document No 7 of April 1997, abrufbar unter http://www.hcch.net/upload/wop/jdgm_pd8.pdf.

Kessler, David/Rubinfeld, Daniel: Empirical Study of the Civil Justice System, Polinsky, Mitchell/Shavell, Steven (Hrsg.), Handbook of Law and Economics 1, Amsterdam, Boston 2007, S. 343 ff.

Kieninger, Eva-Maria: AGB bei B2B- Verträgen: Rückbesinnung auf die Ziele des AGB-Recht, AnwBl. 2012, 301

Kilian, Matthias/Hoffmann, Hannah: Das Gesetz zur Förderung der Mediation – nomen est omen?, ZKM 2015, 176

Kissel, Otto Rudolf/Mayer, Herbert (Hrsg.): GVG, 8. Auflage, München 2015

Klausner, Michael: Corporations, Corporate Law, and Networks of Contracts, 81 Virginia Law Review 757 (1995)

Klerman, Daniel: Jurisdictional Competition and the Evolution of the Common Law, 74 University of Chicago Law Review 1179 (2007)

ders./Reilly, Greg: Forum Selling, 89 Southern California Law Review 241 (2016)

Kötz, Hein: Der Schutzzweck der AGB-Kontrolle – Eine rechtsökonomische Skizze, JuS 2003, 209

ders.: Deutsches Recht und Common Law im Wettbewerb, AnwBl. 2010, 1 ff.

Kondring, Jörg: § 1051 Abs. 1 ZPO und die Abwahl einfach zwingenden Rechts bei Binnensachverhalten, ZIP 2017, 706

Kühnen, Thomas/Claessen, Rolf: Die Durchsetzung von Patenten in der EU – Standortbestimmung vor Einführung des europäischen Patentgerichts, GRUR 2012, 592

Lalive, Pierre: Un Faux Problème: Monisme ou Dualisme dans la législation arbitrale?, in: Mélanges en l'honneur de Dessemontet, 2009, S. 255 ff.

Landes, William/Posner, Richard: Adjudication as a Private Good, 8 Journal of Legal Studies 235 (1979)

Law – Made in Germany: Bundesnotarkammer (BNotK), Bundesrechtsanwaltskammer (BRAK), Deutscher Anwaltverein (DAV), Deutscher Industrie- und Handelskammertag e.V. (DIHK), Deutscher Notarverein (DNotV), Deutscher Richterbund (DRB) (Hrsg.), Law – Made in Germany, 3. Auflage 2014; im Internet unter http://www.lawmadeingermany.de

Lécuyer, Hervé: Assurer la continuité de la vie des entreprises, JCP 2015, Beilage zu Nr. 44, 31

Lee, Rex E.: The American Courts as Public Goods: Who Should Pay the Costs of Litigation?, 34 Catholic University Law Review 267 (1985)

Leuschner, Lars: Reformvorschläge für die AGB-Kontrolle im unternehmerischen Rechtsverkehr, ZIP 2015, 1045

ders.: Noch einmal: Reformvorschläge für die AGB-Kontrolle im unternehmerischen Rechtsverkehr, ZIP 2015, 1326

Leyens, Patrick C./Schäfer, Hans-Bernd: Inhaltskontrolle allgemeiner Geschäftsbedingungen, AcP 210 (2010), 771

Lindloh, Klaus: Der Handelsrichter und sein Amt, 2. Auflage, München 2011

Lischeck, Jan/Mahnken, Volker: Vertragsverhandlungen zwischen Unternehmen und AGB – Anmerkungen aus der Sicht der Praxis, ZIP 2007, 158

Loomis, Tamara: Commercial Division: High-Profile Case Casts Spotlight on Well-Regarded Court, New York Law Journal, 20. Juni 2002

Lüke, Wolfgang: Unorthodoxe Gedanken zur Verkürzung der Prozeßdauer und Entlastung der Zivilgerichte, in: Prütting, Hanns (Hrsg.): Festschrift für Gottfried Baumgärtel, Köln 1990, S. 349 ff.

Maier-Reimer, Georg: AGB-Recht im unternehmerischen Rechtsverkehr – Der BGH überdreht die Schraube, NJW 2017, 1

Matthies, Karl-Heinz: Schiedsinstanzen im Bereich der Arzthaftung: Soll und Haben, Berlin 1984

Marshall, Didier: Rapport à Mme la garde des sceaux, ministre de la justice – Les Jurisdictions du XXIe Siècle – une institution qui, en améliorant qualité et proximité, s'adapte à l'attente des citoyens, et aux métiers de la justice, Dezember 2013, abrufbar unter http://www.justice.gouv.fr/publication/rapport_Marshall_2013.pdf

Mayer, Pierre: Faut-il distinguer arbitrage interne et arbitrage international?, Revue de l'Arbitrage 2005, 361

McGuire, Mary-Rose: Grenzen der Rechtswahlfreiheit im Schiedsverfahrensrecht? – Über das Verhältnis zwischen der Rom I-VO und § 1051 ZPO, SchiedsVZ 2011, 257

Meller-Hannich, Caroline/Höland, Armin/Krausbeck, Elisabeth: „ADR" und „ODR": Kreationen der europäischen Rechtspolitik. Eine kritische Würdigung, ZEuP 2014, 8

von Mehren, Arthur: Recognition and Enforcement of Foreign Judgments: A New Approach for the Hague Conference?, 57 Law and Contemporary Problems 271 (1994)

ders.: The Case for a Convention-mixte Approach to Jurisdiction to Adjudicate and Recognition and Enforcement of Foreign Judgments, RabelsZ 63 (1997), 86

ders.: Drafting a Convention on International Jurisdiction and the Effects of Foreign Judgments Acceptable World-wide: Can the Hague Conference Project Succeed?, 49 American Journal of Comparative Law 191 (2001)

Meurer, Christina: Außergerichtliche Streitbeilegung in Arzthaftungssachen, Berlin/Heidelberg 2008

Miethaner, Tobias: AGB oder Individualvereinbarung – die gesetzliche Schlüsselstelle „im Einzelnen ausgehandelt", NJW 2010, 3121

Miller, Geoffrey: Some Agency Issues in Settlement, 16 Journal of Legal Studies 189 (1987)

Ministère de l'économie, des finances et de l'industrie: Rapport d'enquête sur l'organisation et le fonctionnement des tribunaux de commerce, n° 98-M-019-01, Juli 1998, abrufbar unter http://www.ladocumentationfrancaise.fr/var/storage/rapports-publics/004000960.pdf

Münchener Kommentar zum Bürgerlichen Gesetzbuch: Band II, Schuldrecht, Allgemeiner Teil, 7. Auflage, München 2016 (zitiert: MünchKommBGB-*Bearbeiter*)

Münchener Kommentar zur Zivilprozessordnung: Band 3, §§ 1025–1019 ZPO, 4. Auflage, München 2013 (zitiert: MünchKommZPO-*Bearbeiter*)

Musielak, Hans-Joachim/Voit, Wolfgang: Zivilprozessordnung, 13. Auflage, München 2016

Nagareda, Richard A.: Aggregation and its Discontents: Class Settlement Pressure, Class-Wide Arbitration, and CAFA, 106 Columbia Law Review 1872 (2006)

Nolan-Haley, Jaqueline: Mediation: The "New Arbitration", 17 Harvard Negotiation Law Review 61 (2012)

Oberhammer, Paul/Domej, Tanja/Haas, Ulrich: Schweizerische Zivilprozessordnung, 2. Aufl., Basel 2014

Oberhammer, Paul/Koller, Christian: Schiedsrecht im Wettbewerb der Rechtsordnungen, Zum österreichischen Schiedsrechts-Änderungsgesetz 2013, ZZPInt 2012, 75

Oebbecke, Janbernd: Justiz im Wettbewerb, DÖV 2007, 177

Ogus, Anthony: Competition between National Legal Systems: A Contribution of Economic Analysis to Comparative Law, 48 International and Comparative Law Quaterly 405 (1999)

ders., The Economic Approach: Competition between Legal Systems, in: Nelken, David/Örücü, Esin (Hrsg.), Comparative Law: A Handbook, Oxford 2007, S. 155 ff.

Ortscheidt, Jérôme/Seraglini, Christophe: Droit de l'arbitrage interne et international, Paris 2013

Palandt, Otto: Kommentar zum Bürgerlichen Gesetzbuch, 76. Auflage, München 2017 (zitiert: Palandt-*Bearbeiter*)

Perrot, Roger: Institutions judiciaires, 15. Auflage, Paris 2012

Peter, Alexander: Warum die Initiative "Law – Made in Germany" bislang zum Scheitern verurteilt ist, JZ 2011, 939

Pfeiffer, Thomas: Die Abwahl des deutschen AGB-Rechts in Inlandsfällen bei Vereinbarung eines Schiedsverfahrens, NJW 2012, 1169

ders., Flucht ins schweizerische Recht? Zu den AGB-rechtlichen Folgen der Wahl schweizerischen Rechts, in: Zwischen Vertragsfreiheit und Verbraucherschutz: Festschrift für Graf von Westphalen, Köln 2010, S. 555 ff.

ders./Wolff, Manfred/Lindacher, Walter (Hrsg.): AGB-Recht, 6. Auflage, München 2013

Posner, Richard A.: What Do Judges and Justices Maximize? (The Same Thing Everybody Else Dose), 3 Supreme Court Economic Review 1 (1993)

ders.: How Judges Think, Cambridge/London 2008

PricewaterhouseCoopers: PEBB§Y Fortschreibung 2014, Hauptband; im Internet unter http://www.drb.de/fileadmin/docs_public/PEBB__Y/PEBBSY_2015-04-10_Hauptband.pdf.

dies., PEBB§Y Fortschreibung 2014, Anlagenband; im Internet unter http://www.drb.de/fileadmin/docs_public/PEBB__Y/PEBBSY_2015-04-10_Anlagenband.pdf.

PriceWaterhouseCoopers/connectedthinking (Hrsg.): Managing Mobility Matters 2006; im Internet unter http://www.criticaleye.com/insights-servfile.cfm?id=422

Rawls, John: Eine Theorie der Gerechtigkeit, 1979

Reichold, Klaus/Hüßtege, Rainer/Seiler, Christian (Hrsg.): Thomas/Putzo, ZPO, 38. Auflage, München 2017 (zitiert: Thomas/Putzo-*Bearbeiter*)

Reimann, Mathias: Cost and Fee Allocation in Civil Procedure: A Synthesis, in: ders. (Hrsg.), Cost and Fee Allocation in Civil Procedure, Dordrecht, New York 2012, S. 3 ff.

Ribstein, Larry E.: Delaware, Lawyers, and Contractual Choice of Law, 19 Delaware Journal of Corporate Law 999 (1994)

Risse, Jörg: Kostenerstattung im Schiedsverfahren: fünf Probleme aus der Praxis, SchiedsVZ 2012, 5

ders./Morawietz, Matthias: Prozessrisikoanalyse, München 2017

Rogers, Catherine A.: The Arrival of the Have-Nots in International Arbitration, 8 Nevada Law Journal 341 (2007)

Romano, Roberta: The States as a Laboratory: Legal Innovation and State Competition for Corporate Charters, 23 Yale Journal on Regulation 209 (2006)

dies.: The Genius of American Corporate Law, Washington, D.C. 1993

dies.: Law as a Product: Some Pieces of the Incorporation Puzzle, 1 Journal of Law and Economic Organization 225 (1985)

Root, David A.: Attorney Fee-Shifting in America: Comparing, Contrasting, and Combining the „American Rule" and „English Rule", 15 Indiana International and Comparative Law Review 583 (2005)

Rosenberg, Leo/Schwab, Karl-Heinz/Gottwald, Peter: Zivilprozessrecht, 17. Auflage, München 2010

Roth, Herbert: Bedeutungsverluste der Zivilgerichtsbarkeit durch Verbrauchermediation, JZ 2013, 637

Rühl, Gisela: Die Richtlinie über alternative Streitbeilegung und die Verordnung über Online-Streitbeilegung, RIW 2013, 737

dies.: Die Richtlinie über alternative Streitbeilegung: Handlungsperspektiven und Handlungsoptionen, ZZP 2014, 61

Sajuntz, Sascha: Die Entwicklung des Presse- und Äußerungsrechts in den Jahren 2012/2013, NJW 2014, 25

Samuelson, Paul A./Nordhaus, William D.: Volkwirtschatslehre, 5. Auflage, München 2016

Sandel, Michael J.: What Money Can't Buy, New York 2012

Sandrock, Otto: Die Aufweichung einer Formvorschrift und anderes mehr – Das Schweizer Bundesgericht erlässt ein befremdliches Urteil, SchiedsVZ 2005, 1

Schäfer, Hans-Bernd/Lantermann, Katrin: Choice of Law from an Economic Perspective, in: Basedow/Kono (Hrsg.), An Economic Analysis of Private International Law, Tübingen 2006, 87

Schlosser, Peter: Schiedsgerichtsbarkeit und Wiederaufnahme, FS Gaul, Bielefeld 1997 S. 679 ff.

ders.: Die Wiederaufnahme im Recht der Schiedsgerichtsbarkeit, Köln 2018, (im Erscheinen)

Schmidt-Diemitz. Rolf: Internationale Schiedsgerichtsbarkeit – eine empirische Untersuchung, DB 1999, 369

Schulz, Andrea: The 2005 Hague Convention on Choice of Court Clauses, 12 Journal of International and Comparative Law 433 (2006)

Schulz, Stephan: Zivilprozessuale Probleme in Verfahren vor der Kammer für Handelssachen JuS 2005, 909

Schülke, Klaus: Patentgerichtsbarkeit, in: Müller-Graff/Roth (Hrsg.), Die Praxis des Richterberufs, Berlin 2000, 67

Schwab, Karl-Heinz/Walter, Gerhard: Schiedsgerichtsbarkeit, 7. Auflage, München 2007

Shapiro, Carl/Varian, Hal: Information Rules: A Strategic Guide to the Network Economy, Boston 1999

Shavell, Steven: Foundations of Economic Analysis of Law, Cambridge 2004

ders.: The Social Versus the Private Incentive to Bring Suit in a Costly Legal System, 11 Journal of Legal Studies 333 (1982)

Scott, Robert/Tirantis, George: Anticipating Litigation in Contract Design, 115 Yale Law Journal 814 (2006)

Shontz, Douglas/Kipperman, Fred/Soma, Vanessa: Business-to-Business Arbitration in the United States, Perceptions of Corporate Counsel, Rand Institute for Civil Justice, 2011

Sinn, Hans-Werner: The New Systems Competition, Malden 2003

Smith, Adam: An Inquiry into the Nature and Causes of the Wealth of Nations, Band 2, London 1776

ders.: Untersuchung über Wesen und Ursachen des Reichtums der Völker, Tübingen 2005

Sommermeyer, Hans Karl: Die Kammer für Handelssachen, Darmstadt 1966

Spier, Kathrin E.: Litigation, in: Polinsky/Shavell, Handbook of Law and Economics, Vol. I, Amsterdam, Boston 2007

Staudinger: J. von Staudingers Kommentar zum Bürgerlichen Gesetzbuch: Staudinger BGB – Buch 2: Recht der Schuldverhältnisse, §§ 305–310; UKlaG (Recht der Allgemeinen Geschäftsbedingungen), Neubearbeitung, Berlin 2013, Buch IX (zitiert: Staudinger-*Bearbeiter*)

Stein, Friedrich/Jonas, Martin (Hrsg.): Zivilprozessordnung
20. Auflage, Band 1, Tübingen 1984
22. Auflage, Band 4, Tübingen 2008, Band 10, Tübingen 2011
23. Auflage, Band 1, Tübingen 2014; Band 2, Tübingen 2016; Band 3, Tübingen 2016; Band 10, Tübingen 2014 (zitiert: Stein/Jonas-*Bearbeiter*)

Stigler, George J.: Competition, in: Durlauf/Blume (Hrsg.), The New Palgrave Dictionary of Economics, 2. Auflage, Basingstoke, Hampshire; New York 2008

Stipanowich, Thomas: Arbitration: The „New Litigation", University of Illinois Law Review 1 (2010)

ders./Lamare, Ryan: Living with ADR: Evolving Perceptions and Use of Mediation, Arbitration, and Conflict Management in Fortune 1000 Corporations, 19 Harvard Negotiation Law Review 1 (2014)

Strong, S.I.: What Constitutes an „Agreement in Writing" in International Commercial Arbitration? Conflicts Between the New York Convention and the Federal Arbitration Act, 48 Stanford Journal of International Law 47 (2012)

Tiebout, Charles M.: A Pure Theory of Local Expenditures, 64 Journal of Political Economy 416 (1956)

Torggler, Hellwig (Hrsg.): Handbuch Schiedsgerichtsbarkeit, Deutschland – Österreich – Schweiz, 2. Auflage, Wien 2017

Trittmann, Rolf: Die Kostenerstattung im Schiedsverfahren, ZvglRWiss 2015, 469

Trittmann Rolf/Schroeder, Der Einfluss der Reformen des Zivilprozesses auf die Schiedsgerichtsbarkeit in Deutschland, SchiedsVZ 2005, 71

Unberath, Hannes: Der Zweck der Rechtsmittel nach der ZPO-Reform – Theorie und Praxis, ZZP 2007, 323

Vogenauer, Stefan: Regulatory Competition through Choice of Contract Law and Choice of Forum in Europe: Theory and Evidence, European Review of Private Law 21 (2013), 13

ders.: Regulatory Competition Through the Choice of Contract Law and Choice of Forum in Europe: Theory and Evidence, in: Eidenmüller (Hrsg.), Regulatory Competition in Contract Law and Dispute Resolution, München 2013, S. 227 ff.

ders./Hodges, Christopher: Civil Justice Systems in Europe: Implications for Choice of Forum and Choice of Contract Law, 2008, abrufbar unter http://denning.law.ox.ac.uk/iecl/ocjsurvey.shtml.

Voigt, Stefan: Are International Merchants Stupid? Their Choice of Law Sheds Doubt on the Legal Origin Theory, 5 Journal of Empirical Legal Studies 1 (2008)

Wagner, Rolf: Die Haager Konferenz für Internationales Privatrecht zehn Jahre nach der Vergemeinschaftung der Gesetzgebungskompetenz in der justiziellen Zusammenarbeit in Zivilsachen, RabelsZ 73 (2009), 100

Gerhard: Prozessverträge – Privatautonomie im Verfahrensrecht, 1998

bligatorische Streitschlichtung im Zivilprozess: Kosten, Nutzen, Al-n, JZ 1998, 836

Ehrenschutz und Pressefreiheit im europäischen Zivilverfahrens- und tionalen Privatrecht, RabelsZ 62 (1998), 243

.: Rechtswahlfreiheit im Schiedsverfahren, FS Schumann, Tübingen , S. 535 ff.

ers.: The Economics of Harmonization: The Case of Contract Law, 39 Com-n Market Law Review 995 (2002)

ders.: Grundfragen der Vollstreckbarerklärung von Schiedssprüchen, in: Wagner/Schlosser, Die Vollstreckung von Schiedssprüchen, Köln, Berlin, Bonn, München 2007, S. 1 ff.

ders.: Ökonomische Analyse der Rechtsmittel, in: Bork/Eger/Schäfer (Hrsg.): Ökonomische Analyse des Verfahrensrechts – Beiträge zum XI. Travemünder Symposium zur ökonomischen Analyse des Rechts (26.-29. März 2008), Tübingen 2009, S. 157 ff.

ders.: Materialisierung des Schuldrechts unter dem Einfluss von Verfassungsrecht und Europarecht – Was bleibt von der Privatautonomie?, in: Blaurock, Uwe/Hager, Günter (Hrsg.), Obligationenrecht im 21. Jahrhundert, Baden-Baden 2010, S. 13 ff.

ders.: Grundstrukturen eines deutschen Mediationsgesetzes, RabelsZ 74 (2010), 794

ders.: Die Richtlinie über Alternative Streitbeilegung – Law Enforcement statt mediative Konfliktlösung, ZKM 2013, 104

ders.: Dispute Resolution as a Product: Competition Between Civil Justice Systems, in: Horst Eidenmüller (Hrsg.), Regulatory Competition in Contract Law and Dispute Resolution, München 2013, S. 347 ff.

ders.: Vertraulichkeit der Mediation, ZKM 2013, 10

ders.: Private law enforcement through ADR: Wonder drug or snake oil?, 51 Common Market Law Review 165 (2014)

ders.: The Dispute Resolution Market, 62 Buffalo Law Review 1085 (2014)

ders.: Die Schiedsgerichtsbarkeit im Kreuzfeuer der Kritik, DRiZ 2015, 264

ders./Quinke, David: Ein Rechtsrahmen für die Verbraucherschiedsgerichtsbarkeit, JZ 2005, 932

ders./Thole, Christoph: Die europäische Mediations- Richtlinie, in Baetge/von Hein (Hrsg.): Die richtige Ordnung, FS Kropholler, Tübingen 2008, S. 915 ff.

dies.: Die neue EU-Richtlinie zur Mediation, ZKM 2008, 36

Weth, Stephan: Prämien für gute Richter, in Prütting/Rüßmann (Hrsg.), Verfahrensrecht am Ausgang des 20. Jahrhunderts, Festschrift für Gerhard Lüke, München 1997, S. 961 ff.

Wieczoreck/Schütze: Zivilprozessordnung und Nebengesetze, Band 11, 4. Auflage, Berlin/Boston 2014.

Wiese, Alexander: 80 Jahre Patentgericht : die Geschichte der D[...] Gerichte im Patentrecht, in: Kühnen (Hrsg.), 80 Jahre Patentgerich[...] Düsseldorf, Köln 2016, S. 597 ff.

Wilske, Stephan: The Global Competition for the 'Best' Place of Arbitr[...] International Arbitrations – A More or Less Biased View of the Usual S[...] and Recent Newcomers, 1 Contemporary Asian Arbitration Journal 28 [...]

Wilske, Stephan/Todd, J. Fox: The So-Called 'Judicial Hellholes' in US[...] dictions and Possible Means to Avoid Them, 2 Dispute Resolution Internat[...] 235 (2008)

Wilske, Stephan/Markert, Lars/Bräuninger, Laura: Entwicklungen in der int[...] nationalen Schiedsgerichtsbarkeit im Jahr 2013 und Ausblick auf 2014, Schieds[...] VZ 2014, 49

Winter, Ralph K.: State Law, Shareholder Protection, and the Theory of the Corporation, 6 Journal of Legal Studies 251 (1977)

Wolff, Reimar: Empfiehlt sich eine Reform des deutschen Schiedsverfahrens-rechts?, SchiedsVZ 2016, 293

ders./Borris, Christian/Ehle, Bernd/Fox, Todd J. /Hennecke, Rudolf/Kölbl, Angela/ Liebscher, Christoph et al. (Hrsg.): New York Convention, München 2012

Zöller, Richard/Geimer, Reinhold et al. (Hrsg.): Zivilprozessordnung, 31. Aufla-ge, Köln 2016 (zitiert: Zöller-*Bearbeiter*)